N
S T S E E
N
ZEN
Oder
Wisła
Pripjat
W
A
L
S
SPREE-
ME
LUSIZER
MILZENER
REICH
DES
SAMO
burg
Passau
LANGOBARDEN
Donau
Residenz Attilas
Hunnen 375
Dnjestr
GEPIDEN
Aquileja
Abzug der Hunnen 454
Sirmium
Donau
ADRIA
Sardica
Konstantinopel
EICH DES ODOAKER
S REICH DER OSTGOTEN
GOBARDENREICH
Gebiet der Franken um 481
Eroberungen Chlodwigs (482-511)
Eroberungen von 511 bis 561
Gebiet lockerer fränkischer Oberhoheit
vorübergehend eroberte Gebiete
Gebiet relativ geschlossener fränkisch-bäuerlicher Landnahme
frühe angelsächsische Missionstätigkeit
Klostergründungen der Merowinger
Hunneneinbruch 375
451
Hunnenzüge des 5. Jahrhunderts

Waltraut Bleiber

Das Frankenreich der Merowinger

Waltraut Bleiber

Das Frankenreich der Merowinger

VEB Deutscher Verlag
der Wissenschaften · Berlin 1988

SCHUTZUMSCHLAG:
König Childerich I., dargestellt auf seinem Siegelring, der in seinem Grab in Tournai gefunden wurde.

Für die freundliche Unterstützung bei der Beschaffung von Abbildungsvorlagen danken wir dem Münzkabinett der Staatlichen Museen zu Berlin und der Deutschen Staatsbibliothek.

ISBN 3-326-00329-3

Verlagslektor: Erika Rosenfeld
Verlagshersteller: Rainer Stoll
Umschlaggestaltung: Alfred Mähler

DDR – 1080 Berlin, Postfach 1216
Printed in the German Democratic Republic
Lizenz-Nr. 206·435/24/88
Gesamtherstellung: Offizin Andersen Nexö Leipzig,
Betriebsteil Hildburghausen
LSV 0229
Bestellnummer: 571 647 5
01750

Inhaltsverzeichnis

Vorwort

Die Geschichte der Franken und des Frankenreiches durfte sich, soweit sie die Zeit vor dem Herrschaftsantritt der Karolinger betraf, bisher nicht eben der besonderen Gunst jener Historiker erfreuen, deren Anliegen es war, über das fränkische Großreich umfassend und mit dem Ziel einer allgemeinen Darstellung zu erzählen. Wenn die Geschichte des Merowingerreiches in ihrer Gesamtheit die Beachtung von Historikern fand, so geschah dies zumeist im Rahmen übergreifender, eine größere Epoche oder einen größeren Raum umfassender Werke, in die jener Geschichtsabschnitt als ein notwendigerweise zu behandelndes Glied mit einzubeziehen war; oder sie wurde, wie in der bemerkenswerten Arbeit von Frau Faider-Feytmans über das merowingische Belgien, zwar als eigenständige Epoche, aber eben am Beispiel des Territoriums eines heutigen Staates oder eines einzelnen Volkes dargestellt.

Die Geschichte des Merowingerreiches ist arm an äußerlichen Glanzpunkten. Sie hat keine Kaiserkrönungen aufzuweisen, und ihr fehlt es ganz und gar an spektakulären Ereignissen, die einer nationalgeschichtlich oder nationalstaatlich orientierten Geschichtsschreibung als Zeugnis sich bildender oder bereits existierender Nationen oder moderner Völker dienen könnten. Die Handlungen der Herrscher jener Zeit, auch der herausragendsten, sind zudem in einem Maße mit dem Stigma von Gewalttätigkeit und niederer Gesinnung behaftet, daß sie einer Geschichtsbetrachtung als Demonstrationsobjekt von vornherein ungeeignet scheinen mußten, die im Wirken überragender Persönlichkeiten die eigentliche Triebkraft historischen Geschehens erblicken wollte. So ist es auch zu erklären, daß, gemessen an der Aufmerksamkeit, die ihnen die Historiker zuteil werden ließen, die Könige aus der Dynastie der Merowinger immer im Schatten der Karolinger gestanden haben.

Die Geschichte des Merowingerreiches, seiner Entstehung, seiner zweihundertjährigen Existenz und seines Niederganges, erschließt sich in ihrer eigentlich historischen Bedeutung erst dann wirklich, wenn sie als Bestandteil der tiefreichenden Umwälzungen begriffen wird, die die gesellschaftlichen Verhältnisse in West- und Mitteleuropa während des ersten Jahrtausends unserer Zeitrechnung völlig veränderten. Wesentlicher Inhalt dieser Umwälzungen war die Ablösung vorfeudaler durch feudale Verhältnisse, und im Gesamtprozeß dieses Formationswechsels nahm die Geschichte des Merowingerreiches den Platz eines eigenständigen historischen Entwicklungsabschnittes ein. Aus diesem engen Bezug zu grundlegenden Vorgängen der Feudalisierung erklärt sich das erhebliche Interesse, das in den letzten Jahrzehnten in der wissenschaftlichen Öffentlichkeit Fragen gefunden haben, von denen der in dem hier vorliegenden Abriß darzustellende Gegenstand in irgendeiner Weise berührt wird. Denn in den letzten fünfundzwanzig Jahren ist eine Vielzahl von Publikationen erschienen, die sich, häufig in sehr grundsätzlicher Weise, mit Problemen der feudalen Umwälzung am Beispiel West- und Mitteleuropas in fränkisch-merowingischer Zeit befaßten, und einschlägige Themen waren wiederholt Gegenstand bedeutender internationaler wissenschaftlicher Konferenzen.[1]

Die Autorin war bestrebt, den gegenwärtigen Stand des Wissens und der wissenschaftlichen Diskussionen mit ihrer Darstellung vorzuführen. Die Ergebnisse jahrelanger eigener Forschungen zu entsprechenden Themen hatten selbstverständlich Einfluß auf die Art der Erörterung umstrittener Fragen, jedoch wurde angestrebt, dem Leser auch deutlich zu machen, welch eine Vielzahl bedeutender Probleme von der Wissenschaft bis heute nicht zufriedenstellend geklärt werden konnte oder bisher noch völlig ohne Antwort geblieben ist. Nicht zuletzt deshalb ist das Literaturverzeichnis so angelegt worden, daß es den Zugang zur weiteren Beschäftigung mit Diskussionsgegenständen allgemeineren Charakters erleichtern kann.

Dieses Buch hätte in der Form, in der es nun vorliegt, nicht geschrieben werden können ohne die Leistungen vieler Fachkollegen im engeren Sinne, aber es wäre ebensowenig zustande gekommen ohne die Möglichkeiten, die der Behandlung des Stoffes von Archäologen, Philologen, Numismatikern des In- und Auslandes eröffnet worden sind. Deshalb soll dieses Vorwort mit der ausdrücklichen Bemerkung schließen, daß sich seine Verfasserin ihrer Dankesschuld bewußt ist.

Berlin, März 1986 — Waltraut Bleiber

Die Franken und das Römische Reich (258–486)

Die Franken in der Nachbarschaft des Reiches (258–406)

Eine der gewichtigsten unter den nicht eben zahlreichen schriftlichen Quellen der Merowingerzeit, die im 7. Jahrhundert entstandene Chronik des sogenannten Fredegar, weiß zu berichten, daß der erste König der Franken Priamus gewesen sei. Nachdem Troja durch die List des Odysseus erobert worden war, seien die Trojaner von dort fortgezogen. Sie hätten sich geteilt, und der eine Teil wäre nach Mazedonien gewandert, der andere aber hätte unter Führung seines Königs Friga Asien durchzogen, um sich schließlich am Ufer der Donau und am Ozean niederzulassen. Nach erneuter Teilung wäre ihre eine Hälfte unter Führung des Königs Francio nach Europa gewandert und hätte hier mit Frauen und Kindern den Rhein besetzt. Nach ebendiesem König seien diese Trojaner dann als Franken bezeichnet worden.

Diese Erzählung von der trojanischen Herkunft der Franken findet sich in der Fredegar-Chronik zum ersten Mal, und es ist offensichtlich, daß ihr Erfinder, der sich übrigens ausdrücklich auf den Dichter Vergil beruft, mit ihr die Absicht verfolgte, das Ansehen der Franken zu steigern und ihrer politischen Führungsrolle eine historische Begründung zu verschaffen, indem er ihre Herkunft mit der der Römer und ihre Geschichte insgesamt mit der der großen Völker der Antike verknüpfte. Ein Anspruch auf glaubwürdige historische Überlieferung dagegen steht dieser Erzählung in keinem Punkte zu. Denn es ist seit langem bekannt, daß die Franken, und gerade in dieser Hinsicht unterscheidet sich ihre Geschichte in bedeutsamer Weise von der der Ost- und Westgoten, der Wandalen sowie anderer Germanen, keine weiten, über sehr große Entfernungen führenden Wanderungen unternommen haben. Und ebensosehr steht seit geraumer Zeit außer Frage, daß jener ethnisch-politische Verband, den die Franken während der Entstehungszeit der Fabel von ihrer trojanischen Herkunft und schon beträchtliche Zeit früher darstellten, seine Entstehung keineswegs der Abspaltung von einer größeren Einheit verdankte.

Die Heimat der Franken ist in den Landschaften nördlich und östlich des Niederrheins zu suchen. Hier lebten vor dem 3. Jahrhundert zahlreiche germanische Kleinstämme, aus deren zeitweiligem Zusammenwirken und gemeinsamem Handeln nach und nach ein zunächst nur lockerer Bund entstand, dessen Angehörige dann den Namen Franken erhielten. Es ist zudem sehr wahrscheinlich, daß ein Teil dieser Kleinstämme auch an der Nordseeküste beheimatet war. Hierauf deutet jedenfalls der alte Name Hugas hin, der den Franken von dem wohl auf das 8. Jahrhundert zurückgehenden englischen Beowulfsepos und von anderen Quellen beigelegt wird. Er kehrt im Landschaftsnamen Hugmerki, Hugumarchi – das ist die »Mark der Hugas« –, wieder, der während des frühen Mittelalters an dem südöstlich der Lauwers-See gelegenen Küstengebiet haftete und bis heute im Namen des Humsterlandes bewahrt ist. Weiter spricht für eine solche Herkunft auch die Seetüchtigkeit, durch die sich ein Teil der Franken während des 3. und 4. Jahrhunderts auszeichnete; denn eine solche Eigenschaft paßt am ehesten zu Menschen, die am Meer zu Hause waren und es deshalb zu beherrschen gelernt hatten. Die Franken tauchten in jener Zeit immer wieder als gefürchtete Piraten an den Küsten Galliens auf, und um 280 gelang es fränkischen Gefangenen, die zwangsweise an der Küste des Schwarzen Meeres angesiedelt worden waren, sogar, Schiffe in ihre Gewalt zu bringen und, das Mittelmeer und die Straße von Gibraltar passierend, in ihre Heimat zurückzukehren.

In den Quellen trat der Name der Franken zuerst in der Mitte des 3. Jahrhunderts auf. Seine damalige Bedeutung dürfte »die Wilden«, »die Kühnen« gewesen sein, und in diesem Sinne wurde er auch bereits im frühen Mittelalter gedeutet. »Die Franken, das sind die Wilden. Sie erhielten diesen Namen von Kaiser Valentinianus wegen der Härte und der Kühnheit ihres Herzens«, erzählen die zum Beginn des 11. Jahrhunderts geschriebenen Quedlinburger Annalen. Dagegen dürfte die Gleichsetzung von *francus* und frei jüngeren Datums sein. Sie kam wohl erst auf, nachdem die Franken im nördlichen Gallien endgültig ihre Herrschaft errichtet hatten und sie neben den häufig minder- oder unfreien Gallo-Römern nun als die Freien schlechthin erscheinen konnten. Schon während des 4. Jahrhunderts wurde von spätantiken Autoren eine Reihe germanischer Kleinstämme ausdrücklich zu den Franken gezählt. Neben den Saliern gehörten hierzu die Chamaven, die Brukterer, die Chattuarier sowie die Amsivarier. Die Chamaven saßen an der Ijssel, die Brukterer zwischen Lippe und

Ruhr und die Chattuarier an der Ruhr und noch etwas südlich dieses Flusses.

Für die Entstehungsgeschichte des Frankenbundes besaßen ohne jeden Zweifel Auseinandersetzungen und Kämpfe, die alle ehemals zwischen Niederrhein und Nordsee lebenden germanischen Kleinstämme mit dem ihnen benachbarten Römischen Reich zu bestehen hatten, konstitutive Bedeutung. Während der zweiten Hälfte des 3. Jahrhunderts nahmen diese Auseinandersetzungen Formen an, die erkennen ließen, daß sich das damals an der Grenze zwischen den gallischen und germanischen Provinzen des Römischen Reiches einerseits und der *Germania libera*, also den von römischer Herrschaft freigebliebenen germanischen Siedlungsgebieten, andererseits bestehende Kräfteverhältnis allmählich zugunsten der Germanen zu verschieben begann. Die Beziehungen, die *Imperium Romanum* und *Germania libera* miteinander verbanden, traten in eine Phase ein, die von schweren Angriffen der Germanen auf die westlichen Provinzen des Reiches beherrscht waren. Für diese Angriffe war anfangs außerordentlich charakteristisch, daß sie vornehmlich in Gestalt weitschweifender Plünderungszüge bewaffneter Scharen vonstatten gingen. Erst von der Mitte des 4. Jahrhunderts an trat die Tendenz deutlicher hervor, Land mit dem Ziel zu erobern, es für dauernd in Besitz zu nehmen. Die fränkischen Kleinstämme taten sich neben den Alamannen bei diesen Angriffen von Anfang an besonders hervor.

258/59 überwanden fränkische Scharen nördlich und südlich von Köln den Rhein. Eine Brandspur hinter sich lassend, drangen sie, nachdem sie die Eifel durchquert hatten, bis in die Umgebung von Reims und Paris vor. Einzelne Gruppen gelangten bis zur Loire und sogar bis nach Spanien. Die Stadt Tarragona an der spanischen Mittelmeerküste wurde von ihnen verwüstet. Annähernd zur gleichen Zeit, nämlich zwischen 260 und 266, mußte Postumus, der damals in Gallien zum römischen Kaiser erhoben worden war, mit einer Flotte gegen fränkische Seeräuber vorgehen, die in jenen Jahren, wie übrigens auch später immer wieder einmal, die Küsten Galliens heimsuchten, und während des dritten Viertels des gleichen Jahrhunderts fielen zudem Germanen von Norden her über den Landweg in das Mündungsgebiet von Rhein und Maas sowie in den Norden und Westen des heutigen Belgien ein.

Eine andere Gruppe der Eindringlinge, die aus dem Nordosten der heutigen Niederlande kam, dürfte in der bereits erwähnten Küstenlandschaft Hugmerki beheimatet gewesen sein. Sie richtete ihre Angriffe vor allem auf die nördlich von Nijmegen zwischen den Rheinarmen gelegene Betuwe.

Einer der schwersten Germaneneinfälle des 3. Jahrhunderts ereignete sich in den Jahren 275 und 276. Damals durchbrachen Franken im Norden, Alamannen im Süden die Rheingrenze. Sie durchzogen Gallien erneut in weitschweifenden Zügen und gelangten diesmal bis in die Umgebung von Narbonne an der französischen Mittelmeerküste. Von den Franken wurden so bedeutende Orte wie Trier und weiter nördlich Tongeren und Tournai eingeäschert. Wegen der Gewalt dieser Einfälle mußten bereits in jenen Jahren die zwischen der Nordseeküste und Nijmegen gelegenen befestigten Plätze von den römischen Truppen geräumt und die nördliche Grenze des *Imperium Romanum* an den Waal zurückverlegt werden. Weite Strecken des Landes waren verwüstet, die Bewohner in die südlicher gelegenen Gebiete geflüchtet, Dörfer und Landgüter verödet. Die nördlichen Teile Galliens lagen deshalb ungeschützt und leicht zugänglich vor den fränkischen Angreifern.

Diese verheerenden Folgen der Germaneneinfälle wurden in den küstennahen Teilen der heutigen Niederlande und des heutigen Belgien noch durch Veränderungen verschärft, die während des gleichen Zeitraumes in den naturgegebenen Lebensbedingungen der Menschen eintraten. Infolge tektonischer Vorgänge wuchs seit dem 3. Jahrhundert von Flandern bis Groningen die Gefahr der Überflutung, der Grundwasserspiegel stieg, und die Tendenz zur Versalzung des Bodens nahm zu. Überschwemmungskatastrophen, die nach 266 eintraten, führten vor allem in den bereits durch die Einfälle der Franken verheerten und weitgehend ungeschützten Mündungsgebieten von Maas und Schelde dazu, daß ausgedehnte Landstriche über längere Zeit unbesiedelt blieben.

Im späten 3. Jahrhundert war von der Rheinmündung flußaufwärts entlang der gesamten germanisch-römischen Grenze eine Situation entstanden, die erkennen ließ, daß hier von Kräften Druck ausging, denen auf die Dauer weder mit einer offensiven Politik des Zurückdrängens, noch mit einer Politik der schlichten Verteidigung erfolgreich zu begegnen sein würde. Es gab künftig zwar immer wieder Perioden, in denen durch wohlbedachte und energische Verteidigung und durch härteste Kriegsführung von römischer Seite eine gewisse Stabilisierung erreicht und eine relative Ruhe erzwungen werden konnte, aber zu einer tatsächlichen Befriedung der Rheingrenze kam es bis zu ihrem endgültigen Zusammenbruch am Anfang des 5. Jahrhunderts nicht mehr. Diese Entwicklung hatte vor allem in der *Germania libera* ihre Wurzeln, aber in ihren Auswirkungen wurde sie durch Vorgänge im Inneren des *Imperium Romanum* drastisch verschärft.

Bei den zwischen Niederrhein und Elbe, am Unterlauf der Oder und der Weichsel, aber auch auf der jütischen Halbinsel lebenden Germanen hatten die materielle Produktion sowie die Eigentums- und Besitzverhältnisse damals einen Entwicklungsstand erreicht, der im begrenzten Ausmaß Möglichkeiten für eine Reichtums- und Besitzdifferenzierung und für die Nutzung fremder Arbeitskraft schuf. Es existierte ein Stammesadel, der nicht mehr an der Produktion der materiellen Güter beteiligt und zudem bereits in der Lage war, Gefolgschaften zu unterhalten. Diese Gefolgschaften waren Verbände kriegstüchtiger Freier, die sich aus freiem Willen einem durch Reichtum, Ansehen und Einfluß herausragenden Anführer zu ständigem Dienst unterstellt hatten. Gefolgsherr und Gefolgsmann waren durch ein Verhältnis wechselseitiger Treue aneinander gebunden. Die Gefolgsleute gehörten zur Haus- und Hofhaltung des Gefolgsherrn, sie mußten also von diesem unterhalten werden. Unter den Leistungen, die sie zu erbringen hatten, nahmen Kriegs- und Waffendienste einen hervorragenden Platz ein, aber auch Aufgaben der Repräsentation besaßen eine bestimmte Bedeutung. Der den Gefolgschaften eigene Charakter sowie die Tatsache, daß der Gefolgsherr ihren Unterhalt zu bestreiten hatte, band deren Existenz zwangsläufig an Krieg und Raub: Der Drang nach Ausweitung der Herrschaft über Menschen, nach Vermehrung des Reichtums und der Macht entlud sich, da ihm im Inneren der Kleinstämme von den militär-demokratischen Organisationsformen nicht zu überwindende Schranken gesetzt blieben, schließlich notwendiger Weise nach außen. Andere Faktoren, zu denen wahrscheinlich allmählich anwachsende Bevölkerungszahlen, klimatische Veränderungen und in den Küstenlandschaften die Verluste von Siedlungsräumen infolge der sich häufenden Flutkatastrophen zählten, verschärften diese Spannungen hier und da sicher zusätzlich.

Vor allem die weitschweifenden Plünderungszüge des 3. Jahrhunderts, in deren Verlauf nicht selten beträchtliche Entfernungen in relativ kurzer Zeit bewältigt worden sind, hatten in der Abschichtung von Gruppen, die nicht mehr mit der landwirtschaftlichen Produktion verbunden waren, sondern ihre Daseinsweise und ihren Unterhalt in der bewaffneten Repräsentation und im Krieg fanden, ihre wichtigste gesellschaftliche Wurzel. Der Stammesadel und die von ihm organisierten und zu unterhaltenden Gefolgschaften bildeten den eigentlichen Kern solcher Gruppen. Sie wurden aber mit Sicherheit von Fall zu Fall durch Zuzügler verstärkt, die sich zeitweilig und für die Dauer einzelner Kriegszüge diesen Verbänden anschlossen.

Auf der anderen Seite aber stand diesem Druck, der von der *Germania libera* mit wachsender Intensität auf die benachbarten gallorömischen Gebiete ausgeübt wurde, eine Gesellschaft gegenüber, deren Existenz mehr und mehr von Krisenerscheinungen erschüttert wurde. Usurpationen der kaiserlichen Gewalt, Machtkämpfe zwischen mehreren zur gleichen Zeit herrschenden Kaisern, Rebellionen römischer Truppen und Aufstände von Sklaven und Kolonen bildeten gemeinsam das politische Terrain, ohne das jene weitschweifenden Plünderungszüge germanischer Scharen kaum möglich gewesen wären. Sie förderten zwangsläufig den Erfolg der feindlichen Einfälle. Hinzu kam, daß das römische Kriegswesen, den gesellschaftlichen Verhältnissen der Sklavenhaltergesellschaft gemäß, zunächst ganz auf Operationen jenseits der Grenzen des Reiches und auf die Sicherung dieser Grenzen ausgerichtet war. Es kannte kein System befestigter Plätze im Hinterland, das einer Landesverteidigung im Inneren den nötigen Rückhalt gegeben hätte. Hatten die Germanen die Grenzsicherungen erst einmal durchbrochen, so lagen die von ihnen heimzusuchenden Gebiete weitestgehend ungeschützt vor ihnen.

Es war das Zusammentreffen des wachsenden Druckes von außen mit den zunehmenden Krisenerscheinungen im Inneren, das die dauerhafte Stabilisierung der Situation an der Reichsgrenze letztlich zu einer Unmöglichkeit werden ließ.

Unter der Herrschaft Diokletians und seiner direkten Nachfolger lösten die Erfahrungen der während der zweiten Hälfte des 3. Jahrhunderts erfolgten schweren Germaneneinfälle jedoch eine Reihe einschneidender Reformen aus, mit denen es für einige Zeit gelang, spürbare Veränderungen zu bewirken. Durch diese Reformen konnten sowohl die Wirksamkeit der Zivilverwaltung als auch die Schlagkraft des römischen Verteidigungssystems erheblich verbessert werden.

Zwei Jahre nach seiner 284 erfolgten Thronbesteigung ernannte Diokletian Maximian zu seinem Mitkaiser. Ihm übertrug er die Grenzverteidigung gegen die fränkischen Kleinstämme. Maximian machte Trier zum Zentrum seiner Herrschaft und schuf damit die Basis für eine späte Blüte dieser römischen Stadt. Weiter wurde die Verwaltungsgliederung des Reiches neu geordnet. Das gesamte, noch immer riesige Territorium des *Imperium Romanum* wurde in vier Präfekturen, zwölf Diözesen und eine Vielzahl von Provinzen gegliedert. Die *diöcesis Gallia*, deren Hauptstadt Trier war, zählte acht Provinzen. Zu ihnen gehörten die *Belgica prima*, die *Belgica secunda*, die *Germania prima* und die *Germania secunda* mit ihren Hauptorten Trier, Reims, Mainz und Köln. Das Gebiet dieser vier Provinzen sollte später in der Entstehungsgeschichte des Frankenreiches einen hervorragenden Platz einnehmen. In jeder Provinz war die militärische Gewalt nunmehr in den Händen eines Dux konzentriert. Da die Franken, wie übrigens andere Germanen auch, bei ihren Plünderungszügen, sobald sie die Rheingrenze hinter sich gelassen hatten, den großen Flußläufen und vor allem den in das Landesinnere führenden Römerstraßen folgten, wurden bereits bestehende Siedlungen zu Befestigungen ausgebaut und andere Befestigungen völlig neu errichtet, um diese Einfallswege im Notfall abriegeln zu können. Bei der Unterbindung von Plünderungszügen, die von den fränkischen Kleinstämmen ausgingen, spielte der entsprechende Ausbau der Straße, die Köln mit Bavai und dem an der Kanalküste gelegenen Boulogne verband, eine hervorragende Rolle. Zur Abwehr der Einfälle von der See her wurden außerdem entlang der Küste auf beiden Seiten des Kanals, also sowohl auf der gallischen als auch auf der britischen Seite, die Küstenbefestigungen des *Litus Saxonicum* errichtet.

Durch die Gesamtheit dieser Neuerungen gelang es den Römern, die Schlagkraft der Grenzverteidigung erheblich zu verbessern, und während eines halben Jahrhunderts trat im Grenzraum tatsächlich eine deutliche Stabilisierung der Situation ein. Sie dürfte auch dazu beigetragen haben, daß die bis weit in das Binnenland hineinführenden Plünderungszüge fränkischer Scharen allmählich ganz unterblieben.

Zunächst gelang es Maximian, gegen fränkische Truppen, die erneut bei Köln über den Rhein vorgedrungen waren und 288 wiederum in der Nähe von Trier auftauchten, beträchtliche Erfolge zu erringen. Die Quellen berichten, daß sich ihm damals einer der fränkischen Anführer, Gennobaudes, unterworfen hätte. Maximian machte zahlreiche Gefangene, die in der näheren und weiteren Umgebung von Trier als Laeten, also als Bauernkrieger, angesiedelt wurden. Die Laeten mußten Ländereien, die brachlagen, weil sie von ihren gallo-römischen Besitzern verlassen worden waren, bebauen und so ihre eigene Versorgung sichern. Im Kriegsfalle hatten sie unter römischem Kommando Waffendienst zu leisten. Um 290 konnte der

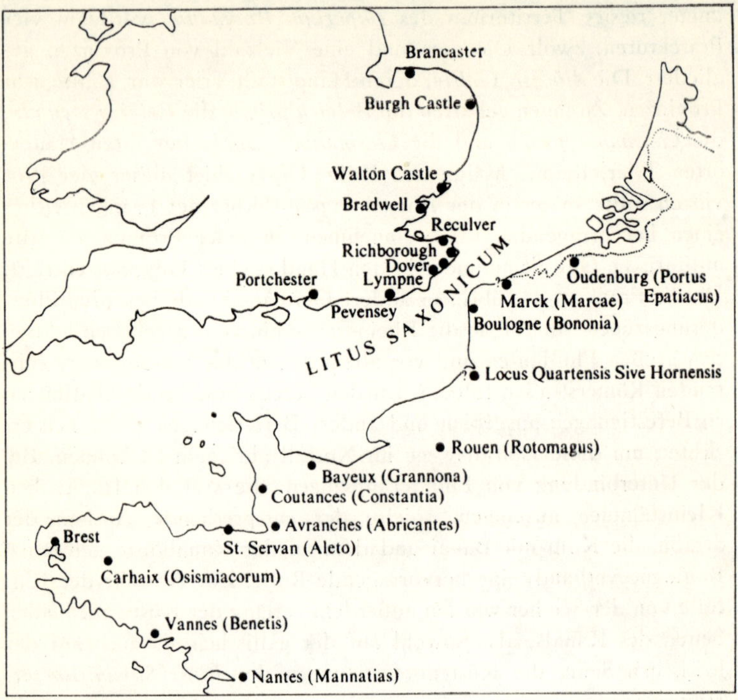

Abb. 1 Der Litus Saxonicum

gleiche Kaiser die Betuwe, auf der sich Franken niedergelassen hatten, zeitweilig wieder unter römische Kontrolle bringen. Darüber hinaus stieß Maximian auch über den Rhein hinweg nach Norden vor, um den weiteren Zuzug fränkischer Eindringlinge bereits in seinen Ausgangsgebieten zu stören.

294 oder 295 unternahm Konstantius, seit 293 Mitkaiser von Diokletian und Maximian, erfolgreiche Züge gegen Franken, die um 270 das Gebiet der Scheldemündung, also das heutige Zeeland, besetzt hatten, und auch er kämpfte wieder in der Betuwe. Damals wurden fränkische Gefangene in großer Zahl in das Innere Galliens gebracht und, weit von den Reichsgrenzen entfernt, als Laeten angesiedelt. Grabfunde lassen mit Sicherheit erkennen, daß das in der Gegend von Amiens, Beauvais und Troyes sowie an mehreren im heutigen französischen Département Aisne gelegenen Plätzen der Fall gewesen ist.

Der letzte römische Kaiser, der diese offensive Politik zur zeitweiligen Stabilisierung der Reichsgrenze gegenüber den Franken mit wirklichem Erfolg zu führen vermochte, war Konstantin der Große, Sohn und Nachfolger des Konstantius. Während sein Vater sich wohl vor allem mit jenen fränkischen Gruppierungen auseinandergesetzt hatte, die in die Mündungsgebiete von Rhein, Maas und Schelde eingedrungen waren und sich auf der Betuwe festgesetzt hatten, griff Konstantin, ohne die anderen Grenzabschnitte völlig aus den Augen zu lassen, stärker rheinaufwärts zwischen Betuwe und Köln in die Verhältnisse ein. Er wurde hierzu veranlaßt, weil die im Hinterland dieses Grenzabschnittes lebenden fränkischen Kleinstämme der Chamaven und Brukterer während der ersten Zeit seiner Herrschaft wiederholt Vorstöße in römisches Gebiet unternahmen. Konstantin errang sehr bald, nachdem er im Jahre 306 von den Truppen zum Kaiser in Gallien und Britannien ausgerufen worden war, einen offenbar glänzenden Sieg über die Eindringlinge. Zwei ihrer Anführer, Ascaricus und Merogaisus, fielen damals in die Hände der Römer und wurden in einer Arena wilden Tieren vorgeworfen.

Um 310 zog Konstantin gegen die Brukterer, und um jederzeit von Köln aus in das gegenüber dieser Stadt am Rhein gelegene Kastell Deutz und damit in das Hinterland dieses Kleinstammes gelangen zu können, ließ der Kaiser bei Köln eine steinerne Brücke errichten.

Im Jahre 313 hielt Konstantin sich in Mailand auf. Hier erließ er gemeinsam mit Licinius, der damals im östlichen Teil des *Imperium Romanum* herrschte, das berühmte Toleranzedikt, das den Christen das freie Bekenntnis zu ihrem Glauben gestattete. Während dieses Aufenthaltes erreichte Konstantin die Nachricht von einem neuen Einfall der Franken. Der Kaiser brach unverzüglich nach Norden auf, und es gelang ihm auch diesmal, in den Kämpfen Sieger zu bleiben.

Von Konstantin wurde in großzügiger Weise eine Politik praktiziert, deren erste Ansätze sich bereits unter seinen unmittelbaren Vorgängern gezeigt und zu der diese Vorgänger durch ihre Verteidigungsmaßnahmen erst die erforderlichen Voraussetzungen geschaffen hatten: Während der Herrschaft Konstantins wurden in größerer Zahl Germanen gegen Sold für die römische Armee angeworben. Einige dieser Germanen vermochten bereits damals zu hohem militärischen Rang aufzusteigen. Diese germanischen Söldner waren vorzugsweise fränkischer Herkunft: Brukterer, Chamaven, Chattuarier und Amsivarier werden neben Saliern in diesem Zusammenhang in den Quellen genannt. Die auf Anwerbung germanischer Söldner gerichtete römische Politik stieß also während der Herrschaft Konstantins ganz offensichtlich genau dort auf die bereitwilligsten Partner, wo sich Jahrzehnte früher immer wieder Kriegerscharen zu weitschweifenden Plünderungszügen formiert hatten, nämlich im Inneren der fränkischen Kleinstämme. Es liegt auf der Hand, daß dieses Söldnerwesen die gleichen sozialen Wurzeln hatte wie jene Plünderungszüge. Die Tatsache aber, daß die Erfolgsaussichten solcher weitschweifenden Plünderungszüge im Gefolge der Verteidigungsmaßnahmen Diokletians und seiner Mitkaiser erheblich gesunken waren, mußte die Neigung bei den entsprechenden sozialen Gruppen der Franken zwangsläufig erheblich verstärken, sich gegen Geld zum Kriegsdienst anwerben zu lassen.

Die Erfolge Konstantins des Großen trugen zweifelsohne entscheidend dazu bei, daß seit etwa 320 in den fränkisch-römischen Kontaktgebieten eine Periode relativer Ruhe begann. Sie hielt bis einige Jahre nach dem Tode Konstantins an. Während dieser Zeit – es handelte sich, da Konstantin 337 starb, um rund zwei Jahrzehnte – kam es zu keinen größeren kriegerischen Unternehmungen der Franken mehr. Nicht ohne Bedeutung für die weitere Entwicklung war aber, daß in einigen grenznahen Landschaften während dieser Zeit germanisch-fränkische Zuwanderer ohne Anwendung bewaffneter Gewalt beständig in römisches Gebiet einsickerten. Denn dieser Vorgang leitete in den von ihm erfaßten Gebieten eine ethnisch-soziale Umschichtung ein, die einer vollständigen Besitznahme durch die Franken zwangsläufig Vorschub leisten mußte. Er erlangte besondere Bedeutung in den durch Kriege und Naturkatastrophen von Menschen entblößten Mündungsgebieten von Rhein, Maas und Schelde und im Norden der angrenzenden Toxandria. Dieser Raum wurde schon früh von einer solchen aus nördlicher Richtung kommenden versteckten Zuwanderung erfaßt.

Im Jahre 341, nur vier Jahre nach dem Tode Konstantins des Großen, setzten die fränkischen Angriffe auf römisches Reichsgebiet erneut ein. Gegenüber den früheren Einfällen erreichten sie sehr bald eine unvergleichlich größere Heftigkeit, und sie begannen auch sonst neue Formen anzunehmen. Konzentrierten die Angriffe sich während der zweiten Hälfte des 3. Jahrhunderts im besonderen Maße auf den Süden der heutigen Niederlande, so blieb es in diesen Gegenden während der zweiten Hälfte des 4. Jahrhunderts vergleichsweise ruhig. Die Bewegungen, die Unruhe gingen nun, soweit fränkische Klein-

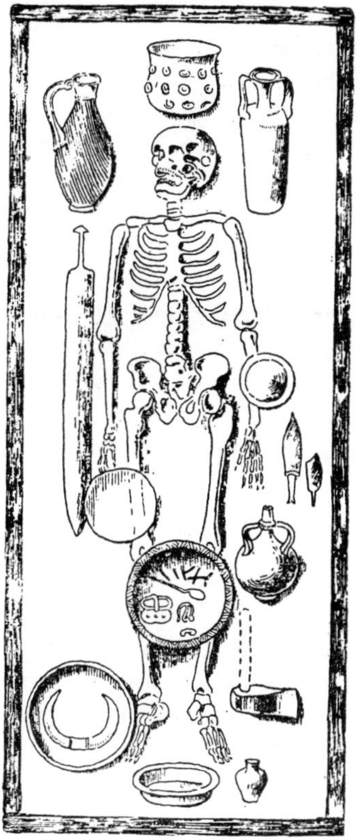

Abb. 2 Grab eines germanischen Kriegers. 4. Jh., Monceau-le-Neuf, Frankreich

stämme ihre Träger waren, viel stärker von jenen Anliegergebieten des Rheins aus, die sich zwischen Betuwe und Köln erstreckten. Neben den Chamaven werden Brukterer und Chattuarier immer häufiger von zeitgenössischen Quellen in Berichten über entsprechende Ereignisse genannt. Die Intensität der Einfälle hatte sich also flußaufwärts verlagert.

Obwohl nun diese Verlagerung ihres Konzentrationsgebietes schon für sich genommen auffallend genug war, wiesen die Einfälle aber darüber hinaus seit der Mitte des 4. Jahrhunderts Erscheinungen auf, die sehr bald zu historisch bedeutsamen Veränderungen führen sollten: Zu den auf Beute gerichteten Plünderungszügen, die jetzt weniger weitschweifend als früher waren, traten immer häufiger Versuche, in den grenznahen Gebieten des *Imperium Romanum* Land zu erobern und dieses eroberte Land dauerhaft in Besitz zu nehmen.

Die Gesamtheit dieser Veränderungen war das deutliche Zeichen dafür, daß die von Innergermanien ausgehende Unruhe den Rhein erreicht und daß deshalb die von dort kommenden Bewegungen sowohl auf die Stoßrichtung als auch auf die Intensität und den Charakter der Bewegungen der in seiner unmittelbaren Nachbarschaft lebenden germanischen Verbände zunehmend an Einfluß gewannen. Die Einfälle der Franken erhielten eine breitere soziale Grundlage, freie bäuerliche Produzenten wurden mehr und mehr zu ihren eigentlichen Trägern.

Im Jahre 350 drangen Germanen in breiter Front über den Rhein nach Westen vor. Neben fränkischen Kleinstämmen waren an diesem Einfall vor allem Alamannen beteiligt. Die Angreifer suchten das gesamte Rheingebiet zwischen Xanten und Straßburg heim, mehrere Römerstädte, unter ihnen Köln, Mainz, Speyer und Straßburg, wurden erobert.

Begünstigt wurden diese Angriffe von politischen Auseinandersetzungen, die damals durch die Erhebung des Heermeisters Magnentius in Gallien in der Führungsspitze des Römischen Reiches ausgelöst worden waren.

Erst Julian, der 355 von Kaiser Konstantius II. zum Caesar für Gallien ernannt worden war, gelang es, der Situation nach mehrjährigen Kämpfen wieder Herr zu werden. Er wandte sich zunächst gegen die Alamannen, denen er 357 in der Nähe von Straßburg eine schwere Niederlage zufügte. Inzwischen verwüsteten aber, während Julian »in den abgelegenen Gebieten der Alamannen beschäftigt« war, weiter nördlich sechshundert leichtbewaffnete Franken »von Besatzungen freie Landstriche. Die günstige Gelegenheit steigerte ihre Verwegenheit ins Verbrecherische, weil sie glaubten, reiche Beute machen zu können.« Schließlich verschanzten sich diese Franken, als Julian mit einem Heer heranzog, in zwei an der Maas gelegenen Kastellen, »die schon längst verlassen waren«. Hier wurden sie im Dezember und Januar belagert, ehe sie sich, »durch Hunger und dauerndes Wachen und schließlich durch Verzweiflung in ihrem Widerstandswillen gelähmt«, ergeben mußten und in die Gefangenschaft abgeführt wurden. Julian hatte nämlich, um zu verhindern, daß die Eingeschlossenen in einer mondlosen Nacht über den mit Eis bedeckten Fluß entkamen, »täglich von Sonnenuntergang bis zum ersten Morgengrauen Soldaten mit Kreuzern auf dem Fluß hin und her fahren« lassen, um das Eis zu zerbrechen.

Der zitierte Bericht über den Kampf römischer Truppen mit einer

Frankenschar, die Ende 357 und Anfang 358 die Landschaften um die mittlere Maas heimsuchte, ist der »Römischen Geschichte« des Ammianus Marcellinus entlehnt. Ammianus Marcellinus, von Geburt Grieche, stammte aus Antiochia, dem heutigen Antakya. Er war Offizier in der kaiserlichen Leibgarde, Zeitgenosse der von ihm beschriebenen Ereignisse und ist selbst in kaiserlichem Auftrag in Gallien gewesen und bis nach Köln gelangt. Es gilt als sicher, daß Ammianus Marcellinus für sein Geschichtswerk eine Denkschrift benutzt hat, die von Julian über seine in den Jahren 355 bis 361 gegen Alamannen und Franken geführten Kriege angefertigt worden war. Nicht zuletzt dieser Tatsache ist sowohl die Anschaulichkeit, mit der der Verfasser über jene Ereignisse erzählt, als auch der erhebliche Quellenwert zu danken, den sein Werk für alle jene Historiker besitzt, die sich mit der Geschichte der Franken und mit der Entstehungsgeschichte des Frankenreiches befassen.

Seine Erfolge ausnützend, erzwang Julian von den »bestürzten Frankenkönigen« die Räumung von Köln, und im Sommer des Jahres 360 überschritt er, wohl in der Nähe von Xanten, den Rhein. Er brach in die Siedlungsgebiete der Chattuarier ein und zwang diesen Kleinstamm, sich zu unterwerfen. Wahrscheinlich sind nach diesem Sieg Julians Chattuarier in größerer Zahl als Gefangene aus ihrer Heimat weggebracht und in der Gegend südlich von Langres im heutigen französischen Département Haute-Marne als Laeten angesiedelt worden. Dafür spricht jedenfalls, daß zwischen Langres und Dijon während des frühen Mittelalters ein *pagus Attuariorum*, also ein »Gau der Chattuarier«, wiederholt durch Urkunden bezeugt ist. Hier müssen demnach Franken dieses Kleinstammes einstmals in so beträchtlichem Ausmaß angesiedelt worden sein, daß es zu einer nahezu geschlossenen und über längere Zeit auch mehr oder weniger geschlossen bleibenden Besiedlung kam. Die Frankenkriege Julians können für eine solche Ansiedlung am ehesten entsprechende Voraussetzungen geschaffen haben.

Parallel zu seinen nahezu ununterbrochenen Kriegszügen ließ Julian umfangreiche Arbeiten zur Wiederherstellung der Grenzbefestigungen ausführen. An der Maas, also im römisch beherrschten Hinterland, entstanden mehrere Kastelle neu, und am Rhein wurde zwischen Xanten und Mainz eine Reihe befestigter Siedlungen wieder hergestellt, um die Rheingrenze in ihrem damals am stärksten gefährdeten Abschnitt besser zu sichern. Aber obwohl Julian aus seinen zahlreichen Unternehmungen nahezu immer als Sieger hervorging, und obwohl es ihm gelang, sowohl Alamannen als auch Franken über den Rhein zurückzudrängen und den endgültigen Zusammenbruch der Reichsgrenze noch zu verhindern, zeigte der Gesamtverlauf der Ereignisse doch, daß es nicht mehr möglich sein würde, die Fluten der gegen diese Grenze andrängenden Germanen auf die Dauer vom Boden des *Imperium Romanum* fernzuhalten. Die Einfälle nahmen nicht nur an Häufigkeit und an Ausdehnung zu, sondern sie zeigten vor allem die Tendenz, sich immer mehr von bloßen Plünderungszügen zu weiträumigen Niederlassungen auszuweiten.

Durch die Gewalt dieser Umstände gezwungen, begannen die römischen Machthaber seit der Mitte des 4. Jahrhunderts mehr und mehr die Methoden zu ändern, mit denen sie den Germanen entgegentraten. Neben der Praktizierung des offenen Krieges, der gewaltsamen Aussiedlung und der Verwüstung germanischer Siedlungsgebiete gingen die Römer dazu über, Landnahmen zunächst stillschweigend zu tolerieren oder Verträge abzuschließen, die bereits erfolgte Landnahmen nachträglich regeln sollten. Schließlich erhielten die eingedrungenen Germanen immer häufiger den Status von Foederaten, das heißt, sie wurden als Bundesgenossen anerkannt. Es lag in der Natur dieses Verhältnisses, daß die als Foederaten aufgenommenen Germanen ihre militär-demokratische Organisation behielten. Sie lebten also künftig auf römischem Territorium, waren aber nicht der staatlich-politischen Organisation des *Imperium Romanum* unterworfen. Im Falle eines Krieges unterstanden sie nicht dem römischen Kommando, sondern sie kämpften unter Heerführern, die sie selbst ernannt hatten. Dieses Verhältnis räumte den Germanen im gewissen Ausmaß und unter bestimmten Umständen die Möglichkeit ein, ihr eigenes Siedlungsgebiet auf Kosten des Römischen Reiches zu erweitern, ohne daß mit dieser Ausweitung zunächst eine grundlegende Veränderung der ihnen damals eigenen sozialökonomischen und der diesen entsprechenden politischen Verhältnisse zwangsläufig verbunden gewesen wäre.

Im Jahre 358, also unmittelbar nach seinem bei Straßburg über die Alamannen errungenen Sieg, gestand Julian jenen »Franken, die man gewöhnlich als Salier bezeichnet«, das Recht zu, Wohnplätze zu behalten, in die sie bereits eingedrungen waren, bevor er in Gallien erschien. Ammianus Marcellinus berichtet über die Ereignisse weiter, daß diese Salier »sich vor längerer Zeit erfrecht« hätten, »auf römischem Boden in Toxandrien ihre Wohnsitze einzurichten«. Toxandrien ist die weiträumige Landschaft, die sich südlich und westlich der unteren Maas, also im Grenzraum der heutigen Niederlande und des heutigen Belgien, erstreckte.

Als Julian mit einem Heer gegen die Salier anrückte, schickten ihm diese eine Gesandtschaft »des gesamten Volkes« entgegen. Diese Gesandtschaft versprach, daß ihre Stammesgenossen Frieden unter der Bedingung halten würden, »daß man sie in jenen Gebieten als den ihren ruhig wohnen« ließe, »ohne sie zu reizen oder zu beunruhigen«. Julian ließ gegenüber den Saliern schließlich »Milde walten«, allerdings nicht, ohne sie vorher, indem er seine militärische Stärke durch eine Heeresabteilung hatte demonstrieren lassen, in die Knie gezwungen zu haben.

Daß Julian es den Saliern gestattete, in den von ihnen in Besitz genommenen Gebieten zu bleiben, hatte gewiß auch mit der Tatsache zu tun, daß der äußerste Nordwesten Galliens wegen der vorangegangenen Verwüstungen der Arbeitskraft produktiv tätiger Menschen besonders bedurfte. Nicht weniger findet diese frühe Begründung eines Foederatenverhältnisses zu einem Teil der Franken ihre Erklärung aber in dem gravierenden Umstand, daß diese Niederlassung hinter einem Abschnitt der römischen Grenze erfolgt war, der seit der Mitte des 4. Jahrhunderts immer mehr an den Rand der Ereignisse geriet. Es zeugt von der völligen Verschiedenheit der Situation, daß die Chamaven, die nach den Worten des Ammianus Marcellinus »ein ähnliches Vorhaben unternommen« hatten wie die Salier, gleichfalls von Julian angegriffen, aber Frieden nur unter der Bedingung erhalten hatten, »daß sie ... in ihre Wohnsitze zurückkehrten«. Julian bestand also im Falle der Chamaven auf den Abzug in ihre östlich des Rheins gelegenen Siedlungsgebiete.

Die Salier hatten, bevor sie in Toxandrien erschienen, bereits einige Zeit in der Betuwe, also in jener Landschaft zwischen den Rheinarmeen gesessen, die während der zweiten Hälfte des vorangehenden Jahrhunderts so hart umkämpft worden war. Von hier waren sie dann durch den Angriff anderer Germanen, bei denen es sich wahrscheinlich um Sachsen handelte, vertrieben worden.

Mit den Saliern, die zum ersten Mal von den Quellen erwähnt werden, als Julian gegen sie vorging, trat jener fränkische Teilstamm in die Geschichte ein, der ein reichliches Jahrhundert später nach und nach die Führung aller fränkischen Teil- und Kleinstämme an sich riß und in den Kämpfen um die Errichtung des Frankenreiches gewissermaßen als politische Vorhut fungierte.

Es ist bis heute ungeklärt, wo sich die eigentliche Heimat der

Salier befand. Wir wissen also nicht genau, in welcher Gegend sich jener militär-demokratische Verband gebildet hat, der später als fränkischer Teilstamm der Salier in der Entstehungsgeschichte des Frankenreiches eine entscheidende Rolle spielen sollte. Sicher ist aber, daß die Salier zeitweilig in dem östlich der Ijssel gelegenen Salland gesessen haben und daß entweder diese Landschaft den Saliern oder die Salier dieser Landschaft ihren Namen gaben. Von hier sind sie zunächst in die Betuwe und dann, wahrscheinlich um 340, nach Toxandrien weitergezogen. Aber sowohl der Name des Kleinstammes, der wahrscheinlich von Salz abgeleitet ist und die Salier als die »an der Salzsee« Wohnenden ausweist, als auch die Stammestradition der Merowinger, auf die später noch einzugehen sein wird, deuten recht klar darauf hin, daß diese Gruppierung einst an der Nordseeküste gesessen haben muß. Erst von hier dürften die Salier an die Ijssel gelangt und dann dem Salland seinen Namen gegeben haben.

Der Bericht des Ammianus Marcellinus, in dem ausdrücklich hervorgehoben wird, daß eine Gesandtschaft »des gesamten Volkes« zu Julian gekommen sei, sowie das unter der Bedingung abgegebene Versprechen dieses Volkes, Frieden zu halten, wenn man es ungestört in den von ihm eroberten Wohnsitzen beließe, nicht zuletzt aber die Tatsache, daß sich die Salier »mit ihrem Eigentum und ihren Kindern« dem Caesar unterstellten, verraten den eigentlichen Grund, der sie zu ihrem unentwegten Vordringen nach Süden trieb. Es war die Suche nach ertragfähigem Land, das ihre Existenz vor allem anderen zu sichern hatte. Also nicht der auf rasche Beute und auf im schnellen Zugriff erwerbbaren Reichtum angelegte Plünderungszug von Scharen kriegslüsterner und kriegstüchtiger Gefolgsleute trug demnach während des 4. Jahrhunderts zuerst und vor allem die Bewegung der Salier, sondern sie wurde offensichtlich in starkem Maße von den existentiellen gesellschaftlichen Bedürfnissen einer Bevölkerung mit bäuerlicher Lebensweise gesteuert.

Selbst wenn ihre eigentliche Heimat nicht die Nordseeküste, sondern das an der Ijssel gelegene Salland gewesen sein sollte, so hatten die Salier, als sie sich in Toxandrien niederließen, den größeren Teil des Weges fast schon hinter sich, der sie dereinst nach Tournai und nach Cambrai und bis an die Somme führen sollte. Die in das Jahr 358 gehörenden Verhandlungen zwischen der erwähnten Gesandtschaft des „Volkes der Salier« und Julian fanden in oder bei Tongeren statt, und nicht allzu weit nördlich dieser ehemaligen Römerstadt dürften sich damals also wohl bereits Salfranken niedergelassen haben. Wenige Jahre nach diesen Verhandlungen, um 370, fielen Sachsen in salisches Siedlungsgebiet ein. Sie wurden von Kaiser Valentinian zuerst zum Rückzug bewogen, dann aber von seinen Truppen überfallen und vernichtet. Weil die Quellen, die über diese Auseinandersetzung berichten, als Ort des Geschehens »Deusone in regione Francorum«, das ist Diesen »im Gebiet der Franken«, nennen, wissen wir, daß die nähere und weitere Umgebung dieser im äußersten Süden der heutigen Niederlande gelegenen Stadt zur Zeit jenes sächsischen Einfalles von römischer Seite bereits mit Selbstverständlichkeit als fränkisches, das heißt also: als salfränkisches Siedlungsgebiet angesehen wurde. Niederländische Wissenschaftler vermuten, daß Tilburg damals der Hauptort der salischen Franken gewesen ist.

Der weit nach Westen führende Vorstoß der Salier, der mit ihrer dauerhaften Ansiedlung in der Toxandria sein vorläufiges Ende fand, leitete eine Periode deutlicher Trennung dieser so entstandenen westlichen Gruppierung der Franken von den weiter östlich und zunächst jenseits des Rheins verbleibenden übrigen fränkischen Kleinstämmen ein, und eben diese Trennung sollte sehr bald erhebliche Bedeutung erlangen.

Im Unterschied zu den anderen fränkischen Kleinstämmen, die sowohl zu Lebzeiten Julians als auch nach seinem Tod – der Caesar starb 363 – immer wieder in römisches Gebiet einzubrechen versuchten, verhielten sich die Salier seit dem Jahre 358 offensichtlich ruhig. Jedenfalls verzichteten sie, und zwar für lange Zeit, auf bewaffnete Unternehmungen mit dem Ziel, ihre Siedlungsgebiete mit Gewalt südwärts in das römisch beherrschte Gallien hinein auszuweiten. Die Ansiedlung der salischen Franken in Toxandrien und die mit dieser Ansiedlung verbundene bäuerliche Landnahme hatten das entscheidende soziale Bedürfnis des weitaus größten Teils der Angehörigen dieses Kleinstammes, eben der bäuerlichen Produzenten, erfüllt. Damit aber war ihm der eigentliche Impuls seines Wandertriebs fürs erste genommen. Diese zeitweilige Befriedung wurde zudem noch dadurch begünstigt, daß die Ansiedlung in einem Raum erfolgt war, der während des späten 4. und im frühen 5. Jahrhundert deutlich in den toten Winkel jener weiträumigen Wanderungsbewegungen geriet, die gemeinhin als Völkerwanderung bezeichnet werden.

Im Jahre 359 durchzog Julian von den Alamannen beherrschte Gebiete, die östlich des Rheins gelegen waren. Er beendete diesen Feldzug erst, als er mit seinen Truppen bis in jene Gegend gekommen war, »wo Grenzsteine die Gebiete der Römer und Burgunder scheiden«. An diesem Platz ließ Julian ein Lager aufschlagen, um hier die Alamannenkönige Macrianus und Hariobaudes zu Friedensverhandlungen zu empfangen.

Aus diesem Bericht des Ammianus Marcellinus geht eindeutig hervor, daß die ostgermanischen Burgunder, die ursprünglich weit von den Grenzen des *Imperium Romanum* entfernt gelebt hatten, bis in die Nähe dieser Grenzen gelangt waren und hier gelegene Gebiete als Wohnsitze in Anspruch nahmen. Die Burgunder wohnten einst zwischen unterer Oder und unterer Weichsel. Von dort zogen sie vor dem späten 2. Jahrhundert fort, um allmählich in südwestliche Richtung vorzudringen. Wohl im frühen 3. Jahrhundert erreichten sie die Lausitz, und am Ende des gleichen Jahrhunderts erschienen sie im Maingebiet. Sie gelangten schließlich bis in die Nähe des obergermanischen Limes.

Es konnte nicht ausbleiben, daß das mit einer Landnahme verbundene Vordringen der Burgunder Unruhe unter anderen Germanenstämmen auslöste und schließlich zu beträchtlichen kriegerischen Verwicklungen führte. Während der zweiten Hälfte des 4. Jahrhunderts kam es zu blutigen Zusammenstößen mit den Alamannen, die bereits vor den Burgundern, und zwar ebenfalls von Nordosten kommend, in das Maingebiet eingedrungen waren. Auf Kosten der Alamannen, in deren Nachbarschaft sie nun saßen, suchten die Burgunder damals vor allem ihr eigenes Herrschaftsgebiet auszuweiten. Im oberfränkisch-schwäbischen Grenzgebiet gelegene Salzquellen nahmen in diesen Auseinandersetzungen einen besonderen Platz ein.

Die Alamannen wurden erstmals 213 erwähnt, als römische Truppen gegen sie aufgeboten werden mußten, weil sie den Limes bedrohten. Die Heimatgebiete der Alamannen sind an der mittleren Elbe, in der Priegnitz, im Havelland sowie an der Saale zu suchen. Von hier lebenden elbgermanischen Stämmen war einige Zeit vor dem Jahre 213 ein lockerer politischer Verband gebildet worden, dessen Angehörige den Namen Alamannen trugen. Im Jahre 259 überrannten die Alamannen schließlich den Limes und brachten das Land zwischen Rhein, Bodensee, Iller und Donau in ihre Gewalt. Im Norden reichte das von ihnen beherrschte Gebiet schließlich über den unteren Main hinweg bis in die Nähe der Lahn. In dieser Gegend gerieten die Alamannen also in die Nachbarschaft der östlichen Franken.

Noch während des gesamten 4. Jahrhunderts besaßen die Alamannen ebensowenig wie die Franken eine einheitliche Führung. Sie waren als Kleinstämme organisiert, an deren Spitze Könige, die *reges*, oder Kleinkönige, die *reguli*, standen. An der bereits erwähnten Schlacht bei Straßburg, die dem Kriegszug Julians in das römisch-burgundische Grenzgebiet unmittelbar voranging, sind auf alamannischer Seite allein sieben *reges* und zehn *reguli* beteiligt gewesen.

Von den neuen Siedlungsgebieten aus suchten die Alamannen unablässig zunächst über den Rhein hinweg nach Westen, später auch weiter nach Norden, Nordwesten und Süden vorzudringen. Folgerichtig stießen sie dabei schon früh mit den jenseits von Lahn und Westerwald lebenden östlichen Franken zusammen.

Da die Alamannen damals im Begriff waren, den Oberrhein zu überschreiten und sich auch westlich des Flusses fest niederzulassen, suchte Kaiser Valentinian I., um sie zu schwächen, ihre Rivalitäten mit den Burgundern zum Vorteil des Römischen Reiches zu nutzen. Er bot um 370 den Burgundern ein gemeinsames Vorgehen gegen die Alamannen an. Die Burgunder drangen darauf, römische Hilfe erwartend, durch alamannisches Gebiet bis zu den Ufern des Rheins vor, zogen sich aber, nachdem ihre Könige sämtliche Gefangene hatten töten lassen, wieder zurück, als sie merkten, daß sie von Valentinian getäuscht worden waren.

Etwas später, jedenfalls nach 374, fielen von König Macrianus geführte Alamannen in fränkische Gebiete ein, die sie furchtbar verwüsteten. Macrianus wurde getötet, als er dabei in einen Hinterhalt geriet, der von Franken errichtet worden war. An der Spitze dieser Franken stand Mallobaudes, der zeitweilig als Söldner in der römischen Armee gedient und 378 gemeinsam mit Nannienus, einem römischen Feldherrn, Truppen gegen die Alamannen geführt hatte. Der Ort des Zusammenstoßes, bei dem Macrianus den Tod fand, ist unbekannt. Da dieser König jedoch entweder mit jenem früher bereits genannten Macrianus identisch war, der sich 359 gemeinsam mit Hariobaudes Julian unterworfen hatte, oder da er diesem doch zumindest verwandtschaftlich sehr nahe gestanden haben muß, ist sicher, daß er an der Spitze des alamannischen Kleinstammes der Bukinobanten stand. Dieser Kleinstamm lebte in der Umgebung des heutigen Wiesbaden und beherrschte das Gebiet zwischen dem Unterlauf des Main und der Lahn. Bei der von diesem alamannischen Kleinstamm heimgesuchten »Francia«, das ist das Frankenland, dürfte es sich also um nördlich von Lahn und Westerwald gelegene fränkische Siedlungsgebiete gehandelt haben.

Mit Macrianus, der damals als einer der gefürchtetsten unter den vielen Alamannenkönigen galt, hatte Kaiser Valentinian I. im Spätherbst des Jahres 374 einen Vertrag abgeschlossen, durch den die Bukinobanten zu römischen Bundesgenossen wurden. Der wohl erst nach diesem Vertragsabschluß, also um 380 erfolgte Angriff auf die »Francia« ließ zum ersten Mal jenen fränkisch-alamannischen Konflikt sichtbar werden, der seine Wurzeln im Kampf um die politische Vorherrschaft im Rhein-Main-Maas-Raum hatte. Dieser Konflikt wurde erst einhundert Jahre später endgültig, und zwar zugunsten der Franken, entschieden.

Der schon erwähnte sächsische Vorstoß in die Betuwe, der die Salier zu ihrem Zug in die Toxandria veranlaßte, zeigt, daß spätestens zu dieser Zeit die mit dem Namen der Sachsen verknüpfte Wanderungsbewegung begonnen hatte, die Franken in ihren Lebensformen in existentieller Weise zu berühren.

Der Name der Sachsen begegnet zum ersten Mal in einer um 150 von dem griechischen Astronomen, Mathematiker und Geographen Ptolemäus verfaßten »Einführung in die Geographie«. Nach den Angaben des Ptolemäus saßen die Saxones zu seiner Zeit nördlich der Elbemündung und auf einigen dem heutigen Holstein an der Nordseeküste vorgelagerten Inseln. Ihre Wohnsitze am oder doch ganz in der Nähe des Meeres erklären die Seetüchtigkeit der Sachsen, die seit dem späten 3. Jahrhundert ebenso wie die Franken die Küsten Galliens und Britanniens unsicher machten und gefürchtete Seeräuber waren.

Von den Wohnsitzen aus, die sie um die Mitte des 2. Jahrhunderts einnahmen, drangen die Sachsen erobernd und andere germanische Stämme unterwerfend oder aus ihren Wohnsitzen verdrängend nach Süden und Westen vor. Um 200 müssen sie die Elbe bereits erreicht und überschritten gehabt haben, da ihr Name um diese Zeit auf den Raum südlich der Elbemündung überzugreifen begann. Während einer sich anschließenden längeren Periode, die bis zum 7. Jahrhundert reichte, dehnten die Sachsen ihre Herrschaft dann weiter aus, so daß sie schließlich im Norden im Rücken der Friesen, die damals vor allem zwischen Vliestrom und Lauwers-See wohnten, und weiter südlich im Rücken der östlichen Franken, also der Chamaven, Chattuarier, Amsivarier und Brukterer, saßen. Mit dem frühen 5. Jahrhundert setzten zudem im verstärkten Maße Einfälle nach Britannien ein, die schließlich zu einer Besiedlung größerer Teile dieser Insel durch vom Festland kommende Angeln und vor allem eben durch die Sachsen führte. Dagegen hatte weder ein Vorstoß in das Salland noch jener Angriff auf die Betuwe, der die Salier in Bewegung brachte, eine dauerhafte sächsische Ansiedlung im Gefolge.

Die Tatsache ihrer direkten Nachbarschaft zu Alamannen und Sachsen, wie sie sich in spätrömischer Zeit herauszubilden begann, erlangte für die weitere Geschichte der Franken erhebliche Bedeutung. Sie förderte nicht nur sehr nachdrücklich die Bildung eines seit dem frühen 6. Jahrhundert unter einheitlicher politischer Führung stehenden fränkischen Stammesverbandes, sondern beeinflußte die Entstehungsgeschichte, die Beschaffenheit der staatlich-politischen Organisation und schließlich auch die historische Rolle des frühfeudalen Frankenreiches bis in die Karolingerzeit hinein in entscheidender Weise. Es bedurfte jedoch erst noch umwälzender Ereignisse des 5. Jahrhunderts und ihrer gravierenden Folgen, um alle Franken, also die westlichen wie die östlichen, gleichermaßen in das politische Umfeld dieser Nachbarschaft geraten zu lassen.

Das vorgeführte Beispiel der Burgunder und ihrer Wanderungsbewegung läßt zudem erkennen, daß es die östlichen Franken waren, die zunächst und vor allem durch die Bewegungen anderer und ursprünglich vom Rhein und seinem östlichen und westlichen Vorfeld weit entfernt lebender Germanen betroffen waren.

Die salischen Franken dagegen blieben, seit sie in Toxandrien saßen, zunächst sehr am Rande der Ereignisse dieser Wanderungsbewegungen. Neben der massenhaften Landnahme durch bäuerliche Produzenten, zu der es bei ihrer Ansiedlung in Toxandrien zweifelsohne gekommen ist, dürfte in dieser zeitweiligen politischen Randlage die Erklärung dafür zu suchen sein, daß die Salier, nachdem Julian ihre Niederlassung vertraglich sanktioniert hatte, für mehr als ein halbes Jahrhundert aus dem Gesichtskreis der römischen Chronisten verschwanden: Sie waren dem Druck anderer germanischer und nichtgermanischer Verbände erheblich weniger ausgesetzt als die weiter rheinaufwärts und mit dem Rücken zum Elbe-Saale- und Oder-Raum siedelnden fränkischen Kleinstämme. Diese zeitweilige Randlage dürfte aber auch ein wesentlicher Grund dafür gewesen sein, daß es die Salier, und eben nicht einer der östlichen Kleinstämme der Franken, waren, denen einhundert Jahre später die politische Führung zufiel: Sie wurden in ihrer weiteren ökonomischen, sozialen und politischen Entwicklung weniger beeinträchtigt als jene, und sie saßen auf über lange Zeit und intensiv römisch beherrschtem Boden nicht als bekämpfte Gegner, sondern als akzeptierte Fremdlinge, mit denen man sich zu arrangieren hatte. Die salischen Franken weiteten während des späten 4. und im frühen 5. Jahrhundert ihre Herrschaft im friedlichen Vordringen nach Südwesten aus, denn als sie wieder in den Quellen zu erscheinen begannen, hatten sie den Unterlauf der Schelde erreicht.

Aus der beim Tode Julians eingetretenen Situation ergab sich, daß sich der auf die Grenzen des *Imperium Romanum* geübte Druck, soweit er von den Franken ausging, in den folgenden Jahrzehnten ganz und gar auf den Lauf des Rheins oberhalb von Xanten konzentrierte. Er erreichte eine besondere Intensität wohl zwischen Neuß und Köln. Die Chamaven, die Brukterer, die Chattuarier und die Amsivarier traten jetzt in den Vordergrund der Ereignisse. Zwischen 365 und 385 kam es wiederholt zu Versuchen, den Rhein in diesem Abschnitt zu überschreiten. Sie blieben jedoch zunächst von partieller Bedeutung. Der endgültige Zusammenbruch der Rheingrenze kündigte sich aber an, als die östlichen Franken unter Führung von Gennobaudes, Markomer und Sunno im Jahre 388 den Rhein überschritten. Ein Jahr vorher war der römische Usurpator Magnus Clemens Maximus, der 383 die Gewalt in Britannien und in Gallien an sich gerissen hatte, nach Italien abgezogen, um den Kampf gegen den Kaiser Theodosius I., den Großen (379–395), aufzunehmen. Die östlichen Franken nutzten diese erneute politische Krisensituation zu verheerenden Plünderungszügen. Schließlich teilten sie sich, und während die einen mit großer Beute beladen über den Rhein zurückkehrten, blieben die anderen auf römischem Boden, um weitere Plünderungszüge zu unternehmen. In der Silva Carbonaria, das ist der zu den Ardennen gehörende Gebirgszug des Kohlenwaldes, wurde dieser Teil der Franken zwar von den Römern gestellt und aufgerieben, als jedoch im folgenden Jahr ein römisches Heer unter Führung des Heermeisters Quintinus bei Neuß über den Rhein ging, um die östlichen Franken in ihren eigenen Siedlungsgebieten heimzusuchen, erlitt dieses Heer eine vernichtende Niederlage. Die Römer stießen, zwei Tagesmärsche vom Fluß entfernt, auf verlassene Siedlungen. »Die Soldaten steckten ... alle Häuser in Brand, – denn feige Dummheit hielt es für die Vollendung des Sieges, gegen Häuser zu wüten – und brachten dann eine sorgenvolle Nacht unter der Last der Waffen zu.« Am nächsten Tag geriet das Heer in einen Hinterhalt. »So lösten sich die Reihen, und die Legionen wurden niedergehauen ... und fast alle Befehlshaber fielen.«

Dieser Bericht über die schweren und sehr verlustreichen Abwehrkämpfe, die die Römer während der späten achtziger Jahre des

4. Jahrhunderts gegen die Franken zu bestehen hatten, geht auf den römischen Historiker Sulpicius Alexander zurück und ist durch Gregor von Tours überliefert. Gregor, der einer sehr vornehmen gallo-römischen Senatorenfamilie entstammte, dürfte um 540, und zwar in Clermont-Ferrand, geboren worden sein. 573 wurde er Bischof von Tours. Er starb im November 593 oder 594. Als Bischof von Tours verfaßte Gregor eine Weltchronik, die zumeist unter dem Titel »Zehn Bücher fränkischer Geschichte« zitiert wird. Während der Merowingerzeit zählte Tours zu den bedeutendsten religiösen Zentren des Frankenreiches. Die Bischöfe dieser Stadt besaßen deshalb nicht nur beträchtlichen kirchlichen Einfluß, sondern sie waren zugleich Persönlichkeiten von erheblichem politischem Rang. So erklärt es sich, daß die Aufzeichnungen Gregors, soweit sie von seiner eigenen Zeit handeln, für die Historiker von außerordentlichem Wert sind. Für frühere Zeiten besitzen sie diesen Wert überall dort, wo Gregor, wie im Falle des Sulpicius Alexander, Aufzeichnungen von Zeitgenossen der von ihm geschilderten Vorgänge benutzte.

Jene mit Plünderungszügen verbundenen schweren Angriffe, bei denen fränkische Scharen bis in den Kohlenwald gelangten, hatten ihre Ausgangsbasis im brukterischen, vielleicht auch im chattuarisch-amsivarischen Siedlungsgebiet, und unter diesen drei Kleinstämmen sind auch jene Franken zu suchen, die dem von Quintinus geführten römischen Heer die beschriebene Niederlage zufügten. Das ergibt sich zum einen aus der Tatsache, daß Quintinus bei Neuß über den Rhein ging und sich dann, etwas vom Fluß entfernt, mit seinen Truppen in einem gebirgigen Waldgebiet bewegte. Sein Operationsfeld dürfte also zwischen Lippe und Wupper und mithin in einem Raum zu suchen sein, in dem am ehesten mit Brukterern, Chattuariern oder Amsivariern zu rechnen war. Zum anderen ist durch Sulpicius Alexander eine Strafexpedition bezeugt, von der dieser römische Historiker ausdrücklich sagt, daß sie sich gegen diese Kleinstämme richtete. Sie war diesen Franken vorher angedroht worden für den Fall, daß sie nicht alles, was sie nach ihrem Sieg über die Legionen erbeutet hatten, zurückgäben und die Anstifter des Krieges auslieferten.

Diese Strafexpedition wurde schließlich von Arbogast durchgeführt. Arbogast, der selbst fränkischer Herkunft war, nahm damals nicht nur im römischen Heer eine führende Stellung ein, sondern er besaß in Gallien beherrschenden Einfluß auch auf den gesamten zivilen Verwaltungs- und Machtapparat. Seine Machtposition war so überragend, daß es ihm 392 sogar gelang, einen eigenen Kaiser, Eugenius, auszurufen. Bald nach diesem Ereignis, also wohl 392 oder 393, griff ein von Arbogast geführtes römisches Heer die Franken an. An der Spitze der Angegriffenen standen Markomer und Sunno, die nach den Worten des Sulpicius Alexander damals »die Königlichen der Franken« waren. Es waren dies zwei von jenen drei Anführern, die 388 die verheerenden Plünderungszüge der östlichen Franken befehligt hatten.

Da Arbogast mit der Verteidigungstaktik der fränkischen Kleinstämme dank seiner Herkunft bestens vertraut war, zog er mitten im härtesten Winter über den Rhein. Er wollte mit einem solchen Winterfeldzug den Angegriffenen die Möglichkeit nehmen, in den entlaubten und deshalb weniger Schutz bietenden Wäldern Zuflucht zu finden. Arbogast verwüstete mit seinen Truppen zunächst die Siedlungsgebiete der Brukterer und fiel dann in den Gau der Chamaven ein. Das Heer traf nirgends auf Angehörige dieser beiden Kleinstämme, dagegen zeigten sich auf entfernten Bergrücken von Markomer geführte Amsivarier und Chattuarier. Arbogast kehrte also zwar ungeschlagen, aber doch auch ohne militärischen Sieg über den Rhein zurück. Trotzdem hatte sein Kriegszug abschreckende Wirkung, und die fränkischen Kleinstämme verhielten sich nun während einiger Zeit ruhig.

Bald nach seiner Rückkehr rüstete Arbogast zu einem Zug nach Italien, um mit Waffengewalt von Theodosius I. die Anerkennung seines Kaisers Eugenius zu erzwingen. Zu den Vorbereitungen dieses Zuges gehörte es, daß »mit den Königen der Alamannen und Franken die alten Bündnisse« erneuert, aber gleichzeitig zur Abschreckung an der Rheingrenze auch »ein unermeßlich großes Heer jenen unbändigen Volksstämmen« gezeigt wurde. Im Jahre 394 kam es dann in der Nähe von Aquileia zur Schlacht zwischen den Heeren des Usurpators Eugenius und Kaiser Theodosius I., aus der Theodosius als Sieger hervorging. Arbogast nahm sich nach dieser Niederlage das Leben.

Mit diesem Ausgang des Kampfes zwischen dem Usurpator Eugenius und Theodosius I. war nicht nur der Versuch des Franken Arbogast gescheitert, sich mit Hilfe eines von ihm gelenkten Kaisers zum eigentlichen Herrscher der westlichen Provinzen des Römischen Reiches zu machen, sondern er beraubte Gallien zugleich seiner politisch-militärischen Führung. Sie wurde nun von Stilicho, dem obersten Heermeister des Kaisers Theodosius I., übernommen.

Stilicho ging nicht lange nach der Schlacht bei Aquileia an die

Die Taufe Chlodwigs I. durch Remigius von Reims. Teil eines Reliefs aus dem 9. oder 10. Jh.

Abtstab des Germanus († um 673), erster Abt des Klosters Moutier-Grandval, Tochtergründung von Luxeuil, Frankreich

TAFEL 2

Sarkophag des Bischofs Drausius von Soissons. 7. Jh.

Grab der heiligen Theudechilde in der Krypta der Klosterkirche von Jouarre, Frankreich

Das Totenhemd
der Königin Balthilde

Gürtelgarnitur
der Königin Arnegunde

Baptisterium
Saint-Jean
in Poitiers,
Frankreich.
7. Jh.

Rheingrenze, und während eines Zuges, der ihn 395/96 bis zur Mündung des Rheins führte, zwang er den östlich des Flusses sitzenden Franken Verträge ab, die diese zum Kriegsdienst für das *Imperium Romanum* verpflichteten. Um die Erfüllung dieser Verträge zu sichern, nutzte der oberste Heermeister gezielt die im Inneren der fränkischen Kleinstämme bestehenden Interessengegensätze für seine Ziele. Er verbannte den »Kleinkönig« Markomer wegen Vernachlässigung seiner Bündnispflichten nach Etrurien. Als darauf der andere »Kleinkönig« Sunno den Kampf zugunsten von Markomer aufnehmen wollte, wurde er von seinen eigenen Franken erschlagen.

Stilicho gelang es mit seinem harten Vorgehen tatsächlich, die östlichen Franken für einige Zeit von Einfällen auf das linksrheinische Gebiet abzuhalten, jedoch war die Situation an diesem Abschnitt der Rheingrenze schon damals so gespannt, daß nicht lange danach die gallische Präfektur von dem an der Mosel gelegenen Trier in den äußersten Süden des Landes, nämlich nach Arles, verlegt werden mußte. Es erwies sich zudem sehr bald als verhängnisvoll, daß Stilicho, um einen Angriff der Westgoten auf Oberitalien abzuwehren, zum Beginn des 5. Jahrhunderts Truppen von der Rheingrenze abzog und ihre Verteidigung mehr oder weniger den Germanen überließ.

Der Zusammenbruch der römischen Herrschaft in Gallien (406–486)

In der Silvesternacht des Jahres 406 überwanden bei Mainz Wandalen gemeinsam mit Sueben und Alanen den Rhein und fielen in das nun offen vor ihnen liegende Gallien ein.

Die ostgermanischen Wandalen waren etwas früher von ihren damaligen Wohnsitzen an der Theiß nach Westen aufgebrochen, und auf ihrem Zug hatten sich ihnen Sueben sowie Teile der nichtgermanischen Alanen angeschlossen. Als sich diese Scharen, die sich ihren Weg durch die Gebiete von Burgundern und Alamannen gebahnt haben müssen, dem Rhein näherten, versuchten die östlichen Franken, entsprechend ihren mit Stilicho vereinbarten Verpflichtungen zur Waffenhilfe, die Grenze des Römischen Reiches zu schützen. Sie wurden geschlagen, verhinderten aber das Vordringen der Angreifer nach Nordwesten und sicherten damit ihre eigenen Siedlungsgebiete, letztlich aber auch die der Salier, vor feindlichem Zugriff.

Nach den dramatischen Vorgängen, mit denen das Jahr 406 zu Ende ging, blieb die entlang dem Rhein verlaufende Grenze des *Imperium Romanum* in ihrem gesamten zwischen Straßburg und Köln gelegenen Abschnitt für Angreifer, die aus östlicher Richtung kamen, nahezu offen oder doch weitestgehend von dem Verteidigungswillen und der Verteidigungsfähigkeit der östlichen Franken, der Burgunder und der Alamannen abhängig. Nur noch vorübergehend gelang es, sie in dem einen oder anderen Teilabschnitt wieder zu sichern. Damit aber war für die westlichsten Teile des *Imperium Romanum* eine grundlegend neue Situation entstanden: In Gallien und Spanien begann die Zeit der germanischen Reichsgründungen.

Unmittelbar nach Wandalen, Alanen und Sueben überschritten die Burgunder den Rhein. Sie erhielten im Jahre 413 mit Zustimmung des Kaisers Honorius, der bei der 395 offiziell vollzogenen Teilung des *Imperium Romanum* das Westreich erhalten hatte, als Foederaten Wohnsitze in den um Worms und Speyer gelegenen Gebieten. Hier begründeten sie ein Königreich, das jedoch nur kurze Zeit Bestand hatte.

Seit 412 durchzogen die Westgoten, die im Jahre 410 Rom erobert und geplündert hatten, unter Führung ihres Königs Athaulf den südlichen Teil Galliens. Sie eroberten Narbonne, Toulouse und Bordeaux, wurden jedoch schließlich von römischen Truppen nach Süden auf die Pyrenäenhalbinsel abgedrängt. Im Jahre 418 gestand ihnen, wie etwas früher schon den Burgundern, Kaiser Honorius das Recht zu, sich als Foederaten anzusiedeln. Sie nahmen damals im südlichen Gallien Ländereien um Toulouse, Bordeaux, Angoulême, Périgeux und Poitiers in Besitz. 439 wurde ihre politische Selbständigkeit von Rom anerkannt, und in der Folgezeit weiteten sie ihre politische Herrschaft zu einem Reich aus, das am Ende des 5. Jahrhunderts fast den gesamten südlich der Loire gelegenen Teil Galliens sowie nahezu die gesamte Pyrenäenhalbinsel umfaßte.

Die Franken aber traten in diese neue historische Periode ein, ohne daß sie, bereits zum Stammesverband geeint, eine einheitliche Führung aufzuweisen gehabt hätten und so auf Gemeinsamkeiten im politischen und kriegerischen Handeln vorbereitet gewesen wären. Es war eine wesentliche Folge ihrer spätestens in der Mitte des 4. Jahrhunderts eingetretenen räumlichen Trennung und der darauf folgenden Einordnung in ein jeweils anderes historisch-politisches Umfeld, daß die in Toxandrien wohnenden Salier einerseits und die beträchtlich weiter östlich und mit ihrer größten Anzahl noch immer jenseits des Rheins sitzenden übrigen Franken bis weit in das 5. Jahrhundert hinein weder in der Auseinandersetzung mit den aus dem Osten kommenden neuen politisch-ethnischen Gruppierungen noch im Kampf mit dem nun im akuten Stadium seines Zerfalls befindlichen *Imperium Romanum* als einheitlich handelnde politische Kraft in Erscheinung traten.

Die östlichen Franken, die im Spätherbst des Jahres 406 versucht hatten, sich den zum Rhein vordringenden Wandalen, Alanen und Sueben in den Weg zu stellen, unterstützten etwas später gemeinsam mit germanisch-fränkischen Laeten, die um Lüttich und Namur sowie zwischen Maas und Sambre ansässig waren, auch den Usurpator Konstantin III. Konstantin war 407 in Britannien zum Kaiser erhoben worden, landete noch im gleichen Jahr in Boulogne und suchte von hier aus Gallien in seine Gewalt zu bringen. 411 ließ er durch seinen *Magister militum* Edobichus bei Franken und Alamannen Truppen gegen Zahlung beträchtlicher Geldbeträge anwerben. Schatzfunde mit Münzen Konstantins III., die bei Dortmund, bei Mainz und an einigen anderen Orten östlich des Rheins gefunden worden sind, geben über diese Vorgänge Auskunft. Es ist aufschlußreich, daß Funde dieser Art südlich und westlich der unteren Maas, also in den damaligen Kerngebieten der salischen Franken, eine Ausnahme darstellen. Einige der Münzschätze lassen gewisse Rückschlüsse auf die Stellung zu, die die zeitweilig in der Armee Konstantins III. Kriegsdienst leistenden Franken im gesellschaftlich-sozialen Gefüge ihres jeweiligen Kleinstammes einnahmen. Sie gehörten offensichtlich nicht zu den freien bäuerlichen Produzenten, sondern waren Männer, die unter der Führung eines sozial und politisch herausragenden Anführers kämpften. Zum Münzschatz von Dortmund gehört die bedeutende Zahl von 444 römischen Solidi. Es ist vorstellbar, daß er das Eigentum eines Gefolgsherrn gewesen ist, der im römischen Dienst Gelegenheit gesucht und gefunden hatte, sich und seinen Gefolgsleuten Reichtum zu verschaffen.

Konstantin III. wurde in Arles belagert, mußte im Herbst 411 kapitulieren, und an seiner Stelle wurde Jovinus, ein Angehöriger des gallischen Senatorenadels, von dem Burgunderkönig Gundahar und dem Alanen Goar zum Kaiser ausgerufen.

Für die Haltung, die die östlichen Franken im späten 4. und im frühen 5. Jahrhundert zu den damals in Gallien auftretenden Repräsentanten römischer Gewalt einnahmen, dürfte die Gefährdung von erheblichem Gewicht gewesen sein, der sie selbst und ihre damaligen

Siedlungsgebiete infolge der mit ihrer Hauptrichtung von Osten nach Westen verlaufenden Wanderungsbewegungen sehr direkt ausgesetzt waren.

Die Salier dagegen nutzten die durch die Vorgänge am Rhein und im südlichen Gallien entstandene Situation sehr bald, um von ihren Wohnsitzen in der Toxandria und an der unteren Schelde erheblich weiter nach Süden und Südwesten vorzustoßen. Diese Ausweitung des Herrschafts- und Einflußbereiches erfolgte auch damals noch auf friedlichem Wege, solange die Salier nicht auf ernstzunehmenden Widerstand stießen. Sie griffen zur Gewalt, wenn sie mit ihrer Hilfe zu Herren eines wichtigen Stützpunktes werden konnten. So brachten sich von König Chlodio angeführte Salfranken um 425 in den Besitz der am Oberlauf der Schelde gelegenen Römerstadt Cambrai. Chlodio, der von Gregor von Tours in seiner »Fränkischen Geschichte« als ein »tüchtiger und sehr vornehmer Mann« bezeichnet wird, hatte Späher nach Cambrai geschickt, und »nachdem sie alles erforscht hatten, folgte er ihnen nach, überwand die Römer und nahm die Stadt ein«. Nach dem Bericht Gregors von Tours hielt sich Chlodio jedoch zunächst nur kurze Zeit in Cambrai auf, stieß dann weiter nach Südwesten vor und eroberte das Land bis zur Somme.

Chlodio ist der erste König der salischen wie der Franken überhaupt, der verhältnismäßig gut bekannt ist. Aus seinem Geschlecht ging Merowech, der Stammvater der nach ihm benannten Dynastie der Merowinger, hervor. Von der Mutter Merowechs wird erzählt, daß sie – und hier begegnet ein weiteres Mal ein Hinweis darauf, daß die Salier einst an der Küste gesessen haben könnten – beim Baden im Meer von einem Meeresungeheuer mit Stierkopf angefallen worden sei. »Ob sie nun daraufhin von dem Ungeheuer oder von ihrem Mann empfing – sie gebar jedenfalls einen Sohn mit dem Namen Meroveus.« Der Stierkopf spielte in der Symbolik des Königsgeschlechtes der Merowinger eine besondere Rolle, und noch Einhard erzählt in seiner berühmten Biografie Karls des Großen davon, daß die Merowingerkönige auf einem von Ochsen gezogenen Wagen »nach dem Palast« und zur öffentlichen Volksversammlung gefahren und »dann wieder nach Hause« zurückgekehrt seien.

Chlodio hatte, bevor er Cambrai eroberte, seinen Sitz im Castrum Dispargum. Bis heute ist es nicht gelungen, dieses Castrum mit völliger Sicherheit zu identifizieren, aber manches spricht dafür, daß dieser befestigte Platz mit dem wenig südöstlich Brüssels gelegenen Duysbourg identisch ist. Bei Gregor von Tours findet sich die Angabe, Dispargum sei im Grenzgebiet der Thoringi gelegen. Thuringia ist ohne jeden Zweifel Thüringen, und die Thuringi oder auch Thoringi waren die Thüringer. Während der Phase der Entstehung des Frankenreiches gehörten sie östlich des Rheins neben den Alamannen zu den wichtigsten Gegenspielern der Franken.

Der Name der Thüringer taucht um 400 in den Quellen auf. Er findet sich zum ersten Mal in einem von einem römischen Schriftsteller verfaßten Werk über die Tierheilkunde. An der Entstehung des Stammesverbandes der Thüringer war eine Reihe elbgermanischer Stämme beteiligt, die einst zwischen Thüringer Wald und Fläming um Unstrut, Saale, Ohre und mittlerer Elbe lebten. Das am Beginn des 9. Jahrhunderts aufgezeichnete Gewohnheitsrecht der Thüringer bezeugt zudem, daß auch Angeln und Warnen an diesem Vorgang ihren Anteil hatten. Bestattungssitten, Bewaffnung, Bekleidung und Kunst, deren Eigenheiten sich in den archäologischen Quellen widerspiegeln, lassen darauf schließen, daß eine einheitliche thüringische Kultur um 450 vorhanden war. Zu dieser Zeit hatte der Entstehungsprozeß des Stammesverbandes also einen gewissen Abschluß gefunden.

Der Stammesverband der Thüringer weitete seinen Einfluß während der zweiten Hälfte des 5. Jahrhunderts so aus, daß sein Herrschaftsgebiet im Süden schließlich fast bis an die Donau, im Nordosten mit Sicherheit bis an die Elbe und an die Ohre reichte. Zwischen Thüringer Wald und Würzburg erstreckte sich dieser Einfluß bis zu den alamannisch beherrschten Gebieten. Thüringer und Alamannen waren hier also zeitweilig Nachbarn. Unklar dagegen ist, wieweit der thüringische Machtbereich nach Westen und nach Nordwesten reichte. Die Erklärung Gregors, daß der Sitz des salfränkischen Königs Chlodio vor dessen Vorstoß nach Cambrai im Grenzgebiet zu den Thüringern gelegen habe, ist die einzige Nachricht, die für so frühe Zeit eine Nachbarschaft zu den Franken, und zwar zu den salischen Franken, glaubhaft machen will.

Nicht wenige Historiker wurden durch die scheinbare Unmöglichkeit einer solchen Nachbarschaft dazu veranlaßt, die Aussage Gregors auf einen Irrtum zurückzuführen und zu vermuten, der Bischof von Tours habe in der entsprechenden Passage seines Werkes einen Stammesnamen falsch wiedergegeben. Die Erklärung für die zugestandenermaßen auffallende Nachricht über eine Nachbarschaft von Thüringern und salischen Franken während der ersten Hälfte des 5. Jahrhunderts ist nun aber kaum in der Verderbtheit eines Namens, sondern viel eher in der Tatsache zu suchen, daß Thüringer offensichtlich während der Völkerwanderungszeit zeitweilig auch westlich des Niederrheins gesessen haben. Denn einmal spricht Gregor selbst einigermaßen deutlich von einer Thoringia, die nur westlich des Rheins gesucht werden kann, und zum anderen finden sich in einer frühen angelsächsischen Quelle Ostthüringer von anderen, also weiter westlich wohnenden Thüringern unterschieden. Es wird wohl so gewesen sein, daß im Zuge der Wanderungsbewegungen des späten 4. und des frühen 5. Jahrhunderts, von der das Mittelelbe-Saale-Unstrut-Gebiet voll erfaßt worden ist, auch ein Teil der Thüringer landsuchend nach Westen aufbrach und sich schließlich in der Nähe von Maas und Schelde, und damit tatsächlich in der Nähe der salischen Franken, niederließ. Diese westlichen Thüringer dürften, und auch dafür gibt es Hinweise in den Quellen, schon sehr bald von den salischen Franken unterworfen oder verdrängt worden sein, die östlichen dagegen, der eigentliche thüringische Stammesverband also, geriet während der ersten Hälfte des 5. Jahrhunderts unter die Gewalt der Hunnen.

In Gallien brachte annähernd zur gleichen Zeit, zu der König Chlodio seinen erfolgreichen Handstreich gegen Cambrai unternahm, Aëtius die politisch-militärische Gewalt an sich. Aëtius, der einer der führenden römischen Familien entstammte und zeitweilig als römische Geisel bei Westgoten und Hunnen gelebt hatte, war seit 430 oberster Heermeister. Er hatte damit die militärischen Kräfte des gesamten weströmischen Reiches, soweit diese damals noch vorhanden waren, in seiner Hand und setzte sie sehr bald mit Erfolg ein, um in Gallien und seinen Grenzgebieten weitere Gebietsverluste des Reiches zu verhindern. Bereits 428 hatte er die östlichen Franken, die wieder einmal versucht hatten, nach Westen vorzustoßen, über den Rhein zurückgetrieben. Wohl um 435 ging Aëtius gegen die von Chlodio geführten salischen Franken vor und fügte ihnen in der Nähe von Arras eine schwere Niederlage zu. Die Salier sollen bei einem Gelage überfallen und trotz erbitterter Gegenwehr besiegt worden sein. Dieser Sieg hat das Vordringen der salischen Franken nicht wirklich korrigiert, denn ihr damals bereits erzielter Landgewinn ist nahezu unverändert erhalten geblieben, aber Aëtius erreichte wohl doch, daß jetzt auch sie die römische Herrschaft wieder förmlich anerkannten, das Foederatenverhältnis zu ihnen also ausdrücklich wiederhergestellt wurde.

Von erheblich weiter reichender Bedeutung und die eigentliche Entstehungsgeschichte des Frankenreiches wesentlich nachhaltiger berüh-

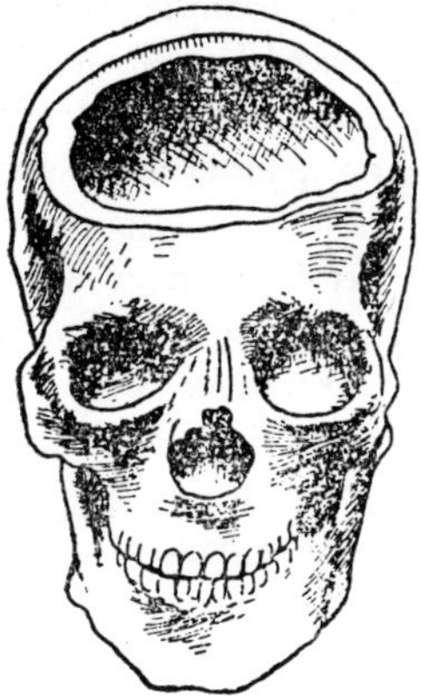

Abb. 3
Schädel eines mit einem Langschwert getöteten Kriegers

rend als dieser den Saliern von Aëtius abgezwungene Erfolg war der Sieg, den der *Magister militum* annähernd um die gleiche Zeit über die Burgunder errang, als diese versuchten, von ihren damaligen Wohnsitzen aus weiter nach Westen in das Moseltal vorzustoßen. Hier war Trier Gegenstand wiederholter Auseinandersetzungen zwischen Franken und Burgundern. 435 ging Aëtius, um das weitere Vordringen der Burgunder zu unterbinden, mit Waffengewalt gegen sie vor und fügte ihnen eine Niederlage zu. Er bereitete damit die Vernichtung des burgundischen Reiches von Worms durch die Hunnen vor.

Die Hunnen, ein aus den innerasiatischen Steppengebieten kommendes turksprachiges Reitervolk, hatte um 375 die untere Wolga überschritten und die nördlich des Schwarzen Meeres lebenden Ost- und Westgoten aus ihren Wohnsitzen verdrängt. Im frühen 5. Jahrhundert erschienen sie in Pannonien und errichteten von hier aus ein lockeres Großreich, dessen Zentrum in der ungarischen Tiefebene lag. Dieses Reich wurde von Attila, der etwa seit 434 an seiner Spitze stand, zur größten Macht geführt. Zahlreiche Stämme, darunter die an der oberen Weichsel lebenden Slawen, die Gepiden, Ostgoten sowie der thüringische Stammesverband, wurden unterworfen, mußten Tribute zahlen oder Hilfstruppen für die ausgedehnten Kriegszüge stellen. Selbst die oströmischen Kaiser suchten sich durch Geldzahlungen gegen Einfälle der Hunnen zu sichern.

436, also ein Jahr nach der Niederlage, die Aëtius den Burgundern zugefügt hatte, wurde ihr Reich von den Hunnen angegriffen und vernichtet. Die östlich des Rheins verbliebenen Burgunder gerieten unter hunnische Herrschaft, die Reste des westlich des Flusses lebenden Stammes zwang Aëtius jetzt, ihre Wohnsitze zu verlassen. Sie erhielten 443 westlich des Genfer Sees in der Sapaudia neues Siedlungsland zugewiesen.

Im Jahre 451 überschritt Attila mit seinen Scharen, zu denen neben Ostgoten und Thüringern auch Franken gehörten, den Rhein. Er eroberte »am Vorabend vor dem heiligen Osterfest« Metz und stand bald darauf vor Orléans, also mitten in Gallien. Attila schloß die Stadt ein, mußte die Belagerung aber abbrechen, als Aëtius, der ein mächtiges Heer gesammelt hatte, heranzog. Auf den in der Nähe von Troyes gelegenen Katalaunischen Feldern stellte sich das »Väterchen«, so lautet die Übersetzung des gotischen Namens Attila, zum Kampf.

Zwei gewaltige Heere – zur Armee des Aëtius gehörten neben gallischen Truppen auch Franken, Westgoten und Burgunder – standen sich gegenüber. Die Schlacht, an der auf beiden Seiten Hunderttausende von Kriegern beteiligt gewesen sein sollen, zählte sicher zu den größten der Völkerwanderungszeit. Attilas Heer wurde mit Sicherheit nicht, wie Gregor von Tours berichtet, völlig aufgerieben, aber der Ausgang der Schlacht veranlaßte den hunnischen Herrscher doch, aus Gallien abzuziehen. Er wandte sich im folgenden Jahr nach Oberitalien, verwüstete Aquileia, Mailand, Pavia und einige andere Städte, zog sich aber schließlich an seinen Hof in Pannonien zurück. Hier starb er 453. Im Nibelungenlied wurde dieser beeindruckenden Gestalt der Völkerwanderungszeit als König Etzel ein literarisches Denkmal gesetzt.

Attilas Söhne teilten sich das riesige Reich, und die unterworfenen oder abhängigen Stämme und Stammesverbände nutzten die hieraus erwachsende Schwächung der hunnischen Macht, um ihre Selbständigkeit wiederzuerlangen. Neben den Gepiden löste sich damals auch der thüringische Stammesverband aus der Oberherrschaft der Hunnen, es entstand das Reich der Thüringer, das um 500 seine höchste Blüte erreichte.

Die Kriegszüge der Hunnen gingen mit großen Verwüstungen in den betroffenen Gebieten einher. In den Quellen ist von eingeäscherten Städten, »mit der Spitze des Schwertes« getöteten Menschen und geplünderten Kirchen zu lesen. Es hieße jedoch einseitig urteilen, wenn nicht auch der vielfältigen Anregungen gedacht würde, die das mittlere und westliche Europa von den aus dem Osten kommenden nomadisierenden Reiterscharen empfing. Neben der Kriegstechnik beeinflußten sie vor allem das Kunsthandwerk vieler germanischer Stämme und Stammesverbände, das in Stil und Technik zahlreiche östliche Anregungen aufweist. Eine der auffallendsten Äußerungen hunnischen Einflusses und zugleich eines seiner merkwürdigsten Zeugnisse gehört in den Bereich der Frauenmode: Bei den Frauen der unterworfenen Germanenstämme wurde eine künstliche Schädeldeformierung, der sogenannte Turmschädel, zum erstrebten Schönheitsideal. Diese Schädelform kam dadurch zustande, daß den Mädchen im Säuglingsalter der Kopf mit Binden eingeschnürt und so an seiner natürlichen Entwicklung gehindert wurde. »Turmschädel« sind von Burgundern, Langobarden und in besonders auffallender Zahl aus dem Bereich des thüringischen Stammesverbandes bekannt geworden.

Im Jahre 454 wurde Aëtius auf Betreiben Kaiser Valentinians III., der die Macht seines obersten Heermeisters zu fürchten begann, in Rom ermordet. Der Tod dieses bedeutenden römischen Heerführers setzte die Zäsur für den endgültigen Zusammenbruch der römischen Herrschaft in Gallien. In den folgenden drei Jahrzehnten gelang es sowohl den Westgoten als auch den Burgundern, ihre Herrschaftsgebiete erheblich auszudehnen.

Die Westgoten hatten im Kampf gegen die Hunnen auf der Seite des Aëtius gestanden, ihr König Theoderich fand in der Schlacht auf den Katalaunischen Feldern den Tod. Unter König Eurich, der 466 die Herrschaft übernahm, wurden die Grenzen des Reiches der Westgoten im Norden bis zur Loire vorgeschoben, im Südosten erreichten sie damals das Mündungsgebiet der Rhône. Die Hauptstadt dieses Großreiches war Toulouse.

Die Burgunder, die nach der Vernichtung ihres Wormser Foederatenreiches von Aëtius in der Sapaudia angesiedelt worden waren, hatten hier ein neues Reich begründet. Auch dieses Reich vergrößerte sich seit 454 rasch und umfaßte schließlich das gesamte Gebiet zwischen dem Oberlauf von Loire und Rhein. Im Süden erstreckte es sich bis zur Provence, im Norden bis nach Langres. Um 485 waren die Burgunder im Besitz von Dijon. Die französische Landschaft der Bourgogne, in der sich die burgundische Siedlung einst besonders konzentriert hatte, verdankt viele ihrer bis heute bewahrten Eigenheiten dieser historischen Vergangenheit.

Mit den Eroberungen der Westgoten und der Burgunder war der weitaus größere Teil Galliens und der einstmals römischen *Germania* in germanische Gewalt geraten, jedoch wurde der römisch beherrschte

Rest noch weiter eingeschnürt, da auch die Franken sehr bald nach dem Tod des Aëtius zu einem ersten Angriff auf dieses Restgebiet antraten.

Die salischen Franken stießen von jenen Grenzen aus, die sie bereits während der Herrschaft König Chlodios erreicht hatten, weiter in die römische Provinz *Belgica secunda* hinein vor. Archäologische Quellen, und hier vor allem die Auskünfte der Reihengräberfelder, sowie Zeugnisse der Sprachwissenschaft, unter denen die Ergebnisse der Ortsnamenkunde besonders wesentlich sind, lassen erkennen, daß die Salier um die Mitte des 5. Jahrhunderts im Westen bereits bis in die Nähe von Lille, Valenciennes und Cambrai, im Süden bis in die Nähe des Oberlaufes der Oise und im Südosten über die mittlere Maas hinaus bis in das Vorland der Ardennen gelangt waren.

Im Rhein-Main-Mosel-Raum dagegen hatte die Zerstörung des Wormser Burgunderreiches den Weg für einen bedeutsamen Wandel der politischen Kräftekonstellation frei gemacht. Hier traten jetzt die östlichen Franken und die Alamannen in die Auseinandersetzung um die von den Burgundern geräumten Gebiete ein. Um 456 stießen Teile der östlichen Franken südwärts in Richtung Mainz vor, und einige Jahre später drangen die Alamannen aus ihren am Oberrhein gelegenen Siedlungsgebieten durch die Burgundische Pforte auf Besançon und über Langres hinaus bis in die Umgebung von Troyes vor. Die Alamannen mußten diese Gebiete um 480 zwar wieder räumen und den Burgundern überlassen, aber das Elsaß und die nördlich davon gelegene Pfalz blieben unter alamannischer Gewalt.

Archäologische Quellen geben zudem darüber Aufschluß, daß nördlich von Köln schon unmittelbar nach dem Zusammenbruch der römischen Rheingrenze und vereinzelt wahrscheinlich auch schon vorher, an einigen Stellen Franken in die westlich des Flusses gelegenen Anliegergebiete des Rheins einzusickern begonnen hatten. Einblick in solche Vorgänge ermöglichen umfangreiche Ausgrabungen, die in den letzten Jahrzehnten unter anderem bei Gellep durchgeführt worden sind. Gellep, ein Dorf östlich von Krefeld in unmittelbarer Nähe des Rheins gelegen, war einst eine blühende römische Siedlung. Ende des 1. Jahrhunderts wurde hier von den Römern ein Kastell errichtet, das sie dann bis zum Beginn des 5. Jahrhunderts behaupteten. In der Umgebung dieses Kastells fanden sich ausgedehnte Gräberfelder, deren Anfänge bis in das 1. Jahrhundert u. Z. zurückreichen. Auf diesen Begräbnisplätzen wurden im Laufe der Zeit Tausende Tote bestattet, die nach Art und Form der ihnen ins Grab gelegten Beigaben als

Römer zu erkennen sind. Im frühen 5. Jahrhundert aber begannen sich Neuankömmlinge bei Gellep anzusiedeln. Sie bestatteten ihre Toten zwar auf denselben Gräberfeldern wie die ansässige Bevölkerung, aber diese Toten sind durch Waffen, Schmuck und Trachtenzubehör deutlich als Germanen zu erkennen.

Etwas nördlich von Gellep war das Gebiet von Xanten bereits um 450 von der eingesessenen römischen Bevölkerung geräumt worden. Hier ließen sich in der Folgezeit Teile des fränkischen Kleinstammes der Chattuarier nieder.

Um 460 wurde Köln nach längerer Belagerung erobert. Etwas später residierte hier der König eines fränkischen Klein- oder Teilstammes. Trier schließlich geriet um 480 endgültig unter fränkische Herrschaft. In dieser Civitas und ihrer näheren und weiteren Umgebung hatte noch während der siebziger Jahre ein römischer Amtsträger, Arbogast, als *comes* geherrscht. Er war wohl ein Enkel jenes Franken Arbogast, der im späten 4. Jahrhundert nach der Herrschaft im Westen des *Imperium Romanum* gegriffen hatte. Der Vater des jüngeren Arbogast war mit einer Frau verheiratet, die dem gallo-römischen Senatorenadel angehörte. Es ist nicht zu entscheiden, ob der *comes* Arbogast der Gewalt des Syagrius unterstand oder ob er eigenmächtig schaltete.

Der Vorstoß der östlichen Franken auf Xanten und Mainz sowie in den zwischen Rhein und Mosel gelegenen Raum hinein führte zu einer dauerhaften Ausweitung des fränkischen Herrschaftsgebietes unmittelbar westlich des Rheins. Es entstand eine *Francia Rinensis*, ein rheinisches Frankenland. Es ist üblich geworden, die hier lebenden Franken als Rheinfranken zu bezeichnen. Die für diese Franken in der geschichtswissenschaftlichen Literatur bis in die jüngste Zeit hinein verbreitete Bezeichnung Ripuarier – das sind die »Uferleute« – wurde aufgegeben, da sie nachweislich nicht zeitgenössisch ist, sondern erst in erheblich jüngerer Zeit aufkam.

Es ist unklar, ob an der Entstehung des Teilstammes der Rheinfranken, denn um einen solchen handelt es sich, einer der Kleinstämme der östlichen Franken in besonderer Weise führend beteiligt war. Die Brukterer sind in diesem Zusammenhang genannt worden, aber bis heute läßt sich diese Frage nicht mit Sicherheit entscheiden. Nach einer Beschreibung, die auf einen anonymen Schriftsteller, den sogenannten Kosmographen von Ravenna, zurückgeht, gehörte um 480 bereits das gesamte Rheingebiet zwischen Nijmegen und Mainz, das Maasgebiet um Maastricht und das Moseltal von Toul abwärts bis Koblenz zur *Francia Rinensis*. Worms und Aschaffenburg dagegen sind wohl alamannisch gewesen.

Erst im Gefolge der umwälzenden politischen Veränderungen vor allem des frühen, schließlich aber auch der beginnenden zweiten Hälfte des 5. Jahrhunderts erfuhr das unter fränkischer Herrschaft stehende Gebiet eine solche Ausweitung, daß die westlichen, also die salischen Franken einerseits, und die östlichen Franken andererseits tatsächlich in direkte, enge und dauerhafte Nachbarschaft zueinander gerieten. Die erste, eigentlich entscheidende Ausweitung des salfränkischen Herrschafts- und Einflußgebietes im unmittelbaren zeitlichen Anschluß an den Zusammenbruch der römischen Rheingrenze im frühen 5. und die Bildung einer *Francia Rinensis* im unmittelbaren zeitlichen Anschluß an den endgültigen Zusammenbruch der römischen Herrschaft in Gallien nach der Ermordung des Aëtius bilden die wesentlichen Etappen dieser Ausweitung. Erst mit dieser Ausweitung, die übrigens eine weitere Dezimierung der in den von ihr betroffenen Gebieten ansässigen gallo-römischen Bevölkerung und die Unterwerfung oder die Verdrängung anderer germanischer Gruppierungen gleichermaßen einschloß, entstand die wesentliche räumliche Bedingung für die historische Rolle, die von der Gesamtheit der Franken etwas später übernommen wurde. Dabei war es keineswegs ein Zufall, daß diese historisch bedeutsame Ausweitung des fränkischen Herrschafts- und Einflußgebietes nicht von der Gesamtheit der Franken gleichermaßen und gleichzeitig, sondern zunächst sehr pointiert vom fränkischen Teilstamm der Salier getragen wurde. Die Salier gerieten, durch die von ihnen seit der Mitte des 4. Jahrhunderts eingenommenen Wohnsitze begünstigt, im 5. Jahrhundert sehr bald an die Spitze der Bewegung, und das kommende Geschlecht der Merowinger tat sich – die Rolle Chlodios beweist es – hierbei von Anfang an besonders hervor.

Eingezwängt zwischen fränkisch beherrschten Gebieten im Norden, alamannisch beherrschten im Osten, burgundisch beherrschten im Südosten und westgotisch beherrschten im Süden lag, etwa von der Somme über die untere und mittlere Seine hinweg bis zur Loire reichend, der Teil Galliens, der um 460 noch allein der römischen Herrschaft unterstand. Hier verschaffte sich damals Aegidius, der als Heermeister die in diesem Gebiet stehenden römischen Truppen befehligte, eine beherrschende Machtposition, und er handhabte diese sehr bald, teils durch die politischen Verhältnisse erzwungen, teils bewußt angestrebt, weitgehend unabhängig von Rom. Nach seinem

Tod übernahm 464 sein Sohn Syagrius, dem Gregor von Tours den auffallenden Titel eines Königs der Römer beilegte, die Herrschaft. Er residierte ebenso wie sein Vater in Soissons.

Von dem jetzt nahezu geschlossen der fränkischen Herrschaft unterworfenen Gebiet war das sogenannte Reich des Syagrius durch eine weitläufige Grenze getrennt, der mit Sicherheit kein deutlich fixierter Verlauf eigen war. Sie war auch nicht sonderlich durch ein wirksames System der Grenzsicherung oder durch schwer zu bewältigende natürliche Hindernisse, also etwa durch große Flüsse oder unzugängliche Gebirge, geschützt. Es ist gewiß ein auffallendes historisches Phänomen, daß dieses ganz in römischer Tradition stehende politisch-staatliche Restgebilde trotz seiner bedrohlichen äußeren Situation drei Jahrzehnte zu überdauern vermochte, die keineswegs von Erschütterungen frei waren. Seine Erklärung findet dieses Phänomen in den Rivalitäten, die die germanischen Nachbarstaaten des Syagrius-Reiches voneinander trennten, nicht zuletzt aber in der politischen Schwäche seiner nördlichen Nachbarn, der Franken.

Die Franken saßen damals in den von ihnen beherrschten Gebieten noch immer als Kleinstämme organisiert, an deren Spitze jetzt jeweils ein Kleinkönig stand. Die Macht dieser Kleinkönige war zunächst eine im doppelten Sinne begrenzte: Sie war es räumlich, weil sich ihre Machtbereiche wechselseitig einschnürten, und sie war es im politischen Sinne, weil die Organisation dieser Kleinstämme eine militärdemokratische war. Sie unterwarf die Könige noch immer in nicht zu unterschätzendem Maße dem Willen der Gesamtheit der freien Stammesangehörigen.

Gregor vor Tours sagt zu dieser Organisation und der ihr gemäßen Stellung der Kleinkönige, daß die Franken, nach Gauen und Civitates gegliedert, »gelockte Könige über sich gesetzt« hätten. Diese Beschreibung, die zweifelsohne auf mündliche Überlieferung zurückgeht und deshalb volle Beachtung verdient, läßt nicht nur erkennen, daß die jeweiligen Machtbereiche dieser Kleinkönige recht begrenzt waren, sondern sie verdeutlicht vor allem, in welchem Maße diese Könige noch immer dem Willen ihrer *franci* unterworfen waren: Die *franci* waren es, die ihren König erhoben, und, das ergibt sich folgerichtig aus dieser Gewalt, sie setzten ihn ab, wenn er ihren Unwillen hervorrief. Es ist möglich, daß die Gefolgsleute des Königs bei seiner Erhebung besonders hervortraten, aber eigentlicher Träger dieser Erhebung war die »Gesamtheit der Franci«, und das aber waren die waffentragenden Freien des jeweiligen Kleinstammes.

Am 27. 5. 1653 wurde in Tournai bei Ausschachtungsarbeiten, die dem Neubau eines Armenhauses dienten, ein Grab entdeckt. Dieses Grab barg eine große Anzahl kostbarer Goldschmiedearbeiten sowie die Reste wertvoller Waffen. Neben einer ledernen Geldbörse, die im Schoße des Toten lag und mehr als 100 römische Solidi enthielt, fanden sich über 200 ebenfalls römische Silbermünzen, mehrere Dutzend kunstvoll gearbeiteter bienenförmiger Beschläge sowie die Reste verschiedener Waffen. Zu den Grabbeigaben gehörte auch ein Siegelring, der die Inschrift CHILDIRICI REGIS trug. Dieser Ring vor allem ermöglichte es, den Toten, der einst in Turnacum, das ist das belgische Tournai, so prunkvoll bestattet worden war, mit völliger Sicherheit zu identifizieren: Es war der salfränkische Kleinkönig Childerich, der einst in Tournai residiert hatte. Der Ring trägt das Bild dieses Königs. Es zeigt ihn bartlos, aber mit schulterlang herabfallendem Haar, das in Locken endete. Childerich war der Sohn jenes Merowech, dessen Zeugung von der sagenhaften Überlieferung mit einem Meeresungeheuer in Verbindung gebracht wurde. Er gehörte also dem Geschlecht der Merowinger an, dessen Könige als besonderes Zeichen ihrer Würde das lange wallende Haar trugen. Es ist nicht mit Sicherheit bekannt, in welchem Jahr Childerich König wurde, aber einer späteren Überlieferung zufolge müßte das etwa um 458 geschehen sein. Childerichs Stellung war, wie die der anderen fränkischen Kleinkönige auch, zunächst eine recht fragile. Ihm geschah es, daß er in den frühen Jahren seiner Herrschaft vorübergehend von seinen Franken vertrieben wurde, angeblich, weil er sich »fesselloser Unzucht« ergab und ihre Töchter zu mißbrauchen begann. Childerich floh damals zu den Thüringern und hielt sich hier einige Zeit am Hofe des Königs Bisin auf. Bei diesen Thüringern handelte es sich wahrscheinlich nicht um den eigentlichen thüringischen Stammesverband, sondern um jenen Stammesteil, der einst nach Westen gezogen war und sich jenseits des Niederrheins niedergelassen hatte.

Nach seiner Rückkehr und nachdem er wieder in seine königliche Stellung gelangt war, ging Childerich zielstrebig daran, diese Stellung zu festigen und sich über seinen engeren Machtbereich hinaus Einfluß zu verschaffen. Es ist aufschlußreich, daß sich der fränkische Kleinkönig hierzu vor allem des Bündnisses mit den Gallo-Römern bediente. Er war fortan sowohl dem Heermeister Aegidius als auch dessen Sohn Syagrius ein getreuer Bundesgenosse. 463 kämpfte Childerich in der Nähe von Orléans an der Seite des Aegidius gegen die Westgoten, und sechs Jahre später, also bereits während der Herr-

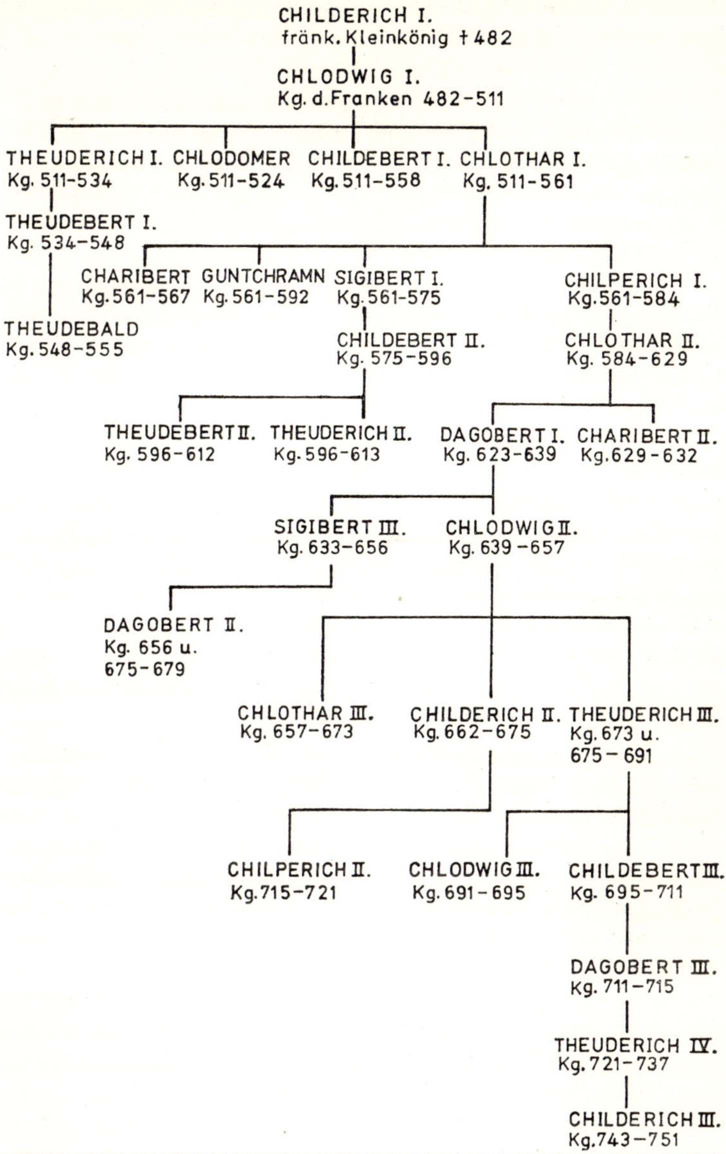

Abb. 4 Stammtafel der Merowinger

schaft des Syagrius, war er erneut an Auseinandersetzungen mit diesen südlichen Grenznachbarn des Syagrius-Reiches beteiligt. Die Westgoten waren, von ihrem König Eurich geführt, ein weiteres Mal in Richtung Orléans vorgestoßen. 470 schließlich stand der Frankenkönig mit seinem Aufgebot in den Kämpfen, die gallo-römische Truppen im Mündungsgebiet der Loire gegen sächsische Eindringlinge führten. Die Sachsen hatten sich hier festgesetzt und bedrohten zeitweilig sogar die Stadt Angers.

Childerich nutzte mit erheblichem Erfolg jene Möglichkeiten, die ihm die Stellung eines fränkischen Kleinkönigs einräumte, um im Bündnis mit den Machthabern des römischen Restreiches in Gallien seine eigene Macht auszubauen. Er erreichte dies, indem er die Feinde eben dieses Restreiches zu seinen eigenen Feinden machte und als römischer Foederat mit fränkischen Waffen gegen die germanischen Gegner erst des Aegidius und später des Syagrius zu Felde zog. Die überkommenen Reste seiner prunkvollen Bestattung geben ihn als einen Krieger zu erkennen, der im Rang eines hohen Offiziers des römischen Heeres stand. An seiner Kleidung fand sich als Zeichen entsprechender römischer Würde eine sogenannte Zwiebelkopffibel aus Gold. Childerich stand in den späten Jahren seiner Herrschaft wahrscheinlich an der Spitze des Dukats der römischen Provinz *Belgica secunda*, die formell zwar noch immer zum Römischen Reich gehörte, in Wirklichkeit aber bereits weithin von den salfränkischen Kleinstämmen und ihren Königen beherrscht wurde.

Es dürfte das historisch bedeutsamste Resultat seiner engen Bindung an die Herrscher des römischen Restreiches gewesen sein, daß es Childerich mit ihrer Förderung gelang, bewaffnete Kräfte in seine Hand zu bekommen, über die die neben ihm stehenden übrigen salfränkischen Kleinkönige nicht oder zumindest nicht in vergleichbarer Weise verfügten. Childerich befehligte wahrscheinlich die römischen Restgarnisonen der *Belgica secunda*, zu denen auch die Garnisonen des *Litus Saxonicum* zwischen den Mündungen der Somme und der Schelde gehörten. Weitreichende Beziehungen zu den weltlichen und kirchlichen Angehörigen der gallo-römischen Oberschichten, die sein mehr als zwei Jahrzehnte währender Einsatz in römischen Diensten mit sich brachte, taten ein übriges, um dem salfränkischen Kleinkönig von Tournai einige Überlegenheit zu verschaffen.

Childerich starb im Jahre 482. Er wurde außerhalb von Tournai etwas östlich der Schelde, gehüllt in ein mit Goldfäden durchwirktes und mit Goldbienen verziertes Brokatgewand, begraben. Mit ihm begraben wurde sein Pferd. Im Grab fand sich ein goldener, reich mit Almandineinlagen verzierter Stierkopf, das Wahrzeichen der Merowinger. Die Goldbienen regten anderthalb Jahrtausende später Napoleon dazu an, sich bei seiner Kaiserkrönung eines ähnlichen Schmuckes zu bedienen, um sein Krönungsornat zu schmücken.

Die Begründung des Frankenreiches (486–511)

Chlodwigs Aufstieg zum fränkischen Großkönig

Als König Childerich im Jahre 482 gestorben und in unmittelbarer Nähe seiner Königsstadt mit großem Prunk bestattet worden war, trat sein damals etwa sechzehnjähriger Sohn Chlodwig die Herrschaft an. Gleich seinem Vater hielt Chlodwig in Tournai Hof, und gleich diesem war er anfangs ein fränkischer Kleinkönig neben mehreren anderen. Von diesen anderen Kleinkönigen sind Ragnachar, der seinen Sitz in Cambrai hatte, sowie Chararich, dessen Herrschaftsgebiet nicht näher bekannt ist, für die frühe Zeit Chlodwigs mit Sicherheit bezeugt. Als Erbe seines Vaters mag Chlodwig die anderen Kleinkönige an Einfluß in der gesamten *Belgica secunda* von vornherein etwas überragt haben, vor allem aber war er als dieser Erbe den gallo-römischen Oberschichten eines weiteren Gebietes von Anfang an empfohlen. Aber seine Möglichkeit, Macht auszuüben, war ungeachtet dessen zunächst nach innen und nach außen ebenso wie die der übrigen Kleinkönige eine begrenzte. Es dürfte deshalb keineswegs der besonderen Friedfertigkeit des jungen Königs, sondern viel eher der Einsicht in diese begrenzte Macht geschuldet sein, daß er nach seinem Herrschaftsantritt zunächst mehrere Jahre Ruhe hielt. Und es ist sicher auch kein Zufall gewesen, sondern hat mit dieser begrenzten Macht zu tun, daß sein erster großer Kriegszug dann sofort dem Herrschaftsgebiet des Syagrius galt.

»Im fünften Jahre seiner Regierung«, also sehr wahrscheinlich im Jahre 486, eröffnete Chlodwig den Krieg gegen den »König der Römer«. Seinem Feldzug schloß sich Ragnachar mit einem Aufgebot an, Chararich dagegen verweigerte die Unterstützung. Der Ort, an dem es zwischen den angreifenden Franken und dem Heer des Syagrius zur Schlacht kam, ist nicht bekannt, er dürfte aber in der Nähe von Soissons, dem Hauptsitz des Syagrius, gelegen haben. Das Treffen endete mit einem raschen und vollständigen Sieg der Franken. Syagrius floh nach Toulouse an den Hof Alarichs II., des Königs der Westgoten. Auf Verlangen Chlodwigs, das mit der Androhung des

Krieges einherging, wurde er aber ausgeliefert und, nachdem er einige Zeit gefangengehalten worden war, auf Befehl des Frankenkönigs »heimlich mit dem Schwert« getötet. Chlodwigs Zug gegen Syagrius kam einem Bruch mit der Politik seines Vaters gleich. Dieser scheinbare Gesinnungswechsel dürfte durch das Zusammentreffen mehrerer Umstände begünstigt worden sein, das die ohnehin schon komplizierte Situation des römischen Restreiches inzwischen noch erheblich verschlechtert hatte.

Im August 476 hatten unter der Führung Odoakers in römischem Dienst stehende Germanen den letzten weströmischen Kaiser Romulus Augustulus, »das Kaiserlein«, gestürzt. Die Truppen riefen Odoaker zum König aus, und dieser übersandte die weströmischen Kaiserinsignien nach Konstantinopel. Er unterstellte sich also formell der Herrschaft des oströmischen Kaisers. Odoaker hielt nicht in Rom, sondern in Ravenna Hof. Mit diesen Ereignissen hörte das Weströmische Kaiserreich offiziell zu existieren auf. Dem römischen Restreich in Gallien war auf diese Weise nicht nur die letzte, wenngleich schwache Aussicht auf kaiserlich-römische Sicherung seiner Existenz genommen, sondern es hatte jetzt vor allem auch jeden Schein seiner imperialen Unantastbarkeit eingebüßt. Noch ungleich schwerwiegender aber, weil die Existenz des Syagrius-Reiches sehr viel direkter berührend als jene Ereignisse auf der Apenninhalbinsel, waren Vorgänge, die die Verhältnisse in der unmittelbaren Nachbarschaft dieses Reiches betrafen.

Im Jahre 484, also unmittelbar vor dem Kriegszug Chlodwigs, war der Westgotenkönig Eurich gestorben. Mit dem Tod dieses bedeutenden Herrschers hatten die salischen Franken den von ihnen damals am meisten gefürchteten Gegenspieler in Gallien verloren, und zugleich hatte das Syagrius-Reich die entscheidende Voraussetzung seiner Existenz, nämlich die Rivalität seiner Grenznachbarn, weitgehend eingebüßt. Der Nachfolger Eurichs, Alarich II., erwies sich auf die Dauer als unfähig, dem Zusammentreffen einer komplizierten inneren mit einer bedrohlichen äußeren Situation mit gleichem Geschick Herr zu werden wie sein Vorgänger.

Nach dem Sieg über Syagrius nahmen die von Chlodwig geführten Franken zunächst nur das Gebiet bis etwa zur Seine in Besitz, und erst nachdem sich ihre Herrschaft hier etwas gefestigt hatte, drangen sie bis zur Loire vor. Den genauen zeitlichen Ablauf dieses Vordringens kennen wir nicht, es muß aber nach 486 und vor 495 erfolgt sein. Im Jahre 494 beherrschten die Franken jedenfalls das gesamte

Gebiet zwischen Somme und Loire. Es ist möglich, daß der Abschluß dieses Vordringens mit einem Kriegszug in Verbindung stand, den Chlodwig um 494 über die Loire hinweg nach Süden tief in westgotisches Gebiet hinein unternahm. Die Franken erreichten damals Saintes, gelangten also bis in die Nähe der Mündung von Garonne und Dordogne.

Es gibt keine Zeichen, die darauf hindeuten, daß König Ragnachar von Cambrai, der Bundesgenosse im Kampf gegen Syagrius, südlich von Somme und Oise an der Herrschaft beteiligt worden wäre.

Nachdem Chlodwig an die Stelle des Syagrius getreten war, setzte er seine auf Expansion und Eroberung gerichtete Politik trotz der erreichten Ausweitung seiner Macht zunächst nicht fort, sondern er ließ mehrere Jahre verstreichen, ehe er neue kriegerische Auseinandersetzungen größeren Ausmaßes begann. Zu den Gründen, die ihn und die ihn unterstützenden Franken zu dieser Zurückhaltung bewegt haben dürften, finden sich bemerkenswerte Aufschlüsse bei Gregor von Tours, dem weitaus informativsten Chronisten der Vorgänge jener Zeit. Gregor läßt keinen Zweifel daran, daß es bei den Franken unterschiedliche, ja gegensätzliche Interessen gab und daß Chlodwig mit diesen Gegensätzen zu rechnen hatte, weil seine Möglichkeit, Herrschaft zu üben, noch immer an Grenzen stieß. Besondere Aufmerksamkeit verdienen in diesem Zusammenhang die Auskünfte Gregors zur Haltung, die die neuen Herren des Syagrius-Reiches gegenüber den hier seit der Spätantike existierenden kirchlichen Einrichtungen und zur Religion einnahmen. Gregor berichtet, daß »dazumal ... viele Kirchen von Chlodovechs Heer geplündert« worden seien, »denn er war noch vom heidnischen Aberglauben befangen«. Aus dem weiteren Bericht folgt, daß es, als sich ein Bischof an Chlodwig wandte, um einen Teil des seiner Kirche geraubten Gutes zurückzuerhalten, unter den Franken zu Meinungsverschiedenheiten kam. Chlodwig war entschlossen, die Bitte des Bischofs, bei dem es sich wahrscheinlich um Remigius von Reims handelte, zu erfüllen. Er wurde, so erzählt Gregor weiter, bei seinem Bemühen von den »Verständigeren« seines Heeres unterstützt: »Alles, was wir sehen, ist dein, ruhmreicher König, auch wir selbst sind deiner Herrschaft unterworfen. Tue jetzt, was dir gefällt; denn keiner kann deiner Macht widerstehen.« Bei der Heeresversammlung zu Soissons, die über die Verteilung der Kriegsbeute zu befinden hatte, stieß Chlodwig jedoch auf Widerstand. Er sollte nur über den Teil verfügen dürfen, den ihm »nach Recht das Los« zuteilte.

Es gab also innerhalb des fränkischen Heeres ganz offensichtlich Gruppen, die eine unterschiedliche Haltung gegenüber der unterworfenen Bevölkerung einnahmen. Während König Chlodwig und ein nicht näher kenntlich gemachter Personenkreis sichtlich von Anfang an um gute Beziehungen zu den Unterworfenen bemüht waren, nahmen andere die Haltung der Sieger ein, die jene nach Kriegsrecht zu behandeln suchten.

Daß die Franken gegenüber der Bevölkerung des ehemaligen Syagrius-Reiches und den Einrichtungen, denen sie hier begegneten, sehr unterschiedliche und nicht selten geradezu gegensätzliche Haltungen einnahmen, zeigte sich jedoch besonders deutlich an der Art und Weise, in der Chlodwig den wohl wichtigsten Schritt vollzog, den er tat, um ein festes Bündnis mit der politisch einflußreichsten Schicht der unterworfenen Bevölkerung herzustellen. Die Ereignisse werden von Gregor mit einem in das Jahr 496 oder 497 gehörenden Feldzug gegen die Alamannen in Verbindung gebracht. Gregor von Tours berichtet von wiederholten, aber vergeblichen Versuchen Chrodechildes, der Gattin Chlodwigs, den König zur Annahme des Christentums zu bewegen. Chrodechilde, eine Nichte des Burgunderkönigs Gundobad, war Katholikin und dem Frankenkönig um 493 zur Frau gegeben worden. Was der Chrodechilde angeblich nicht gelang, trat nach Gregor ein, als Chlodwig während eines Feldzuges gegen die Alamannen in die Gefahr geriet, besiegt zu werden. In seiner Not soll der König damals gelobt haben, Christ zu werden, wenn ihm der Sieg geschenkt würde. Tatsächlich gelang es den Franken schließlich, die Alamannen zu schlagen, und nun begannen, um das Gelübde des Königs zu erfüllen, nach seiner Rückkehr die Vorbereitungen für seine Taufe: Chrodechilde bereitete das Ereignis heimlich vor, und Chlodwig verhandelte nicht weniger heimlich mit Remigius. Der Erzählung Gregors zufolge gab der König dem Bischof für diese Heimlichkeit die folgende Erklärung: »Gern würde ich, heiligster Vater, auf dich hören, aber eins macht mir noch Bedenken, das Volk, das mir anhängt, duldet nicht, daß ich seine Götter verlasse; doch ich gehe und spreche mit ihnen nach deinem Wort.« Es ist selbstverständlich, daß dieser Erzählung keine dokumentarische Genauigkeit zukommt, und es ist deshalb durchaus ungewiß, ob Chlodwig je diese Worte gesprochen hat. Eines aber ist sicher: Gregor, der bereits achtzig Jahre nach den von ihm beschriebenen Ereignissen Bischof eines der bedeutendsten fränkisch-merowingischen Bistümer geworden war, wußte sehr wohl um die Schwierigkeiten und Widerstände, denen die Verbreitung des Christentums bei den Franken, und übrigens nicht nur bei diesen, begegnete. Ebendeshalb aber zeugt sein Bericht nicht nur von der Tatsache, daß es unter den von Chlodwig geführten Franken erhebliche Interessengegensätze gab, sondern er ist auch geeignet, den Eindruck zu vermitteln, daß Chlodwig und seine Parteigänger den Übertritt zum Katholizismus wohlbedacht nach dem ersten großen Sieg vollzogen, den die Franken nach der Eroberung des Syagrius-Reiches errangen. Die Legende von dem einem ebenbürtigen Gegner abgetrotzten Sieg, der letztlich dem Gott der Christen zu danken sei, war im hohen Maße dazu geeignet, den Widerstand gegen die Kirche abzuschwächen oder doch zu verunsichern. Bei einer beträchtlichen Zahl der Franken ist das schließlich auch tatsächlich gelungen. Denn als Chlodwig »mit den Seinigen zusammentrat«, um über die Taufe zu beraten, rief alles Volk, daß es bereit sei, »dem unsterblichen Gott zu folgen, den Remigius verkündet«. Der König erlangte also die förmliche Zustimmung der Heeresversammlung zur Annahme des Christentums, und erst nachdem dies erreicht war, wurde der bedeutsame Akt tatsächlich vollzogen.

Die Taufe erfolgte in Reims mit großer Feierlichkeit am ersten Weihnachtsfeiertag wohl des Jahres 497. Die Straßen waren mit bunten Decken behängt und die Kirchen mit weißen Vorhängen geschmückt. Die Taufkirche war vom Schimmer der Kerzen und von Wohlgerüchen erfüllt. Remigius aber soll bei der Taufe die folgenden wohlgesetzten Worte an den König gerichtet haben: »Beuge still deinen Nacken, Sicambrer, verehre, was du verfolgtest, verfolge, was du verehrtest.«

Mit Chlodwig ließ sich seine Schwester Albofledis taufen, und eine zweite Schwester, Lantechilde, die zuvor Arianerin gewesen war, bekannte sich nun ebenfalls zum Katholizismus. Außerdem sollen damals mehr als dreitausend Franken zum Christentum übergetreten sein. Es ist naheliegend, hierbei vor allem an die Gefolgsleute des Königs, die Antrustionen, sowie an einen weiteren Kreis seines Heeres zu denken.

Chlodwig und die auf seiner Seite stehenden »Verständigeren« unter den Franken bedurften nach dem Sturz des Syagrius einer gewissen Zeit, um ihren eigenen, von denen eines anderen Teils offensichtlich abweichenden Interessen eine eindeutige Unterstützung und weiteren kriegerischen Unternehmungen größere Aussicht auf Erfolg zu verschaffen. Es ist vorstellbar, daß bereits damals innerhalb der salfränkischen Kleinstämme ein Gegensatz aufzukeimen begann, der bäuerlich-produktive Schichten und Gruppen, deren Interesse vornehmlich auf die Erwerbung von Land gerichtet war, von solchen Gruppen zu trennen begann, denen Krieg und Eroberung noch immer als wesentlichste Mittel zur Erlangung von Reichtum und Herrschaft über Menschen galten und – auf Grund ihrer sozialen und gesellschaftlichen Stellung – auch gelten mußten.

Mit dem ihm eigenen sicheren Blick für politische Kräftekonstellationen und ihre Möglichkeiten ging Chlodwig deshalb daran, seine Machtbasis zu erweitern. Neben weitreichenden Verbindungen nach außen, vornehmlich zu anderen germanischen Königsgeschlechtern, maß er dem Bündnis mit der gallo-römischen Oberschicht des soeben unterworfenen Syagrius-Reiches sichtlich besondere Bedeutung zu, und einen hervorragenden Platz räumte er, sein Bekenntnis zum Katholizismus beweist es, dem Verhältnis zur Kirche ein.

Im Jahre 493, also etwa zur gleichen Zeit, zu der Chlodwig die burgundische Prinzessin Chrodechilde heiratete, wurde seine Schwester Audefleda mit Theoderich vermählt. Theoderich hatte damals gerade Odoaker nach längeren Kämpfen besiegt und stand nun an der Spitze des Reiches der Ostgoten, das auf der Apenninhalbinsel entstanden war.

Nach einer Atempause, die sich sehr wahrscheinlich fast über ein ganzes Jahrzehnt erstreckte, setzte eine neue Periode der fränkisch-merowingischen Expansion ein. Nachdem die Franken das ehemalige Herrschaftsgebiet des Syagrius bis zur Loire in ihre Gewalt gebracht und Chlodwig zudem mit einem um 494 gegen die Westgoten unternommenen Feldzug seine Stärke demonstriert hatte, eröffnete er den Krieg gegen die Alamannen. Es kam zu jenem Treffen, mit dem Gregor von Tours in durchaus glaubwürdiger Weise die Bekehrung des Frankenkönigs zum Christentum verknüpfte.

Die Alamannen beherrschten damals ein Gebiet, das sich vom Unterlauf des Main bis zum Bodensee und noch etwas darüber hinaus und vom heutigen Elsaß bis zum Lech erstreckte. Beim Versuch, ihre Herrschaft weiter nach Nordwesten auszudehnen, stießen sie mit den Franken, und zwar zunächst vor allem mit den Rheinfranken, zusammen. Bereits um 475 hatten diese, als sie das Moselgebiet unter ihre Gewalt gebracht hatten, ein gegen die Alamannen gerichtetes Bündnis mit den Burgundern geschlossen. Um 490 kam es bei Zülpich, also mitten im rheinfränkischen Gebiet und in der unmittelbaren Umgebung von Köln, zu einem Zusammenstoß zwischen Rheinfranken und Alamannen. Den Rheinfranken gelang es in dieser Schlacht, in der der in Köln residierende rheinfränkische König Sigibert am Knie verwundet worden ist, nicht, eindeutig die Oberhand zu behalten. Das mag für Chlodwig ein Anlaß gewesen sein, zugunsten der Rheinfranken einzugreifen. Unter seiner Führung wurden die Alamannen 496 oder 497 unterworfen. Sie erhoben sich im Jahre 506 nochmals in einem weitverzweigten Aufstand, der jedoch mit einer blutigen Niederlage endete. Ein Teil der Alamannen wanderte nach Süden ab und wurde vom Ostgotenkönig Theoderich in Rätien angesiedelt. Theoderich wandte sich damals mit einem Brief an Chlodwig, um die Franken von einer weiteren Verfolgung der Besiegten abzuhalten.

Nach der Niederlage von 506 gerieten die links des Rheins von den Alamannen beherrschten Gebiete einschließlich des Elsaß unter direkte fränkische Herrschaft. Rechts des Rheins dehnten die Franken ihre Gewalt auf die zwischen Main und Neckar gelegenen Landschaften aus. Damit waren die wesentlichen machtpolitischen Voraussetzungen dafür geschaffen, daß das Gebiet um den Mittelrhein zur Basis eines Ausgreifens nach Osten werden konnte, in dessen Verlauf die fränkische Herrschaft etwas später bis zur Saale, zum oberen Main und bis in die Nähe des Bayrischen Waldes vorgeschoben wurde.

Mit der Unterwerfung der Alamannen war der zu jener Zeit bedrohlichste Rivale der Franken in seiner selbständigen, über die Grenzen seines Stammesgebietes hinausgreifenden politischen Wirksamkeit entscheidend getroffen, und zugleich war mit dem Ausgang dieses Kampfes jener fränkisch-alamannische Konflikt endgültig entschieden, der mit seinen Anfängen bis in das späte 4. Jahrhundert und in die Zeit des Mallobaudes und des Macrianus zurückreichte. Es kündigte sich an, daß es die Franken sein würden, unter deren politischer Vorherrschaft in großen Teilen West- und Mitteleuropas der Übergang von vorfeudalen zu feudalen Verhältnissen erfolgen würde.

Im Jahre 507 schloß Chlodwig ein Bündnis mit den Burgundern und fiel dann mit ihnen gemeinsam in das Reich der Westgoten ein. Der Kriegszug wurde von Truppen der Rheinfranken unterstützt, die von Chloderich, einem Sohn jenes Königs Sigibert, geführt wurden, der bei Zülpich im Kampf gegen die Alamannen verwundet worden war und seitdem den Beinamen »der Lahme« trug. In der Schlacht bei Vouillé nordwestlich von Poitiers erlitten die Westgoten eine eindeutige Niederlage. Ihr König Alarich II. fand in der Schlacht den Tod. Chlodwig stieß nach dieser Schlacht bis Bordeaux vor und überwinterte hier. Sein ältester Sohn, Theuderich, dagegen zog mit einem Heer weiter nach Süden. Er eroberte Albi und Rodez, dann wandte er sich nach Norden und gelangte bis nach Clermont-Ferrand in der Nähe der burgundischen Grenze. Im folgenden Jahr eroberte Chlodwig Toulouse und ließ von hier den gesamten Schatz Alarichs II. fortschaffen.

Die Franken brachten in der Folgezeit nahezu das gesamte südlich der Loire gelegene Gallien, das dann während des Mittelalters über lange Zeit den Namen Aquitanien trug, unter ihre Herrschaft. Septimanien, also der Küstenstreifen, der sich längs des Mittelmeeres von den nordöstlichen Pyrenäen zur Rhônemündung erstreckte, blieb durch das Eingreifen des Ostgotenkönigs Theoderich unter westgotischer Herrschaft, und die Provence fiel damals an die Ostgoten. Die Folge hiervon war, daß den Franken der Zugang zum Mittelmeer zunächst noch für einige Zeit versperrt blieb. Nicht unter fränkische Herrschaft geriet zunächst wahrscheinlich auch das Gebiet zwischen Garonne und Pyrenäen, die spätere Gascogne.

Neben der vorangegangenen siegreichen Auseinandersetzung der Franken mit den Alamannen und ihrem Bündnis mit den Burgundern trug zur schnellen Niederlage der Westgoten zweifelsohne nicht unerheblich der zehn Jahre früher erfolgte Übertritt der fränkischen Führungsschicht zum Katholizismus bei. Denn da sich die Westgoten zum Arianismus, einer von der katholischen Kirche als Irrlehre verworfenen Form des Christentums, bekannten, bestanden zwischen ihnen und der gallo-römischen Bevölkerung, die katholisch war, religiöse Gegensätze, die zeitweilig zu erheblichen Spannungen führten. Vor allem während der Herrschaft Eurichs war es zu recht drastischen Versuchen gekommen, die katholische Kirche in ihrer Tätigkeit zu behindern. Vakante Bistümer wurden nicht mehr besetzt, und vor allem suchte Eurich die Beziehungen zu Rom, dem Haupt der katholischen Kirche, zu unterbinden. Chlodwigs Übertritt zum Katholizismus zog deshalb gewichtige Teile der gallo-römischen Oberschicht Aquitaniens, vor allem aber die Bischöfe, bereits vor dem fränkischen Angriff auf die Seite der neuen Herren und sicherte diesen schon sehr früh Unterstützung im Lande.

Nachdem die fränkische Herrschaft über den größeren Teil Aquitaniens einigermaßen gesichert war, kehrte Chlodwig nach Tours, von wo er auch zum Feldzug gegen die Westgoten aufgebrochen war, zurück. In dieser Stadt kam es im Jahre 508 zu einem Schauspiel, das gleichzeitig mit dem Ansehen, das Chlodwig damals bereits weit über die Grenzen seines Reiches hinaus genoß, den Machtanspruch sichtbar werden ließ, von dem er selbst beherrscht war: Der Frankenkönig empfing damals in Tours eine Gesandtschaft des oströmischen Kaisers Anastasius, die ihm seine Ernennung zum Konsul anzeigte. Diese Ehrung, denn um eine solche handelte es sich, hatte zweifelsohne politische Hintergründe. Sie galt dem für Byzanz damals wichtigsten Gegenspieler sowohl der West- als auch der Ostgoten. Chlodwig aber nutzte diese Ehrung, um seine gewissermaßen kaisergleiche Stellung zu demonstrieren: In der Kirche des heiligen Martin legte er feierlich ein purpurnes Gewand an, sein Haupt schmückte er mit einem Diadem. Danach bestieg er ein Pferd und streute während eines Umrittes Gold- und Silbermünzen unter das Volk. Seit dieser Zeit soll Chlodwig »gleich einem Kaiser« Augustus genannt worden sein.

Chlodwig stand nun an der Spitze eines Reiches, das sich von der Schelde bis zu den Pyrenäen und vom Atlantischen Ozean bis zum Rhein und an einigen Stellen bereits nicht unbeträchtlich über diesen hinaus nach Osten erstreckte. Aber trotz dieser überragenden Macht war er in gewissem Sinne noch immer das, was er gewesen war, als er seinem Vater Childerich in der Herrschaft folgte, ein salfränkischer oder auch fränkischer Kleinkönig neben einer Anzahl anderer nämlich. Denn die politische Organisation der Franken war auch am Anfang des 6. Jahrhunderts noch immer durch das Nebeneinander von zwei Teilstämmen, dem der Salier und dem der Rheinfranken, geprägt, die ihrerseits wieder in mehrere Kleinstämme aufgesplittert waren. Erst nachdem die salischen Franken das Reich des Syagrius erobert und die Alamannen und Westgoten besiegt hatten, wurde die Vereinigung der fränkisch-salischen und der rheinfränkischen Teil- und Kleinstämme zu einem Stammesverband vollzogen. Der vorangegangene Machtzuwachs und das erheblich größer gewordene Ansehen Chlodwigs waren die unabdingbaren Voraussetzungen dieser Vereinigung, bei der Gewalt eine erhebliche Rolle spielte. Sie erfolgte in der kurzen Periode zwischen der Beendigung des Krieges gegen die Westgoten im Jahre 509 und dem Tode Chlodwigs im Jahre 511. Mord, Krieg und erzwungene Priesterweihe waren die Mittel, die bei diesem gewaltsamen Zusammenschluß angewandt wurden. Chlodwig brachte zunächst die Herrschaft über die Rheinfranken an sich. Er zog, nachdem der rheinfränkische König Sigibert der Lahme von seinem eigenen Sohn in der *Boconia silva*, das ist der Buchenwald, ermordet worden war, in dessen Herrschaftsgebiet und ließ sich hier zum König erheben. Gregor von Tours berichtet hierzu, daß Chlodwig derjenige gewesen sei, der zur Ermordung Sigiberts des Lahmen angestiftet hätte.

Nach der Herrschaftsübernahme bei den Rheinfranken wandte sich Chlodwig gegen die mit ihm verwandten salischen Kleinkönige. Er ließ jenen Chararich, der sich einst nicht am Zuge gegen Syagrius beteiligt hatte, sowie dessen Sohn »mit List« gefangennehmen und, als unübersehbares Zeichen des Verlustes der königlichen Würde und der Fähigkeit, königliche Herrschaft zu üben, ihres langen wallenden Haares berauben. Chararich wurde zum Priester, sein Sohn zum Diakon geweiht. Um aber ganz sicher zu sein, daß die beiden eines Tages nicht doch wieder zur Herrschaft gelangten, wurden sie schließlich auf Betreiben Chlodwigs ermordet. Zu guter Letzt zog Chlodwig mit einem Heer gegen Ragnachar von Cambrai und tötete ihn sowie dessen Bruder Richar mit eigener Hand. Ein weiterer Bruder Ragnachars, Rignomer, wurde in der Nähe von Le Mans umgebracht.

Gregor schließt seinen Bericht über diese blutigen Vorgänge mit der Feststellung, Chlodwig hätte außer den Genannten noch »viele andere Könige ... töten« lassen, und »sogar seine nächsten Verwandten« seien nicht verschont worden, weil »er fürchtete, sie möchten ihm das Reich nehmen ...«.

Es gehört zu den wesentlichen historischen Leistungen Chlodwigs, daß er die Vielzahl der im frühen 6. Jahrhundert noch immer nebeneinander existierenden fränkischen Teil- und Kleinstämme zu einem einheitlich geführten fränkischen Stammesverband zusammenzuschließen vermochte, als dessen alleiniger Repräsentant er sich dann bis zu seinem Tode behauptete. Neben der Eroberung des Syagrius-Reiches stellte dieser Zusammenschluß eine unabdingbare Voraussetzung sowohl der Entstehung als auch der vergleichsweise langen Existenz des frühfeudalen fränkischen Großreiches dar.

Chlodwig war sich der Bedeutung, die eine einheitlich organisierte und einheitlich geführte *francia* als Basis seiner Herrschaft hatte, nur allzu bewußt, und er hat deshalb wohl mit Bedacht in jenen Jahren, in denen er gegen seine fränkischen Mitkönige vorging, auch die westlichen Thüringer um ihre Selbständigkeit gebracht. Durch Gregor von Tours ist bezeugt, daß unter Chlodwigs Führung auch Thüringer unterworfen worden sind, und es ist klar, daß der Bischof mit diesen nicht den thüringischen Stammesverband gemeint haben kann. Die Unterworfenen waren mit jenem Teilstamm identisch, an dessen Grenzen Chlodio einst Hof gehalten hatte und zu deren König Childerich floh, als ihn seine Franken vertrieben. Childerich hatte von hier seine Gemahlin Basina, die aus thüringischem Königsgeschlecht stammte, mitgebracht. Basina war die Mutter Chlodwigs. Ein Brief, den der Ostgotenkönig Theoderich um 506 an die Könige mehrerer Stammesgruppierungen richtete, legt, weil sich unter seinen Adressaten auch ein thüringischer König befand, nahe, daran zu denken, daß die thüringischen Verwandten Chlodwigs in den auf die Aktion Theoderichs folgenden Jahren unterworfen worden sind, denn Theoderich hatte mit seinem Brief versucht, den Westgoten Unterstützung gegen Chlodwig zu verschaffen.

Mit seiner Unterwerfung durch die Franken verschwand der Teilstamm der westlichen Thüringer aus der Geschichte. Er hat damals offensichtlich so endgültig seine Eigenständigkeit verloren, daß er als eigene ethnisch-politische Gruppierung unterging.

Chlodwig starb 511, kaum 45 Jahre alt, zu Paris, wo er während der letzten Jahre seiner Herrschaft häufig hofgehalten hatte. Bestattet wurde er als guter Christ, der er seit etwa fünfzehn Jahren war, in der Apostel-Kirche, der späteren Kirche der heiligen Genovefa, die er und seine Gemahlin Chrodechilde unmittelbar vor den Mauern dieser Stadt hatten erbauen lassen. Er war neben Karl dem Großen der bedeutendste Herrscher des Frankenreiches und eine der großen Gestalten des europäischen Mittelalters. Eine Würdigung seiner Persönlichkeit kann den entscheidenden Anteil nicht außer acht lassen, den dieser Frankenkönig an der Begründung von Machtverhältnissen hatte, die das Aufgreifen und Weiterführen sowohl spätantik-feudaler als auch germanisch-frühklassengesellschaftlicher Verhältnisse und ihre Umwandlung zu Verhältnissen einer feudal strukturierten Gesellschaft im staatlich-politischen Rahmen des Frankenreiches ermöglichten. Chlodwig vermochte diese Leistungen zu vollbringen, weil er, obwohl wenig gebildet, doch einen sicheren Blick für politische Kräftekonstellationen besaß und ihre Möglichkeiten für die Verwirklichung seiner Ziele zu nutzen wußte, indem er bedenkenlose Härte mit diplomatischem Geschick paarte.

Die Eroberung der politischen Macht

Als König Chlodwig in Paris starb, stand er an der Spitze eines unter seiner Führung geeinten Stammesverbandes der Franken, und zugleich war er der Repräsentant eines Reiches, das andere inzwischen ebenfalls auf dem Territorium des ehemaligen Weströmischen Reiches entstandene Germanenreiche an Größe nicht unbeträchtlich übertraf. Der König der Franken verkörperte damals eine Macht, die ihn weit über die Grenzen seines Reiches hinaus als Bündnispartner empfahl oder als potentiellen Gegner zu fürchten lehrte: Der oströmische Kaiser bemühte sich, ihn in sein politisches Kalkül einzubeziehen, und der Ostgotenkönig Theoderich war zeitweilig bestrebt, dieser wachsenden Macht ein weitverzweigtes Bündnissystem entgegenzustellen.

Chlodwigs Weg vom in Tournai hofhaltenden salfränkischen Kleinkönig bis zum in Paris residierenden Herrscher ist vorzüglich geeignet, das Ausmaß jener Wandlungen zu illustrieren, denen die politischen Verhältnisse des westlichen Europa während der dreißigjährigen Herrschaft dieses Merowingers ausgesetzt waren: Die Karte mit den politischen Grenzen hatte ein völlig neues Gesicht erhalten. Es macht jedoch erst das eigentlich fortschrittsträchtige Gewicht dieser Veränderungen, ihre historische Dimension aus, daß sie über die Aufrichtung völlig neuer politischer Grenzen hinaus Wirkungen zeitigten, von denen die Kräftekonstellationen im Inneren sowohl der fränkischen Teil- und Kleinstämme als auch der spätantik-gallorömischen Gesellschaft nachhaltig beeinflußt wurden, und eine besondere Bedeutung kam in dieser Hinsicht der Eroberung des Syagrius-Reiches durch die von Chlodwig geführten Franken zu.

Die salischen Franken lebten, als sie die Grenzen des *Imperium Romanum* überschritten, um sich auf seinem Territorium niederzulassen, gleich allen anderen damals um den Rhein und zwischen Rhein und Elbe siedelnden germanischen Verbänden noch nicht unter den sozialökonomischen und politischen Bedingungen einer Klassengesellschaft, sondern die bei ihnen herrschenden Verhältnisse waren zu jener Zeit noch immer, wenn auch in ihrem Verfall unterschiedlich, weit fortgeschrittene Verhältnisse der militärischen Demokratie. Und sie beherrschten außerdem, bevor sie sich des Syagrius-Reiches bemächtigten, vor allem solche Teile des ehemaligen *Imperium Romanum*, die sowohl durch direkte als auch durch indirekte Folgen der Ereignisse des 3. und der ersten Hälfte des 4. Jahrhunderts erheblich in Mitleidenschaft gezogen worden waren. Im besonderen Maße traf das auf den zwischen Rhein und Waal und zwischen Küste und Nijmegen gelegenen Teil des Rhein-, Maas- und Schelde-Gebietes sowie auf die unmittelbar südlich angrenzenden Landstrecken und das Hinterland der Scheldemündung zu. Zu diesen Gebieten gehörte auch der nördliche Teil Toxandriens, den die Salier bei ihrem Vorstoß von der Betuwe her zuerst in Besitz genommen hatten. In diesen Gebieten gab es kaum noch intakte gallo-römische Landgüter, und die Bevölkerung war durch Abwanderung in das Landesinnere, durch Kriegswirren und Naturkatastrophen erheblich dezimiert. Zwangsläufige Folge dieses Bevölkerungsverlustes war, daß die nördlich der von Boulogne über Bavai und Tongeren nach Köln verlaufenden Römerstraße gelegenen Landschaften stärker germanisiert wurden als die südlich hiervon gelegenen. Dieser Unterschied spielte bei der Ausbildung der Sprachgrenze eine erhebliche Rolle.

Im Unterschied zum mittleren und südlichen Gallien, im Unterschied aber auch zum Rhein-Mosel-Raum, wo die Römerstädte Köln und Trier schon während des 4. Jahrhunderts zu bedeutenden kirchlich-religiösen Zentren wurden, konnten Christentum und Kirche nördlich der genannten Römerstraße bis zum Ende der römischen Herrschaft kaum Fuß fassen. Sichere Zeugnisse eines frühen Christentums gibt es hier lediglich aus Arlon und vor allem aus Tongeren. Diese Zeugnisse gehören dem 4. Jahrhundert an. In Arlon, das südlich von Lüttich und nicht allzufern von Namur gelegen ist, wurden Spuren einer frühchristlichen Kapelle gefunden. Der Ort war im 4. Jahrhundert befestigt und liegt in einem Teil des Maasgebietes, der während des 4. und 5. Jahrhunderts von zahlreichen Siedlungen germanischer Laeten durchsetzt war. In Tongeren hatte um die Mitte des 4. Jahrhunderts Bischof Servatius seinen Sitz. Von ihm ist bekannt, daß er an einer Synode teilnahm, die sich im Jahre 343 in Serdica, das ist die heutige bulgarische Hauptstadt Sofia, versammelte. In ganz Flandern dagegen und selbst in der Umgebung von Tournai und Amiens war die ländliche Bevölkerung noch bis in das 7. Jahrhundert hinein vom Christentum weitgehend unberührt.

Das verheerende Zusammentreffen von gesellschaftlich bedingten mit Naturkatastrophen hatte in jenem Teilgebiet salischer Herrschaft, das bis zum späten 4. Jahrhundert in Besitz genommen worden war, die fortschrittsträchtigsten Leistungen früher hier lebender Generationen weithin zunichte gemacht. Dies aber mußte zur Folge haben, daß soziale Existenz hier nicht mehr in erster Linie durch Herrschaftsübung und Herrschaftsausweitung möglich war, sondern diese Existenz hatte im hohen Maße Formen produktiver Arbeit zur Voraussetzung, bei denen Produzent und Aneigner weitgehend identisch waren.

Entsprechend den von ihnen in den Gebieten ihrer ursprünglichen Landnahme vorgefundenen materiellen und sozialen Bedingungen dürften die Salier deshalb hier zunächst eine Existenzweise praktiziert haben, die sich nicht wesentlich von ihnen Altvertrautem unterschied: Sie gewannen die Mittel ihrer Existenz vornehmlich durch eine extensive, viehzuchtbetonte Landwirtschaft, und sie regelten ihr Zusammenleben weiterhin mit den Organisationsformen der militärischen Demokratie. Es ist vorstellbar, daß die Verhältnisse, auf die die salischen Franken bei der ersten Etappe ihrer Landnahme innerhalb der Grenzen des *Imperium Romanum* stießen, in mancherlei Hinsicht eher geeignet waren, militär-demokratische Zustände zu konservieren, als daß sie im Sinne einer klassengesellschaftlichen Umwälzung revolutionierend gewirkt hätten.

Die salischen Franken gerieten in grundlegend andersgeartete Verhältnisse erst, als sie mit ihren in die Zeit König Chlodios gehörenden Vorstößen das Land um die mittlere und obere Schelde erreichten. Allein die Tatsache, daß ihre Kleinkönige jetzt das jeweilige Zentrum ihrer Herrschaft mit Konsequenz in einer ehemaligen Römerstadt suchten, läßt das deutlich andersgeartete ökonomische und kulturelle Umfeld dieser Herrschaft erkennen, und die prunkvolle, germanisch-heidnische mit römischen Elementen vermischende Bestattung Childerichs unterhalb der Mauern von Tournai zeigt, daß die salfränkische Führungsschicht spätantik-klassengesellschaftlichen Verhältnissen jetzt nicht nur räumlich, sondern auch sozial und ideell sehr viel näher stand, als dies bei ihren sozialen Vorgängern im nördlichen Toxandrien und in der Betuwe jemals der Fall gewesen sein dürfte.

Es bedurfte jedoch der Ausweitung des salfränkischen Herrschaftsgebietes über das Syagrius-Reich hinweg, um eine Entscheidung darüber zu erzwingen, ob bei ihnen politische Macht weiterhin durch die Gesamtheit der Freien und in ihrem Sinne gehandhabt werden sollte oder ob diese Macht von einer Minderheit als Mittel der Unterdrückung und der ökonomischen und sozialen Entrechtung der Mehrheit einsetzbar war. Das Verhalten Chlodwigs, seine ersten unmittelbar nach der Eroberung gefaßten Entschlüsse, vor allem aber die Art und Weise, in der er diese Entschlüsse zu verwirklichen trachtete, zeigen, daß es selbst nach dem Sturz des Syagrius noch nicht ohne weiteres möglich war, diese Entscheidung mit Gewalt herbeizuführen. Das Königtum und seine Parteigänger vermochten sich damals noch nicht sofort gegen die bewaffnete, öffentliche Gewalt ausübende Masse der freien bäuerlichen Produzenten durchzusetzen, sie waren nicht in der Lage, diesen Massen gegenüber politische Herrschaft zu üben. Es macht ihre eigentlich zäsursetzende Bedeutung aus, daß die Entscheidung des Kampfes um die politische Macht mit den Ereignissen von 486 und den Vorgängen, die diese Ereignisse auslösten, erzwungen wurde. Erst sie stellten deshalb hinsichtlich der Machtverhältnisse und der Fähigkeit des salfränkischen Königtums, Herrschaft über eine Mehrheit im Interesse einer Minderheit üben zu können, tatsächlich einen qualitativen Umschlag dar.

Nach der Schlacht von Soissons dehnten die salischen Franken ihre Herrschaft über ein Gebiet aus, dessen sozialökonomische, politische und geistig-kulturelle Verhältnisse seit Jahrhunderten die einer Klassengesellschaft waren. Diese Gesellschaft befand sich im Übergang von der im Verfall weit fortgeschrittenen Sklavenhalterordnung zum Feudalismus. Sie war von ausgeprägten inneren Widersprüchen beherrscht, die durch beständige Bedrohung und Angriffe von außen noch verschärft wurden. Das Wesen der Produktionsverhältnisse dieser Gesellschaft war durch die Existenz und weite Verbreitung großen weltlichen und kirchlichen Grundeigentums bestimmt, das durch die Ausbeutung fremder Arbeitskraft genutzt wurde.

Neben der Arbeit von Sklaven, die noch immer Bedeutung besaß, und der Nutzung sozialökonomisch unspezifischer Leistungen von Knechten und Mägden war vor allem der Kolonat wesentlich. Denn für dieses ökonomische Verhältnis war die Verbindung von großem grundherrlichen Eigentum und kleinem, zur Nutzung gegen bestimmte Leistungen überlassenem bäuerlichen Besitz charakteristisch. Im Kolonat war das typisch feudale Produktionsverhältnis präformiert, und es stellte das fortschrittlichste der um 500 in Gallien existierenden ökonomischen Verhältnisse dar. Die Grundherren bedienten sich der Mittel des außerökonomischen Zwanges, um die Ausbeutung zu sichern. Die Arbeitskräfte waren an den Boden gefesselt, Verhältnisse persönlicher Abhängigkeit weit verbreitet, und die Grundherren unterhielten eigene bewaffnete Mannschaften, die *buccellarii*, zum Schutze ihres Eigentums und ihrer Person und um die Aneignung des in den bäuerlichen Wirtschaften erarbeiteten Mehrproduktes durchzusetzen.

Aus der Ausweitung der salfränkischen Gewalt über das römisch beherrschte Gallien hinweg mußten deshalb notwendigerweise Wirkungen erwachsen, die die Überwindung gentilgesellschaftlich-klassenloser Zustände und die Ausbildung feudaler Eigentums-, Klassen- und Herrschaftsverhältnisse bei den fränkischen Klein- und Teilstämmen erheblich beschleunigten. Denn hatten sich diese Stämme vor der Niederlage des Syagrius trotz aller Einflüsse, die von der römisch-spätantiken Klassengesellschaft auf sie ausgingen, gleichsam

Daniel in der Löwengrube. Gürtelschnalle. Chalon-sur-Saône, Frankreich

Silberner Brustschmuck
aus einem alamannischen
Reitergrab. 7. Jh.,
Ittenheim, Elsaß.

Fotografie
des Originals

Rekonstruktionszeichnung

TAFEL 6

Holzeimer vom fränkischen Gräberfeld in Rhenen, Niederlande

Merowingische Gefäße

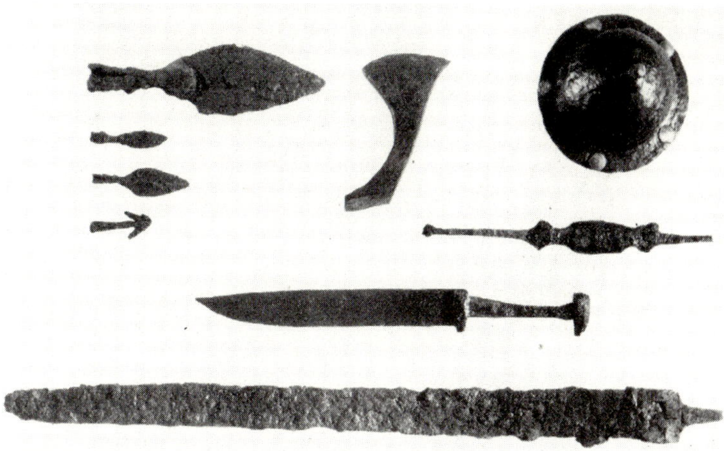

Waffen eines fränkischen Kriegers. Ende 6., Anfang 7. Jh., Rhenen, Niederlande

Eiserne Sicheln
aus der fränkischen Siedlung
bei Gladbach, BRD

Vermutlich von Eligius gefertigter Kelch aus dem Kloster Chelles, Frankreich

an der Peripherie dieser Gesellschaft befunden, so wurden sie jetzt, und zwar in kürzester Zeit, mit ihr zu einem politisch-staatlichen Verband zusammengezwungen. Jene sozialen Kräfte, die im Inneren dieser Stämme auf Veränderungen klassengesellschaftlichen Charakters drängten, verbanden sich mit den ausbeutenden Klassen und Schichten des eroberten Gebietes, und das Kräfteverhältnis verschob sich durch dieses Bündnis sehr rasch zu ihren Gunsten und zuungunsten der Mehrheit der freien bäuerlichen Produzenten. Königtum, Stammesadel und andere ihnen in ihrer sozialen Zielsetzung nahestehende Gruppen erlangten unter diesen veränderten Bedingungen schnell jene Überlegenheit, die erforderlich war, um die traditionellen Organisationsformen der militärischen Demokratie zu zerschlagen, öffentliche Gewalt als politisch-staatliche Macht zu handhaben und sie unverhüllt im Interesse einer Minderheit einzusetzen.

Bis zu seiner Eroberung durch die Franken hatte das römische Restreich in Gallien nie aufgehört, ein Staatswesen mit spätantik-klassengesellschaftlichen Verhältnissen zu sein, und dieses Staatswesen hatte immer mit den Mitteln und Institutionen der römisch-spätantiken Gesellschaft funktioniert. Es gab in diesem Gebiet eine weithin intakte weltliche, vor allem aber eine intakte kirchliche Führungsschicht, und es existierten noch immer bedeutende materielle Ressourcen, die sich in der Gewalt der römischen Kaiser und ihrer politischen Nachfolger befanden.

Es steht außer Frage, daß Chlodwig um diese Möglichkeiten wußte, und es ist kaum zu bezweifeln, daß eben sie es waren, die den salfränkischen Kleinkönig dazu veranlaßten, den Zug gegen Syagrius allen seinen vielen weiteren Kriegen voranzustellen.

Entweder noch vor dem entscheidenden Angriff auf das Reich des Syagrius oder doch unmittelbar danach wandte sich Bischof Remigius von Reims mit einem Brief an Chlodwig. Remigius sprach in seinem Schreiben »den berühmten und durch Verdienste erhabenen Herrn König Chlodwig« als denjenigen an, der die Herrschaft in der *Belgica secunda* ausübte, und er wandte sich an eben diesen Herrscher, um ihm Empfehlungen für eine gedeihliche Herrschaftsübung zu erteilen. Die Kirche und ihre höchsten Würdenträger, die Bischöfe, empfahl er dem jungen König besonders: »Du mußt Ratgeber an Dich ziehen, die Deinen Ruhm erhöhen können ... Deinen Priestern wirst Du Ehre erweisen müssen und auf ihren Rat stets hören. Wenn Du aber mit ihnen in gutem Einvernehmen lebst, wird Deine Provinz einen besseren Bestand haben ...« Nichts deutet in diesem Brief darauf hin, daß Remigius, das geistliche Oberhaupt eines der einflußreichsten Bischofssitze im Herrschaftsgebiet des Syagrius und eines der bedeutendsten im gesamten römischen Gallien überhaupt, dem salfränkischen Kleinkönig mit Vorbehalten oder gar mit Ablehnung begegnet wäre, aber alles spricht dafür, daß er in Chlodwig einen Machthaber sah, dessen Wohlwollen es zu gewinnen galt.

Von Remigius ist jedoch nicht nur der erwähnte Brief erhalten, sondern erhalten ist auch das Testament dieses Bischofs, dessen Echtheit heute außer Frage steht. Remigius starb um 533, und vor seinem Tode verfaßte er – römischer Rechtspraxis entsprechend – dieses Testament. Das Vermögen, über das der Reimser Bischof darin verfügte, gibt ihn als einen Grundeigentümer zu erkennen, der nicht nur ausgedehnte Ländereien sein Eigen nannte. In seiner Gewalt standen auch abhängige Arbeitskräfte in beträchtlicher Zahl. Diese Arbeitskräfte werden als Kolonen oder als Sklaven bezeichnet, und sie wurden von Remigius mit oder auch ohne Land vergeben. Das Testament gibt zudem darüber Auskunft, daß es üblich war, solche Arbeitskräfte zu kaufen und zu verkaufen, zu tauschen und zu verschenken. Remigius, der ein politisches Zusammenwirken mit Chlodwig gezielt vorbereitete, zählte also nicht nur zu den hervorragenden kirchlichen Würdenträgern der von den Franken 486 und in den folgenden Jahren eroberten gallo-römischen Gebiete, sondern er gehörte auch – wie es bei diesen Würdenträgern seit der Spätantike die Regel war – zur Klasse jener großen Grundeigentümer, deren soziale Existenz an wirksame Herrschaft über Menschen gebunden war. Hier hatte die von Remigius mit seinem Brief demonstrierte Bereitschaft, die fränkischen Eroberer vom ersten Tage ihrer Herrschaft an zu unterstützen und als Bündnispartner ihres Königtums aufzutreten, ihre gesellschaftlichen Wurzeln, und eben diese Bereitschaft war wesentliche Voraussetzung dafür, daß die fränkische Führungsschicht unverzüglich in das Erbe des Syagrius einzutreten, die materiellen Grundlagen seiner Machtübung zu nutzen und die noch funktionsfähigen Einrichtungen römischer Herrschaftspraxis zu übernehmen vermochte.

Es steht außer Frage, daß zwischen Somme und Loire trotz spätantiker Krisenerscheinungen, bewaffneter Auseinandersetzungen zwischen großen Grundeigentümern und von ihnen ausgebeuteten Menschen sowie verheerender Auswirkungen der vorangegangenen Germaneneinfälle noch immer auf weit höherem Niveau produziert wurde als in den ursprünglichen Siedlungsgebieten der Franken und anderer germanischer Stämme. Dieses von der Somme im Norden, von der Loire im Süden begrenzte und von der wichtigen Wasserstraße der Seine durchflossene Gebiet war altes keltisch-römisches Kulturland. Es hatte über Jahrhunderte unter intensiver römischer Herrschaft gestanden und war durch die Errungenschaften römischer Agrikultur, römischen Handwerks und römischen Geisteslebens nachhaltig beeinflußt. Die Siedlungsdichte war hier erheblich größer als in den weiter nördlich gelegenen Gebieten des ehemaligen *Imperium Romanum* und in der *Germania libera*, und in Korrelation hierzu war der Anteil intensiv genutzter landwirtschaftlicher Flächen, also des Acker- und Gartenlandes, der Wiesen und der Weiden im Verhältnis zu Wäldern und Ödländereien höher als dort. Nach wie vor besaßen den Handel begünstigende landwirtschaftliche Kulturen erhebliche Bedeutung. Es gab immer noch Landschaften, deren Charakter durch den Weinanbau, den die Römer ins Land gebracht hatten, geprägt war. Zu diesen Landschaften gehörten vor allem die nähere und weitere Umgebung von Paris, zu ihnen gehörten aber auch um die untere und mittlere Yonne und anderswo gelegene Ländereien. Bischof Remigius vermachte mit seinem Testament der Reimser Kirche unter anderem an der Suippe, einem Nebenfluß der Aisne, gelegene Weinländereien, und wie aus dieser Quelle ergibt sich aus zahlreichen anderen Schriftstücken der Merowingerzeit, daß der Anbau von Wein damals in vielen Grundherrschaften einen bedeutenden Platz einnahm.

Der Sieg, den die von Chlodwig geführten Franken im Jahre 486 über Syagrius und seine Truppen erkämpften, verschaffte ihnen zudem die Herrschaft über einen historischen Raum, dessen ökonomisches, soziales und politisches Leben Jahrhunderte hindurch von der Existenz einer Vielzahl bedeutender Städte geprägt war. Amiens an der Somme, Beauvais, Senlis, Laon, Soissons und Reims zwischen Somme und Seine, Rouen an der unteren Seine, Chartres, Le Mans und Sens zwischen Seine und Loire gelegen, sowie Nantes, Angers, Tours und Orléans an der Loire waren solche ehemaligen Römerstädte. Zu den bedeutendsten unter ihnen zählte auch damals Paris. Die Anfänge dieser Städte reichten vielfach bis in die keltische Zeit zurück. Alle diese Städte wurden in römischer Zeit als Civitas bezeichnet, und dieser Begriff ging auch auf den umliegenden ländlichen Bezirk über, der von der jeweiligen Stadt aus verwaltet wurde. Während des 3. und 4. Jahrhunderts hatten diese Städte eine Zeit des ökonomischen, topografischen und kulturellen Niedergangs erlebt, der seine Wurzeln in den allgemeinen Krisenerscheinungen der spätantik-römischen Gesellschaft hatte. Dieser Niedergang wurde am äußeren Bild der Städte durch eine oft drastische Verringerung ihrer Flächenausdehnung erkennbar, die mit einer ebenso drastischen Verringerung der Einwohnerzahlen korrespondierte. Seit dem 3. Jahrhundert waren diese Städte ausnahmslos durch Mauern geschützt, so daß viele seitdem weiträumigen Burganlagen eher glichen als wirklichen Städten. Aber trotz dieser Wandlungen unterschieden sich die ehemaligen Römerstädte noch immer sowohl durch die ihnen eigenen Funktionen als auch durch die soziale Struktur ihrer Bevölkerung deutlich von schlichten dörflich-agrarischen Siedlungen. Ihre Mauern waren erhalten geblieben, und als befestigte Plätze besaßen sie sowohl für die Übung staatlich-politischer Macht als auch für das kirchlich-religiöse Leben und die Organisation der Kirche erhebliche Bedeutung. Die Träger der staatlichen Gewalt, allen voran die Merowingerkönige mit ihrem Hof, nutzten die Civitates als feste Plätze, die der Beherrschung und der Verwaltung des Reiches Rückhalt boten. Sie waren zunächst auch Mittelpunkt der Grafschaft, das heißt, in der Civitas saß der *comes*, das ist der Graf. Chlodwig bevorzugte nach der Eroberung des Syagrius-Reiches Soissons, Reims, Orléans, Tours und andere Civitates für seinen Aufenthalt, und in Paris hielt er während der letzten Jahre seiner Herrschaft so häufig hof, daß diese Civitas nahezu in den Rang einer königlichen Residenz aufrückte.

Auf dem Territorium des ehemaligen Syagrius-Reiches gab es seit der Spätantike eine kirchliche Organisation, deren wichtigste Amtsträger die Bischöfe waren. Diese Bischöfe aber waren stadtsässig, das heißt, sie saßen in den Civitates, und ihr Amtssprengel, ihre Diözese also, deckte sich mit dem Verwaltungsbezirk der jeweiligen Civitas. Innerhalb des Mauerringes der Civitas befand sich aber nicht nur die Episkopalkirche, also die Kirche des Bischofs, sondern diese Civitas im engeren Sinne beherbergte zudem nicht wenige andere kirchliche Institutionen und Gebäude. Dazu gehörten neben Pfarrkirchen und einfachen Kapellen auch Klöster, die damals sehr viel häufiger in städtischen Siedlungen als auf dem platten Lande errichtet worden sind. Für Reims, die Bischofsstadt des Remigius, sind bis zum Ende der Merowingerzeit 22 Kirchen mit Sicherheit bezeugt, von denen etwa 7 bereits in der Spätantike existierten.

Die Civitates jener Zeit waren also staatlich-politische und kirchlich-religiöse Zentren in einem, und aus dieser Tatsache erwuchs eine weitere sehr wichtige zu diesem Siedlungstyp gehörende Eigenschaft: sie waren Marktorte. Die Spezifik ihrer sozialen Struktur hatte zur

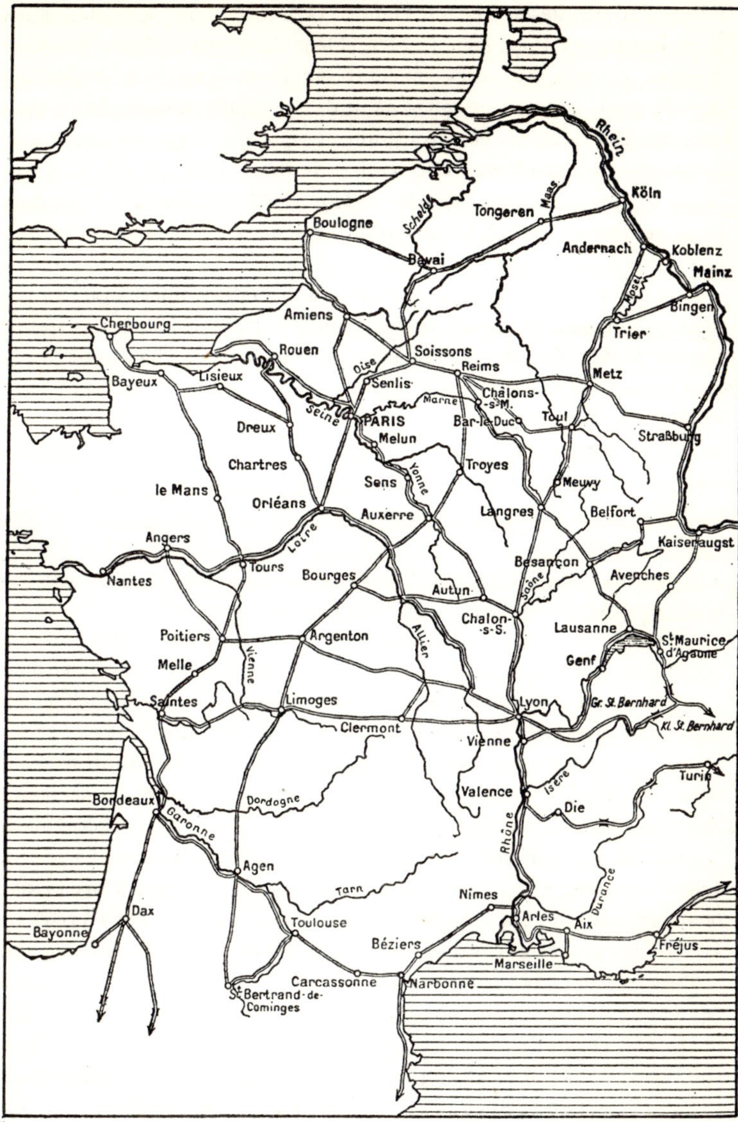

Abb. 5 Römerstraßen in Gallien

Folge, daß an diesen Plätzen Handwerk und Handel besonders günstige Existenzbedingungen fanden. Denn hier waren Bevölkerungsgruppen konzentriert, die einerseits ein besonderes Luxusbedürfnis entwickelten, andererseits aber dank des von ihnen angeeigneten Anteils am gesellschaftlichen Reichtum auch in der Lage waren, dieses Bedürfnis zu befriedigen. Die Rolle, die die Civitates als bevorzugte Handelsplätze spielten, wurde zudem durch ihre verkehrsgünstige Lage gefördert: Es gab keine Civitas, die nicht an einer Römerstraße gelegen war.

Das Netz der Römerstraßen war, wie in Gallien überhaupt, im gesamten Herrschaftsbereich des Syagrius erhalten geblieben. Es stellte sowohl in der Zeit des entscheidenden Vordringens der Franken als auch noch Jahrhunderte später neben den Flußläufen die wichtigste Verkehrsverbindung dar. Paris lag am Kreuzungspunkt mehrerer wichtiger Römerstraßen. Von hier führten solche Straßen nach Reims, nach Auxerre und nach Orléans. Die Bedeutung, die diese Römerstadt als Kreuzungspunkt mehrerer den Norden mit dem Süden und das Zentrum mit dem Osten des Merowingerreiches verbindender Verkehrswege hatte, trug erheblich dazu bei, sie zur bevorzugten merowingischen Königspfalz werden zu lassen.

Es entsprach dem, wenngleich reduzierten und auf bestimmte Bereiche des gesellschaftlichen Lebens begrenzten warenwirtschaftlichen Charakter seiner Ökonomie, daß beim Einbruch der Franken im römischen Restreich Galliens Münzen nicht nur kontinuierlich umgelaufen, sondern auch kontinuierlich geprägt worden sind. Sowohl während der Herrschaft des Aegidius als auch während der seines Sohnes Syagrius wurden, möglicherweise in Soissons, Silbermünzen geprägt, die vor allem zwischen Seine und Niederrhein zirkulierten. Diese Prägung wurde auch nach dem Sturz des Syagrius bis in das 6. Jahrhundert hinein fortgesetzt, aber bereits während der Herrschaft Chlodwigs setzte zudem die Nachprägung römischer Goldmünzen ein.

Zu den Einrichtungen des spätantik-römischen Staates, die von den Merowingerkönigen übernommen und für ihre eigene Herrschaft genutzt worden sind, gehörten das Steuer- und das Zollwesen. Vor allem die Zölle, die keineswegs nur an der Grenze, sondern als Binnenzölle in zahlreichen an Straßen und Flußläufen gelegenen Zollstätten sowie in Häfen und auf Märkten eingetrieben wurden, besaßen während der gesamten Merowingerzeit erhebliche Bedeutung.

Überaus bedeutsam aber für die Umwälzung der Machtverhältnisse war es, daß Chlodwig als direkter Amtsnachfolger des Syagrius die ausgedehnten römischen Staatsländereien, das Fiskalgut, in die Hand bekam. Solche Güter lagen besonders dicht in der näheren und weiteren Umgebung von Paris, sie häuften sich aber auch in der Umgebung von Beauvais, Noyon und Soissons, also in jenem Raum, der dem Zugriff der von Norden nach Süden vorstoßenden salischen Franken zuerst ausgesetzt war. Der Erfolg Chlodwigs dürfte gefördert worden sein, weil auf den hier gelegenen Staatsländereien Laetensiedlungen in besonderer Dichte existierten und diese Laeten sehr rasch zu den Truppen des salfränkischen Kleinkönigs übertraten.

Mit Chlodwig als dem neuen Repräsentanten der staatlichen Gewalt im ehemaligen Syagrius-Reich war zum ersten Mal ein fränkischer Kleinkönig in der Lage, über regelmäßige und vorwiegend in Geld erhobene Einnahmen und über Grundeigentum zu verfügen, dessen Nutzung keinen in militär-demokratischen Traditionen wurzelnden Einschränkungen unterworfen war. Dem König standen zudem die Erträge dieser Ländereien zu. Seine materiellen Mittel und die Möglichkeit, Macht, Gewalt auszuüben, vermehrten sich dadurch erheblich. Er vermochte sie einzusetzen, um mit Hilfe von Geldzahlungen und durch die Übertragung von Grund und Boden an Einzelpersonen und an Institutionen Dienste und Leistungen zu erlangen. Sowohl Chlodwig selbst als auch seine Nachfolger haben von dieser Möglichkeit reichen Gebrauch gemacht. Hier liegt eine wesentliche Wurzel für die Ausbildung eines fränkisch-merowingischen Dienstadels. Aus den Reihen dieses Adels wählte Chlodwig seine wichtigsten weltlichen Amtsträger aus, unter denen die Grafen wohl schon früh an Bedeutung hervorragten. Es ist zudem bezeugt, daß Chlodwig seine Verfügungsgewalt auch nutzte, um kirchliche Einrichtungen, allen voran die Bischofskirchen, mit Land zu beschenken. Das geschenkte Gut sollte genutzt werden, um die Kirchengebäude zu erneuern, die Priester und Armen zu ernähren und Gefangene freizukaufen.

Es war ein Vorgang von weit über die unmittelbare Entstehungsgeschichte des Frankenreiches hinausweisender Bedeutung, daß der salfränkische Kleinkönig durch die Eroberung des Syagrius-Reiches ein Gebiet in seine Gewalt bekam, in dem das Christentum seit der Spätantike fest verwurzelt und eine arbeitsfähige kirchliche Organisation vorhanden war. Festes Gerüst dieser Organisation waren die mit den Diözesen der Bischöfe identischen Civitas-Bezirke. Während in den Randgebieten des ehemaligen Weströmischen Reiches Bischöfe ihre Bistümer wegen der Einfälle der Germanen und der Kriegswirren in gar nicht so wenigen Fällen für mehr oder weniger lange Zeit hatten aufgeben müssen, blieben die Bistümer des ehemaligen Syagrius-Reiches fast ausnahmslos kontinuierlich besetzt. Im Juli 511, also wenige Monate vor seinem Tod, traten »auf Geheiß des ruhmreichsten Königs Chlodwig« in Orléans die Bischöfe des gesamten Frankenreiches zu einem Konzil zusammen. Unter den 32 Versammelten waren fast alle Bischöfe des ehemaligen Syagrius-Reiches: Aus Orléans selbst kam Eusebius, aus Paris Heraclius und aus Soissons Bischof Lupus. Es fehlte aus Gründen, die nicht bekannt sind, Remigius von Reims, der Taufvater Chlodwigs. Vertreten waren aber auch die Bischöfe des bis 507 von den Westgoten beherrschten Teils Galliens in großer Zahl. Die Namen der 32 Bischöfe, die sich damals in Orléans versammelt hatten, um unter dem Vorsitz »unseres Herrn Königs« über kirchliche Angelegenheiten zu beraten, lassen erkennen, daß diese höchsten kirchlichen Würdenträger des Reiches damals nahezu ausnahmslos Gallo-Romanen gewesen sind. Allein diese Tatsache zeigt, in welchem hohen Maße die Kirche beim Übergang von der Spätantike zum frühen Mittelalter als Kontinuitätsträger wirkte und welche Bedeutung nicht zuletzt ihre Organisation und die Haltung ihrer Amtsträger für die Konstituierung der fränkischen Herrschaft in Gallien besaßen.

Die Bischöfe traten, schon während der Herrschaft Chlodwigs beginnend, in der Merowingerzeit zunehmend in die Wahrung und Handhabung öffentlich-staatlicher Aufgaben ein, sie wurden zu direkten Trägern weltlicher Gewalt. Der fortschreitende Zerfall der öffentlich-staatlichen Verwaltung, dem die Stabilität der kirchlichen Organisation gegenüberstand, brachte es mit sich, daß die kirchlichen Würdenträger, allen voran aber die Bischöfe, das entstehende Vakuum auszufüllen begannen. Sie handhabten die Reste der römischen Verwaltung und wurden so zu wichtigen Mittlern zwischen dem fränkisch-merowingischen Königtum und der eingesessenen gallo-römischen Bevölkerung.

Chlodwig stellte während seiner Herrschaft Urkunden aus. er empfing Briefe, und in seinem Namen wurden Briefe sowohl an weltliche als auch an kirchliche Empfänger gerichtet. Es versteht sich, daß Äußerungen der Herrschaftsübung dieser Art an die Tätigkeit einer königlichen Kanzlei gebunden waren, und es unterliegt keinem Zweifel, daß der König eine solche Kanzlei unterhielt, indem er die Kenntnisse und die Fähigkeiten des Lesens und Schreibens kundiger Gallo-Romanen nutzte.

Die römisch-spätantiken Verhältnisse und Einrichtungen des Syagrius-Reiches waren jedoch nicht allein für den Ausgang des Kampfes um die politische Macht im Inneren der fränkischen Klein- und Teilstämme von existentieller Bedeutung, sondern sie bildeten ein konstitutives Element auch beim Entstehen einer politischen Kernlandschaft des frühfeudalen Großreiches der Merowinger. Diese Kernlandschaft deckte sich räumlich weitgehend mit dem ehemaligen Syagrius-Reich. Sie war von wichtigen Verkehrsverbindungen durchzogen, die die nördlichen Teile des Merowingerreiches mit den südlichen, die westlichen mit den östlichen verknüpften. Es war eine Folge des von den Merowingern angetretenen spätantik-römischen Erbes, daß es in dieser Kernlandschaft eine ausgesprochene Konzentration von merowingischem Königsgut gab. Hier lagen zahlreiche Königspfalzen, und Paris und später das ganz in seiner Nähe gelegene Saint-Denis ragten als Begräbnisstätten der Dynastie der Merowinger hervor: In der Apostelkirche bei Paris wurde nicht nur Chlodwig, hier wurden auch seine Gemahlin Chrodechilde und ihrer beider Tochter Chlothilde, die zeitweilig mit dem Westgotenkönig Amalarich verheiratet gewesen war, sowie zwei Enkelsöhne bestattet. Von dieser politischen Kernlandschaft ging die Herrschaft der Merowinger seit Chlodwig aus, hier hatte sie ihre eigentliche Basis.

Seit dem späten 6. Jahrhundert bezeugen die schriftlichen Quellen, daß die Merowingerkönige den Titel *rex Francorum*, »König der Franken«, führten. Der Gebrauch dieses Titels ist vermutlich älter, jedoch läßt sich nicht mit Sicherheit entscheiden, seit wann er gebräuchlich war, und es ist auch nicht bekannt, ob er bereits von Chlodwig benutzt worden ist. Außer Frage aber steht, weil durch seinen Siegelring bezeugt, daß sich Chlodwigs Vater Childerich schlicht als *rex*, als König also, bezeichnete.

Die Nachrichten über jene Kämpfe, die von den Franken während der zweiten Hälfte des 4. und der ersten Hälfte des 5. Jahrhunderts mit den Römern ausgetragen worden sind, zeigen, daß die fränkischen Kleinstämme damals von einer Vielzahl von Königen geführt wurden. Es gibt römische Historiker, die diesen Königen, und zwar offensichtlich wegen der geringen Zahl der von ihnen geführten Menschen, den Königstitel verweigerten. Diese Historiker sprechen von Klein- oder auch von Unterkönigen. Ihrer tatsächlichen Stellung gemäß waren diese Könige Heerkönige, da sowohl ihr Ansehen als auch ihr Einfluß wesentlich auf der Führung der bewaffneten freien Franken und auf deren Willen, diese Führung anzuerkennen, beruhte. Bis zum Vorgehen Chlodwigs gegen seine Mitkönige hat es bei den Franken immer mehr als einen König gegeben, und es liegt deshalb nahe, das Aufkommen des Titels »König der Franken« zu jenen umstürzenden Vorgängen in Beziehung zu setzen, die während der Herrschaft ebendieses Merowingers abliefen: Chlodwig beseitigte alle anderen fränkischen Könige und wurde damit tatsächlich zum König d e r Franken, und außerdem war er der erste Herrscher, der an der Spitze eines Reiches stand, dessen Begründung untrennbar mit den Geschicken der Gesamtheit der fränkischen Klein- und Teilstämme verknüpft war.

Das fränkisch-merowingische Königtum wies in der frühen Phase seiner Existenz, die etwa bis zur Mitte des 6. Jahrhunderts reichte, eine relative Stärke auf, und es verfügte damals über eine Schlagkraft, die gewichtige Erfolge in der Auseinandersetzung mit inneren, vor allem aber mit äußeren Gegnern zeitigte. Diese Stärke und Schlagkraft erwuchsen aus dem Umstand, daß sich dieses Königtum während jener Zeit auf sehr unterschiedliche und zum Teil durchaus gegensätzliche soziale Kräfte zu stützen vermochte. Es besaß wichtige Bündnispartner in den gallo-römischen Oberschichten der spätantiken Klassengesellschaft, und zugleich war es als Repräsentant des fränkischen Stammesverbandes noch immer in der Lage, sich auf Einrichtungen militär-demokratischen Ursprungs zu stützen.

Die Reichsgründung der Franken erfolgte im Unterschied zu der der Burgunder, der Westgoten, der Ostgoten und der Langobarden im direkten räumlichen Anschluß an ihre ursprünglichen Siedlungsgebiete. Sie war deshalb mit einer ausgedehnten Landnahme bäuerlicher Produzenten verbunden, die die Ausbildung eines zunächst stark fränkisch geprägten Gebietes zwischen Niederrhein und Somme im Gefolge hatte. Das genaue Ausmaß dieser Ansiedlung ist bis heute nicht geklärt, jedoch ist es sicher, daß sich ein mehr oder weniger geschlossen fränkisch besiedelter Raum nach Süden ursprünglich bis über die heutige Sprachgrenze hinaus erstreckte. Diese Sprachgrenze, die im Verlaufe des 8. und 9. Jahrhunderts feste Konturen gewann, verläuft etwa von Boulogne über Thérouanne, Tournai und Tongeren zur Maas. Der ständige Zuzug fränkischer Siedler, vor allem aber die sozialen und politischen Veränderungen, die als seine wesentliche Folgeerscheinung eintraten, trugen erheblich zur Stärkung des fränkischen Königtums und zur großen Stabilität des fränkischen Reiches bei. Diese geschlossene Ansiedlung freier, noch unter den sozialökonomischen und politischen Bedingungen der militärischen Demokratie lebender Bauern führte zu einer tiefgreifenden Veränderung der sozialökonomischen Verhältnisse in den von ihr erfaßten Gebieten. Freier bäuerlicher Besitz und Gemeineigentum an Grund und Boden wurden zu einem tragenden Bestandteil dieser Verhältnisse. Die Zuzügler ließen sich als freie waffentragende Bauern in den eroberten Gebieten nieder, die eigenständig politische Macht ausübten oder an ihrer Ausübung beteiligt waren. Für Chlodwig und seine direkten Nachfolger erwuchs hieraus die Möglichkeit, nach wie vor im erheblichen Ausmaß Leistungen dieser Bauern einfordern zu können. Das militärische Aufgebot der freien fränkischen Bauern bildete deshalb bis weit in das 6. Jahrhundert hinein den Kern der bewaffneten Macht des merowingischen Königtums. Es sicherte ihm militärische Stärke und Schlagkraft, da es ihm sowohl gegenüber den großen gallo-römischen Grundeigentümern als auch gegenüber dem fränkisch-merowingischen Stammes- und Dienstadel für längere Zeit eine in kritischen Situationen wichtige Selbständigkeit garantierte.

Als *populus Francorum*, als »Volk der Franken« also, traten diese Bauernkrieger bei den Heeresversammlungen politisch handelnd auf, die an die Stelle der früheren Volksversammlung der fränkischen Kleinstämme getreten war. Während der Herrschaft Chlodwigs trat die Heeresversammlung, der *Campus Martius*, das Märzfeld, noch alljährlich zusammen. Sie wurde vom König einberufen, zur Teilnahme waren jetzt alle Waffendienst leistenden Männer, also nicht mehr nur die Franken, sondern auch die Krieger anderer Stammesverbände sowie die Kriegsdienst leistenden Gallo-Romanen, verpflichtet. Es war zunächst noch üblich, daß diese Versammlung zu politischen Entscheidungen gehört wurde: Chlodwig wandte sich an sie wegen des Übertritts zum Christentum, und bevor er gegen die Westgoten zu Felde zog, hielt er dem versammelten Heer eine Rede, mit der er seinem Kummer darüber Ausdruck verlieh, daß die Arianer noch immer einen Teil Galliens beherrschten. Zum Feldzug brach er erst auf, nachdem die Versammelten ihrem Wohlgefallen über diese Rede Ausdruck verliehen hatten.

Während der Herrschaft Chlodwigs besaß die *Trustis dominica*, die königliche Gefolgschaft, als berittenes Gefolge des Königs noch eine erhebliche Bedeutung. Sie diente dem persönlichen Schutz des Königs bei Kriegszügen sowie seinem Ehrengeleit im Frieden. Die Aufnahme in die *Trustis dominica* erfolgte mit einem feierlichen Akt, bei dem der *Antrustio* sich durch einen in die Hand des Königs geleisteten Eid diesem zu Hilfe und Treue verpflichtete. Der Eid begründete eine persönliche Bindung, die als unlösbar galt. Die Antrustionen standen im besonderen Schutz des Königs. Die *Trustis dominica* wurzelte, wie das Gefolgschaftswesen überhaupt, in militärdemokratischen Verhältnissen, jedoch formten bereits Chlodwig und seine direkten Nachfolger diese Institution zu einem Instrument königlicher Machtübung um. Die Antrustionen wurden jetzt in großzügiger Weise mit Grundeigentum und abhängigen Arbeitskräften ausgestattet und mit wichtigen politischen Ämtern betraut. Sie gingen in den fränkisch-merowingischen Dienstadel ein, der neben den galloromischen Grundherren ein wesentliches Element der sich formierenden Klasse der Feudalherren war. Mit dieser Entwicklung korrespondierten unter Chlodwig einsetzende Bestrebungen, die Antrustionen aus der Verfahrensweise herauszulösen, die im Falle des gerichtlichen Vorgehens gegen freie Franken angewandt worden ist.

Das frühfeudale Großreich der Merowinger (511–561)

Der Abschluß der fränkisch-merowingischen Expansion

Chlodwig hinterließ neben seiner Gattin Chrodechilde und seiner Tochter Chlothilde vier Söhne. Der älteste dieser Söhne entstammte der Verbindung Chlodwigs mit einer Frau, deren Namen nicht überliefert ist. Es muß deshalb dahingestellt bleiben, ob die Mutter Theuderichs tatsächlich, wie einige Historiker neuerdings vermuten, aus jenem rheinfränkischen Königsgeschlecht kam, dem auch Sigibert der Lahme angehört hatte. Die Mutter der drei jüngeren Söhne Chlodwigs, Chlodomers, Childeberts und Chlothars, war Chrodechilde. Nach dem Tode ihres Vaters teilten diese vier Söhne die Herrschaft im Frankenreich unter sich zu annähernd gleichen Teilen.

Es zeugt von der noch immer vorhandenen Eigenständigkeit der beiden fränkischen Teilstämme, daß ihre Siedlungsräume bei dieser Teilung nicht angetastet, sondern jeweils geschlossen einem Teilherrscher unterstellt worden sind. Für das übrige Reichsgebiet folgte die Teilung weitgehend den Bezirken der ehemaligen römischen Civitates.

Theuderich I. erhielt den gesamten Osten des Reiches mit der *Francia Rinensis* und ihrem Königssitz Köln als Kernstück und dazu alle Gebiete, die östlich des Rheins bereits der fränkischen Herrschaft unterworfen waren. Seiner Gewalt unterstanden also auch die Alamannen. Nicht geklärt ist dagegen bis heute, ob und gegebenenfalls wie weit sich beim Tode Chlodwigs die fränkische Herrschaft über den östlich des Rheins gelegenen Teil der *Francia Rinensis* hinaus weiter nach Osten erstreckte und ob diese Herrschaft das mit seinem Kern um Fritzlar und Kassel gelegene Siedlungsgebiet der Chatten, der späteren Hessen, bereits mit einschloß. Links der oberen Maas wurde die Teilherrschaft Theuderichs um die Civitas-Bezirke von Reims und Châlons-sur-Marne über die *Francia Rinensis* hinaus nach Westen und damit in die politische Kernlandschaft des Merowingerreiches hinein ausgeweitet. Es ist unverkennbar, daß mit dieser Teilherrschaft das spätere Austrasien in seinen Grundzügen vorgebildet war. Im

Unterschied zu den Anteilen der jüngeren Chlodwig-Söhne überwog hier der germanische Bevölkerungsanteil bei weitem.

Das Gebiet der salischen Franken mit den alten Königssitzen Tournai und Cambrai fiel an Chlothar I., den jüngsten der vier Brüder. Chlothars Teilherrschaft erstreckte sich darüber hinaus im Westen bis zur Kanalküste, im Süden schloß sie die Bezirke der Civitates Noyon, Laon und Soissons mit ein.

Der Westen des Frankenreiches kam an Childebert I. Ihm unterstanden die Civitates Rouen, Senlis, Paris, aber auch die von Le Mans und Rennes.

Chlodomers Teilherrschaft wurde im Osten vom Reich der Burgunder begrenzt, im äußersten Norden erreichte sie etwas unterhalb von Paris wohl die Seine. Im Süden griff diese Herrschaft über die Loire hinweg, umfaßte also auch früher von den Westgoten beherrschte Landstriche. Die Civitates von Chartres, Orléans und Angers nördlich und die von Bourges und Tours südlich der Loire gehörten mit Sicherheit zu dieser Herrschaft.

Im Unterschied zu den Gebieten der Salier und der Rheinfranken wurde Aquitanien weder bei der Teilung von 511 noch bei den später immer wieder vorgenommenen als eine Einheit behandelt, sondern hier behielt jeder der vier Brüder einen Anteil an der Herrschaft. Unvermeidliche Folge dieses Verfahrens war es, daß nur Chlodomers zentral gelegene Teilherrschaft ein geschlossenes Territorium bildete. Die aquitanischen Anteile der drei anderen Könige dagegen stellten Exklaven ihrer eigentlichen Teilherrschaften dar. Ihre Grenzen sind nur vage bekannt, sicher ist lediglich, daß Theuderich I. jener Teil Aquitaniens zugesprochen worden ist, den er während des von Chlodwig eröffneten Krieges gegen die Westgoten in den Jahren 507 und 508 durch einen selbständigen Feldzug unterworfen hatte, die Auvergne mit Clermont-Ferrand.

Der Teilung von 511 lag die germanische Rechtsvorstellung zugrunde, daß alle Söhne gleichermaßen an der Habe ihres Vaters erbberechtigt seien. Dieser Vorstellung entsprach einerseits, daß zur Teilung offenbar weder die Heeresversammlung noch andere politisch bevorrechtigte Gruppen gehört worden sind, andererseits aber demonstriert diese Verfahrensweise auch, daß sich das merowingische Königtum während der Herrschaft Chlodwigs bereits in erheblichem Maße seiner militär-demokratischen Fesseln entledigt hatte.

Die von den Brüdern vorgenommene Teilung war keine Realteilung, sondern geteilt worden ist die Herrschaft im Reich, und so versteht es sich, daß jeder der vier gleichermaßen *rex Francorum* war. Die Könige betrachteten sich zunächst auch durchaus als gemeinsame Träger der Herrschaft, und sie fanden sich dementsprechend zu gemeinsamem Handeln zusammen. Um den Zusammenhalt des Reiches trotz der geteilten Herrschaft zu sichern, erhielt jeder Herrscher einen Anteil am ehemaligen Syagrius-Reich, und hier lagen zudem auch, und zwar dicht beieinander, die zentralen Pfalzen der vier Könige: Theuderich I. saß vorzugsweise in Reims, Chlothar I. in Soissons, Childebert I. in Paris und Chlodomer in Orléans.

Die Ereignisse der dem Todesjahr Chlodwigs I. unmittelbar folgenden vier Jahrzehnte zeigen mit hinreichender Deutlichkeit, daß die Teilung von 511 tatsächlich keine Schwächung des merowingischen Königtums und seiner Fähigkeit nach sich zog, in wirksamer Weise Macht zu üben. Die vier Brüder setzten, nachdem sie sich in ihren Teilherrschaften etabliert hatten, die auf Eroberungen gerichtete Politik ihres Vaters unvermindert fort, und es gelang ihnen, das unter Führung Chlodwigs begründete Reich der Franken zu einem Großreich auszubauen, dessen Grenzen erst 250 Jahre später nochmals eine ähnlich gravierende Erweiterung erfahren sollten wie zur Zeit dieser gemeinsamen Herrschaft. Diese Erweiterung war an das gemeinsame Handeln der Brüder gebunden, sie wurde nur dort erreicht, wo die Teilherrscher ihre Kräfte zu gemeinsamen Aktionen zusammenführten. Dem widerspricht nur scheinbar, daß sich, bedingt vor allem durch die räumliche Situation der einzelnen Teilherrschaften, in der Expansionspolitik der vier Könige früh unterschiedliche Hauptstoßrichtungen abzuzeichnen begannen. Sie zielten bei Theuderich I. von Anfang an sehr pointiert auf eine Erweiterung seines Machtbereiches östlich des Rheins. Chlodomer und Childebert dagegen richteten ihre Eroberungsversuche weit stärker auf die dem Frankenreich im Süden und Südosten benachbarten Gebiete.

In den ersten Jahren der gemeinsamen Herrschaft verheirateten die vier Könige zunächst ihre Schwester Chlothilde mit dem Westgotenkönig Amalarich. Mit dieser Eheverbindung sollte offensichtlich das seit 507 beeinträchtigte Verhältnis zu den südlichen Nachbarn des Frankenreiches verbessert werden. Dann hatte sich Theuderich mit dänischen Eindringlingen auseinanderzusetzen, die um 515 einen Plünderungszug an die Küste Galliens unternahmen. Die Dänen gelangten bis in den Norden der *Francia Rinensis.* Gregor von Tours berichtet hierzu, daß von König Chlochilaich angeführte Dänen mit einer Flotte über das Meer nach Gallien gezogen seien: »Sie kamen an das Land, verheerten einen Gau im Herrschaftsgebiet Theuderichs und schleppten Gefangene fort.« Durch eine etwas jüngere Quelle, dem 726/27 von einem in der Gegend von Laon beheimateten Verfasser geschriebenen »Buch von der Geschichte der Franken«, ist überliefert, daß es sich bei dem heimgesuchten Gau um die Gebiete der rheinfränkischen Chattuarier gehandelt hat. Die Dänen waren also offensichtlich, vom Meer her kommend, einen der Rheinarme aufwärts gefahren und hatten so den Norden der Teilherrschaft Theuderichs I. erreicht. Um die Eindringlinge zu vertreiben, schickte Theuderich seinen Sohn Theudebert »mit einem starken Heer« in jene Gegend. In den folgenden Kämpfen fiel der Dänenkönig, seine Gefolgsleute mußten abziehen.

523 vereinigten Chlodomer, Childebert und Chlothar ihre Streitkräfte, um das Reich der Burgunder zu überfallen, das sich damals vom Oberlauf der Loire im Westen über den Genfer See hinaus nach Osten bis zum Oberlauf der Rhône und von der durch die Ostgoten beherrschten Provence im Süden bis zum Bodensee, der Burgundischen Pforte und dem Plateau von Langres im Norden erstreckte. Nach anfänglichen Erfolgen wurden die Angreifer 524 von König Godomar schwer geschlagen, sie mußten sich zurückziehen. Chlodomer verlor in den Kämpfen sein Leben. Dieser frühe Tod eines der vier merowingischen Teilherrscher führte nun aber bezeichnenderweise nicht zu einer weiteren Aufsplitterung der Herrschaft im Frankenreich, sondern Theuderich, Childebert und Chlothar teilten sich im Erbe ihres Bruders. Theuderich erhielt die Civitates Troyes, Sens und Auxerre, Childebert die von Chartres, Orléans und Bourges, und Chlothar wurde ein Teil des aquitanischen Herrschaftsgebietes von Chlodomer zugesprochen. Die Erbansprüche von drei noch unmündigen Söhnen Chlodomers übergingen die Könige, und sie ließen auch keine vormundschaftliche Herrschaft der Witwe zu. Um weitere Erbansprüche ein für allemal auszuschließen, wurden zwei der Söhne Chlodomers umgebracht, der dritte gezwungen, Geistlicher zu werden. Er soll sich als Zeichen seines Verzichtes auf die Herrschaft selbst seine langen Locken abgeschnitten haben.

Die Motive, die dem harten Vorgehen der drei Teilherrscher gegen ihre Neffen zugrunde lagen, sind mit in der Literatur verbreiteten Hinweisen auf die den Merowingern eigene Machtgier und Blutrünstigkeit gewiß nur unzureichend erfaßt. Denn das unübersehbare Verlangen der drei Könige, ihre eigenen Teilherrschaften auszuweiten, deckte sich mit dem ebensowenig übersehbaren Bestreben, eine weitere Aufsplitterung der königlichen Gewalt zu verhindern, deren unvermeidliche Folge eine vorzeitige Schwächung des merowingischen Königtums gewesen wäre. Bedenkenlose Gewalt war lediglich das zeitgemäße Mittel, das eingesetzt wurde, um politische Ziele zu verwirklichen.

Es war eine Folge des Zusammentreffens der besonderen Expansivität des Frankenreiches und der explosiven Macht des Stammesverbandes der Thüringer, daß neben dem Reich der Burgunder gerade dieser Stammesverband die Aufmerksamkeit der merowingischen Teilherrscher im besonderen Maße auf sich zog. Die Thüringer hatten, nachdem sie sich um die Mitte des 5. Jahrhunderts aus der Gewalt der Hunnen gelöst hatten, einen politischen Verband gebildet, der an Stärke und Einfluß sehr bald die aller anderen zwischen Rhein und Elbe lebenden Germanen bei weitem übertraf. Die Thüringer waren die einzige der damals um den Niederrhein und zwischen Rhein und Elbe sitzenden germanischen Gruppierungen, die bereits vor 500 bis zur Bildung eines in einem Geschlecht erblichen Königtums gelangt war, das, den gesamten Stammesverband übergreifend, eine einheitliche Führung übte. Unter der Führung dieses Königtums erweiterten die Thüringer während der zweiten Hälfte des 5. Jahrhunderts ihren Herrschaftsanspruch so, daß er im Norden bis zur mittleren Elbe und in die Gegend des späteren Braunschweig, im Süden über den Thüringer Wald hinaus bis an den oberen Main reichte. Zeitweilig stießen Thüringer sogar bis in die Nähe der Donau vor. Um 480 wurde Passau von ihnen geplündert.

Die Machtbasis des Stammesverbandes lag im alten, schon früh erschlossenen Siedlungsland des Thüringer Beckens, vermutlich war Erfurt mit seiner Umgebung bereits damals von besonderer Bedeutung. Um 500 stand König Bisin an der Spitze der Thüringer. Er suchte durch weitreichende verwandtschaftliche Bindungen, politische Beziehungen zu anderen germanischen Verbänden herzustellen oder bereits bestehende Beziehungen zu festigen. Bisin selbst hatte Menia, die aus dem langobardischen Königshaus kam, zur Gemahlin, und sein Sohn Herminafrid heiratete 510 Amalaberga, eine Nichte des Ostgotenkönigs Theoderich. Diese Ehe sollte dazu beitragen, eine Partnerschaft zwischen Thüringern und Ostgoten zu festigen, die sich gegen die für beide damals bereits gleichermaßen bedrohliche Macht des fränkischen Reiches richtete.

Die politische Geschlossenheit des Stammesverbandes der Thüringer und seine Expansivität erwuchsen aus den Widersprüchen, die den ökonomischen und sozialen Zuständen im Inneren des Stammesverbandes eigen waren. Für diese Zustände war die Durchlöcherung der noch existierenden spätgentilgesellschaftlichen Verhältnisse durch ausgeprägte Erscheinungen frühklassengesellschaftlicher Natur charakteristisch. Neben ökonomisch unabhängigen, persönlich freien bäuerlichen Produzenten, die den größeren Teil der Bevölkerung ausmachten, gab es eine bedeutende Gruppe grundherrlich-adelsmäßig lebender lokaler Herrschaftsträger, die bereits deutliche Merkmale einer eigenständigen sozialen Schicht aufwies. Die Angehörigen dieser Schicht saßen auf Herrenhöfen und ließen den in ihrem Besitz stehenden Grund und Boden durch Unfreie bearbeiten, die, wohl in der Regel noch nicht mit einer selbständigen bäuerlichen Wirtschaft ausgestattet, als Knechte und Mägde an den Herrenhöfen gehalten wurden. Diese Herrenhöfe standen offensichtlich häufig abgesondert von den bäuerlich-dörflichen Siedlungen. Darauf läßt die isolierte Lage von Bestattungsplätzen schließen, auf denen die Toten mit entsprechendem sozialen Status und, getrennt von diesen, aber auf dem gleichen Gräberfeld, die zugehörigen Unfreien begraben worden sind. Die bedeutenden ökonomischen Ressourcen dieser grundherrlich-adelsmäßig lebenden Schicht hatten dazu geführt, daß an den herausragendsten dieser Herrenhöfe eine beachtliche handwerkliche Produktion konzentriert war. Töpferei, Goldschmiedekunst und Waffenfabrikation gehörten zu diesen Produktionszweigen. Auch die Handwerker standen in der Abhängigkeit der Herrenhöfe. Eine ungewöhnlich kostbare, bei Großörner in der Nähe von Hettstedt gefundene goldene Pferdetrense zeugt von der hohen Kunstfertigkeit dieses Handwerks, sie belegt aber zugleich auch den Reichtum, der sich um 500 in den Händen einiger Angehöriger dieser grundherrlich-adelsmäßig lebenden Schicht angesammelt hatte. Die Anfertigung kostbarer damaszierter Schwerter, deren Gebrauch damals in Thüringen auffallend verbreitet war, war möglicherweise völlig am Hof der Thüringerkönige konzentriert.

Eine Besonderheit des thüringischen Wirtschaftslebens jener Zeit, die sowohl von schriftlichen als auch von archäologischen Quellen bezeugt wird, hatte offensichtlich in der Bedeutung dieser grundherrlich-adelsmäßig lebenden Schicht ihre gesellschaftliche Basis. Die Thüringer waren wegen ihrer Pferdezucht berühmt, und das Pferd, vor allem aber das Reitpferd und das Streitroß, war damals zugleich Standessymbol und wichtiges Requisit einer solchen adelsmäßigen Lebensweise. Nicht zuletzt wegen dieser Bedeutung, die ihm als

Standessymbol zukam, wurde das Reitpferd zwar nicht nur bei den Thüringern, aber eben auch bei ihnen, häufig mit oder bei seinem toten Herrn bestattet. Im Machtbereich des Stammesverbandes der Thüringer ist bereits die hohe Zahl von mehr als fünfzig solcher Reiter- und Pferdegräber gefunden worden.

Es ist kaum zu übersehen, daß der Stammesverband der Thüringer im Verlaufe der zweiten Hälfte des 5. Jahrhunderts zu einem Ausmaß politischer Organisiertheit gelangt war, wie sie die Alamannen vor ihrer Unterwerfung durch die Franken überhaupt nicht, die Franken selbst aber erst im Gefolge jener Umwälzungen erreicht haben, die von der Eroberung des Syagrius-Reiches ausgelöst worden sind. Dieser auffallenden politischen Organisiertheit, die sich in der Existenz eines den gesamten Stammesverband übergreifenden Königtums sinnfällig manifestierte, entsprach die nicht weniger auffallende frühklassengesellschaftliche Differenzierung. Es ist vorstellbar, daß an der Ausbildung dieses offensichtlichen Entwicklungsvorsprunges neben einer Begünstigung durch die natürliche Umwelt auch eine Begünstigung beigetragen hat, die vorübergehend aus dem historischen Raum erwuchs, in dem sich die Entwicklung dieses Stammesverbandes vollzog, denn dieser historische Raum brachte es mit sich, daß die Thüringer des direkten und langanhaltenden Kontaktes entbehrten, den die Grenznachbarschaft zum *Imperium Romanum* für die fränkischen und alamannischen Kleinstämme nach sich zog. Sie entbehrten damit aber zugleich auch der ungeheuren Verluste und der beständigen Störungen von außen, denen jene anderen Stämme durch nicht enden wollende Kämpfe ausgesetzt waren.

Politische Organisiertheit, zeitweilige Explosivität und daraus resultierender weitreichender Herrschaftsanspruch sind Gründe gewesen, die die Aufmerksamkeit der expansiven Kräfte des fränkisch-merowingischen Reiches nach dem Tode Chlodwigs im besonderen Maße auf den Stammesverband der Thüringer und auf die Beseitigung seiner Selbständigkeit lenkten. Ein erster Versuch hierzu wurde von Theuderich I. nach 515 unternommen. Er ist wahrscheinlich durch die Machtkämpfe ausgelöst worden, die nach dem Tode des Königs Bisin zwischen dessen Söhnen Herminafrid, Berthachar und Baderich ausbrachen und Baderich und Berthachar das Leben kosteten. Zwischen einem Aufgebot Theuderichs I. und thüringischen Truppen kam es damals zu einer Schlacht, aber der Kriegszug endete mit einem Mißerfolg der fränkischen Angreifer. Einen zweiten Versuch, die Thüringer zu unterwerfen, wagten die Franken erst wieder, nachdem

Theoderich 526 gestorben und die Herrschaft der Ostgoten auf der Apenninhalbinsel in eine schwere Krise geraten war. Zwangsläufige Folge dieser Krise war, daß sich die Machtverhältnisse in den gotisch-fränkischen Kontaktzonen weiträumig zugunsten des Frankenreiches verschoben und seiner Expansivität auf diese Weise Vorschub geleistet wurde.

531 wurde der Angriff auf den Stammesverband der Thüringer schließlich von Theuderich I. wiederholt, und diesmal erhielt er durch Truppen seines Bruders Chlothar Unterstützung. Am Kriegszug nahm auch Theudebert, der Sohn Theuderichs, teil. Außerdem griffen die Sachsen in die Kämpfe ein, die bestrebt waren, ihren Machtbereich nach Süden in thüringisches Gebiet hinein auszudehnen. An der Unstrut erlitt das thüringische Heer eine vernichtende Niederlage. Gregor von Tours berichtet, es seien in dieser Schlacht so viele Thüringer getötet worden, »daß das Bett des Flusses von der Masse der Leichname zugedämmt wurde, und die Franken über sie, wie über eine Brücke, auf das jenseitige Ufer zogen«. Thüringen wurde furchtbar verwüstet, und bei der Eroberung des Königssitzes, über dessen genaue Lage es bis heute nur Vermutungen gibt, fielen den Eroberern beträchtliche Reichtümer in die Hände. Unter den Thüringern, die dem Gemetzel an der Unstrut entgingen, war ihr König Herminafrid. Es zeigt noch einmal die Geschlossenheit des Stammesverbandes, daß sich der König trotz der schweren Niederlage noch Jahre hindurch in seiner Stellung zu behaupten vermochte. Schließlich lockte ihn Theuderich aber in sein Herrschaftsgebiet, und hier wurde er 534 in Zülpich ermordet.

Radegunde, eine Tochter Berthachars, wurde nach der Schlacht an der Unstrut gemeinsam mit einem ihrer Brüder von Chlothar I. in seine Pfalz Athies in der Nähe von Saint-Quentin gebracht. Sie erwarb sich Verdienste um die Verbreitung des Christentums im Herrschaftsgebiet Chlothars, entfloh aber später wegen der Drangsalierungen des Königs und ließ sich in Noyon zur Nonne weihen. Schließlich gründete sie in Poitiers ein Frauenkloster, das sehr bald erhebliche Bedeutung erlangte. Während der zweiten Hälfte des 6. Jahrhunderts wurde dieses Kloster von merowingischen Prinzessinnen bevorzugt, die in den geistlichen Stand eintraten.

Mit den Ereignissen des Jahres 531 und der unmittelbar folgenden Zeit verloren die Thüringer ihre politische Selbständigkeit. Sie wurden dem fränkisch-merowingischen Reich einverleibt und mußten als Zeichen der Anerkennung ihrer Unterwerfung einen jährlichen

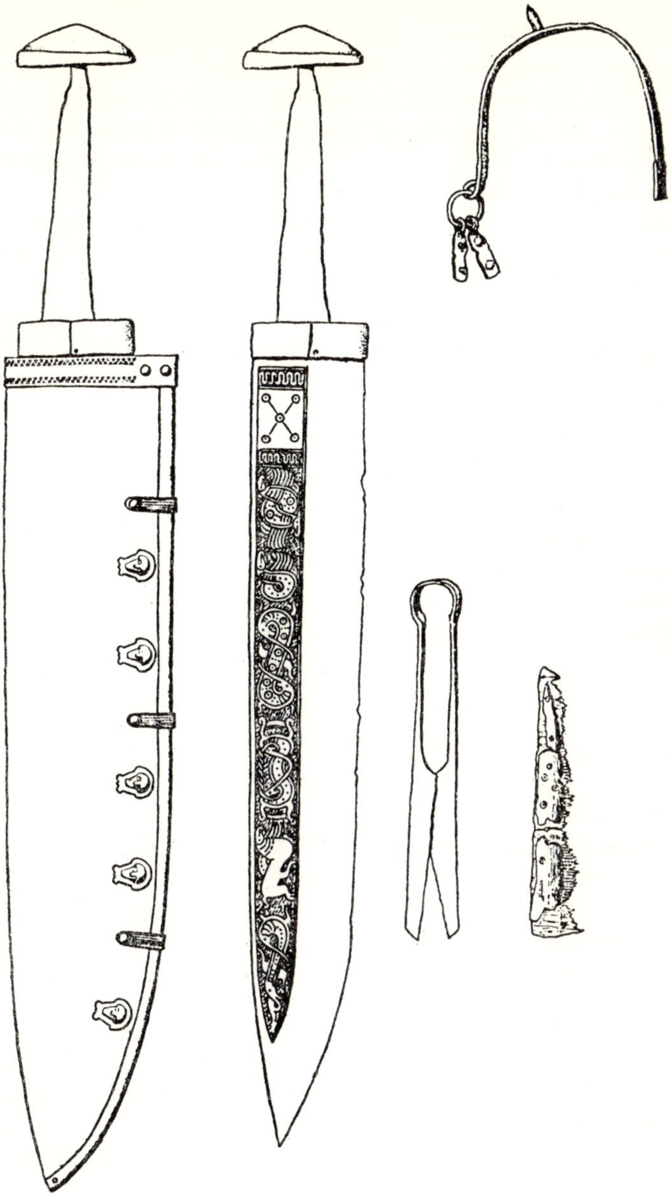

Abb. 6 Kurzschwert, Dolch, Gürtelschnalle, Schere und Sporn aus einem Männergrab. Lausanne, Schweiz

Schweinezins entrichten, der als besonders schimpflich galt. Der nördlich der Unstrut gelegene Teil Thüringens wurde damals den Sachsen überlassen. Bestimmte sprachgeschichtliche Erscheinungen deuten darauf hin, daß die sächsischen Siedler, die sich hier niederließen, aus Nordalbingien, das ist der zwischen Elbemündung und Eider gelegene Teil Holsteins, kamen. Gleich den unterworfenen Thüringern hatten auch sie den Franken einen jährlichen Tribut zu entrichten. Die fränkische Herrschaft hatte offenbar zunächst im besonderen Maße jenen Teil Thüringens zur Basis, der zwischen Unstrut und Thüringer Wald gelegen war. Die besondere Bedeutung, die dieses Gebiet bereits als Machtzentrum des Stammesverbandes der Thüringer besessen hatte, dürfte hierfür nicht ganz ohne Belang gewesen sein.

Ein Jahr, nachdem die Thüringer unterworfen worden waren, griffen Childebert I. und Chlothar I. ein zweites Mal das Reich der Burgunder an. Nach langwierigen Kämpfen unterlagen diesmal die Burgunder. Während dieser Kämpfe, nämlich entweder 533 oder 534, starb Theuderich I. Childebert I. und Chlothar I. versuchten zwar, die Nachfolge seines Sohnes, Theudeberts I., zu verhindern, aber Kriegserfahrung und politischer Einfluß, die Theudebert damals bereits im beträchtlichen Maße besaß, setzten ihn in den Stand, sein Erbe zu behaupten. Nachdem die Kämpfe um Burgund 534 endgültig beendet worden waren, wurde das eroberte Reich unter den Siegern geteilt. Theudebert I. trat hierbei, obwohl sein Vater sich nicht am Krieg beteiligt hatte, als gleichberechtigter Partner auf. Er erhielt den Norden des Burgunderreiches mit Langres, Autun, Besançon und Sion im Südwesten der heutigen Schweiz. Seine Teilherrschaft übertraf jetzt die seiner beiden Mitkönige sowohl an Größe als auch an Geschlossenheit erheblich. Childebert I. wurde der zentrale Teil des Burgunderreiches mit Lyon und Mâcon zugesprochen. Chlothar müßte also die Herrschaft über den Süden des ehemaligen Burgunderreiches erlangt haben.

Obwohl die Burgunder mit der Niederlage von 534 ihre politische Selbständigkeit verloren hatten, behielten sie gleich den Alamannen und den Thüringern ihr eigenes Stammesrecht. Sie nahmen fortan an den kriegerischen Unternehmungen der Frankenherrscher mit eigenem militärischem Aufgebot teil, hatten aber ebenfalls einen Tribut zu entrichten.

Die Folgen der Eroberung des Burgunderreiches erschöpften sich jedoch nicht in einer, wenngleich beträchtlichen, räumlichen Erweiterung des Frankenreiches, sondern durch diesen Vorstoß nach Südosten wurden zugleich wesentliche Voraussetzungen für weiterreichende expansive Unternehmungen geschaffen: Im Süden konnte die Eroberung der Provence jetzt nur noch eine Frage der Zeit sein, und im Osten und Südosten war die Basis sowohl für eine Ausweitung des fränkisch-merowingischen Einflußbereiches über das alamannische Stammesgebiet hinaus als auch für das kriegerische Eingreifen auf der Apenninhalbinsel gegeben.

Nach dem Tode Theoderichs des Großen nutzten oströmische Truppen die Krise der ostgotischen Herrschaft zu einem großangelegten Angriff auf das Reich der Ostgoten. 536 eroberte der oströmische Feldherr Belisar, der von Kaiser Justinian I. mit einem Heer von Nordafrika nach Italien beordert worden war, die Stadt Rom. Ein Jahr später trat der damalige König der Ostgoten, Witigis, die Provence an die Franken ab, um ihre Hilfe gegen Ostrom zu erkaufen. Die fränkische Herrschaft erreichte damit die Küste des Mittelmeeres. Das Hilfsersuchen der Ostgoten bot den expansiven Kräften des Frankenreiches zwar den Anlaß, in die Kämpfe auf der Apenninhalbinsel einzugreifen, aber es zeigte sich sehr bald, daß es keineswegs ihre Absicht war, die bedrängten Ostgoten zu unterstützen. 539 fiel Theudebert I., nachdem er Rätien, soweit es damals noch in ostgotischer Hand war, mit seinen wichtigen Alpenpässen in seine Gewalt gebracht hatte, mit einem Heer, das 100000 Mann stark gewesen sein soll, in Oberitalien ein. Er gelangte nach Pavia, überschritt den Po und griff zuerst die überraschten ostgotischen und dann die nicht weniger überraschten oströmischen Truppen an. Bald darauf wurde Genua von den Truppen Theudeberts erobert. In der Folgezeit dehnten die Franken ihre Macht über einen erheblichen Teil Oberitaliens aus, sie erreichten zeitweilig die Umgebung von Venedig. In den Quellen finden sich Nachrichten, die darauf hindeuten, daß Theudebert sich mit dem Gedanken eines Angriffes auf Konstantinopel trug. Um seine expansive Politik gegen Bedrohungen durch das Oströmische Reich zu sichern, trat er in Verhandlungen mit Justinian I. ein, knüpfte aber zugleich auch Beziehungen zu den Gepiden an, die damals ein weitläufiges Gebiet südlich und westlich der Karpaten beherrschten. Den Langobarden, die um diese Zeit in der ungarischen Tiefebene saßen, suchte er sich durch eine Eheverbindung anzunähern. Er verstieß um 537 seine gallo-römische Gattin Deoteria und heiratete Wisigarde, eine Tochter des Langobardenkönigs Wacho.

Sowohl zeitlich als auch räumlich in Beziehung zu den weit ausgreifenden italienischen Unternehmungen Theudeberts I. standen Vorgänge, die im Endergebnis zu einer beträchtlichen Ausweitung des fränkischen Herrschaftsgebietes im Rücken der Alamannen führten.

In das Gebiet zwischen oberer Donau und Enns, das ehemalige römische *Noricum*, waren seit dem 5. Jahrhundert Germanen aus unterschiedlichen Richtungen eingewandert. Zu ihnen gehörten Zuwanderer, die über den Bayrischen Wald aus Böhmen kamen, sowie Langobarden, die von der ungarischen Tiefebene nach Westen drängten. Hinzu kamen aus westlicher Richtung einsickernde Alamannen. Aus diesen Gruppierungen und aus romanischen Bevölkerungsresten, die sich in den Alpentälern, am Fuße der Alpen und an einigen befestigten Plätzen, darunter Regensburg, Passau, Linz, Salzburg und Innsbruck, über den Zusammenbruch der römischen Herrschaft hinaus gehalten hatten, ist der Stammesverband der Bayern entstanden. Er war um die Mitte des 6. Jahrhunderts bereits ausgebildet, denn um diese Zeit werden die *Bajuvarii*, die Bayern, erstmalig in den schriftlichen Quellen erwähnt. Annähernd zur gleichen Zeit geriet dieser Verband unter fränkische Herrschaft, jedoch sind die Einzelheiten dieses Vorganges nicht bekannt. Es spricht aber manches dafür, daß es auch hier Theudebert I. gewesen ist, der den fränkischen Einfluß nach Osten bis an die Grenze Pannoniens ausweitete und dabei den gerade entstehenden Stammesverband der Bayern unterwarf. Der erste mit Namen bekannte bayrische Herzog ist der Arnulfinger Garibald I., der von etwa 550 bis 590 amtierte. Es ist nicht zu entscheiden, ob er fränkischer, burgundischer oder langobardischer Herkunft war. Sicher ist aber, daß es die fränkischen Machthaber gewesen sind, die 592 Tassilo I. in Bayern als Herzog einsetzten.

Die sozialökonomischen Verhältnisse

Das Frankenreich der Merowinger befand sich um die Mitte des 6. Jahrhunderts auf der Höhe seiner Macht. Seine Grenzen umfaßten einen erheblichen Teil West- und Mitteleuropas. Sie verliefen im Westen vom Gebirgszug der Pyrenäen bis zur Mündung des Rheins entlang der Atlantikküste. Ausgenommen hiervon war nur jener Küstenabschnitt, der sich von der Mündung der Loire bis zum Golf von Saint-Malo erstreckte, da es nicht gelang, die Bretagne dem Frankenreich wirklich einzuverleiben. Im Süden bildeten etwa seit 540 die Pyrenäen die Grenze zum Reich der Westgoten, denen es nach dem

Tode Chlodwigs I. zunächst gelungen war, ihre Herrschaft wieder nach Norden vorzuschieben. Sie eroberten Rodez zurück und waren möglicherweise vorübergehend auch wieder im Besitz von Toulouse. 531 eröffnete Childebert I. jedoch mit einem Zug, der bis in die Nähe von Barcelona führte, den Krieg gegen die Westgoten. Einen Anlaß zu diesem Feldzug boten die Mißhelligkeiten, denen sich Chlothilde wegen ihres katholischen Glaubensbekenntnisses durch ihren dem Arianismus anhängenden Gatten Amalarich ausgesetzt sah. Amalarich wurde in den Kämpfen getötet, und Childebert wollte seine Schwester mit in das Frankenreich nehmen, aber »sie starb durch irgendeinen Unfall«, bevor das Herrschaftsgebiet Childeberts erreicht worden war. Die Tote wurde nach Paris gebracht und dort an der Seite ihres Vaters bestattet.

In den folgenden Jahren wurden im Verlaufe mehrerer Kriegszüge, an denen neben Childebert I. auch Chlothar I. und Theudebert I., der im Auftrag und mit Billigung seines Vaters Theuderich I. in diese Kämpfe eingriff, beteiligt waren, das gesamte Vorland der Pyrenäen einschließlich der Gascogne unter fränkische Gewalt gebracht. Nur der Küstenstreifen, der sich von Narbonne bis zum Rhônetal erstreckt, blieb in den Händen der Westgoten. Seit der römischen Herrschaft trug dieser Küstenstreifen den Namen Septimanien. Im Osten reichte der fränkische Machtbereich um die Mitte des 6. Jahrhunderts bis in die Nähe von Elbe, Saale, oberen Main und Enns. Da die Eroberungen auf der Apenninhalbinsel wieder aufgegeben werden mußten, nachdem Theudebert I. 548 gestorben war, bildeten im Südosten die Alpen weithin die Grenze des Merowingerreiches. Nördlich und nordöstlich des salfränkischen Siedlungsgebietes und der *Francia Rinensis* hatten Friesen und Sachsen ihre politische Unabhängigkeit weitgehend bewahrt, so daß sich die Grenze des Merowingerreiches hier mit der nördlichen und der nordöstlichen Grenze der salischen und der rheinischen *Francia* deckte.

Dieses Frankenreich der Merowinger war um die Mitte des 6. Jahrhunderts nicht nur der größte, sondern vor allem auch der stabilste Staat des westlichen und mittleren Europa, und es war zudem der einzige, der dem Oströmischen Reich im europäisch-vorderorientalischen Raum zu jener Zeit an Einfluß ebenbürtig war. Sowohl seine damalige räumliche Ausdehnung als auch die Eigenart seiner sozialökonomischen und politischen Verhältnisse lassen es geboten erscheinen, dieses staatlich-politische Gebilde als frühfeudales Großreich zu charakterisieren.

Es gehört zum Wesen solcher Großreichbildungen, daß sie sowohl ethnisch-sprachlich als auch ökonomisch, sozial und kulturell sehr unterschiedlich beschaffene historische Räume zusammenzwangen. Die benachbarte Existenz solcher Räume gab das gesellschaftliche Umfeld ab, aus dem die großreichbildenden und -tragenden Kräftekonstellationen erwuchsen, und ihr gewaltsamer Zusammenschluß setzte zugleich die fortschrittsfördernden Wirkungen frei, die diesen Großreichbildungen zu eigen waren. Diese Existenzbedingungen frühfeudaler Großreiche bildeten aber zugleich auch die Basis ihres unvermeidlichen Zerfalls, da sie den Bestand solcher Reiche notwendigerweise im hohen Maße an die Stärke des Königtums und an seine Fähigkeit, Macht gestützt auf gegensätzliche soziale Kräfte handhaben zu können, sowie an eine weitgehend einheitlich handelnde politische Führungsschicht banden.

Innerhalb des Frankenreiches der Merowinger standen um die Mitte des 6. Jahrhunderts dem überwiegend germanisch besiedelten, noch wenig oder gar nicht christianisierten Norden und Osten die vorzugsweise von einer gallo-römischen Bevölkerung bewohnten mittleren und südlichen Reichsteile gegenüber, und neben Gebieten, die über Jahrhunderte fester Bestandteil des *Imperium Romanum* gewesen waren, gab es andere, die immer am Rande jener Klassengesellschaft geblieben oder doch nur kurzfristig unter ihre politische Gewalt geraten waren. Es war eine Folge dieser sehr verschiedenartigen historischen Schicksale, daß den ethnisch-sprachlich divergierenden Reichsteilen großräumig historische Landschaften mit nicht weniger divergierenden ökonomischen, sozialen, politischen und kulturellen Verhältnissen entsprachen. Auf dieser ökonomischen, sozialen, politischen und kulturellen Divergenz basierte vor allem die während der zweiten Hälfte des 6. Jahrhunderts einsetzende Ausbildung der fränkisch-merowingischen Teilreiche. Sie wurde jedoch durch die ethnisch-sprachlichen Verschiedenheiten deutlich akzentuiert.

Über die ökonomischen, sozialen, rechtlichen und politischen Verhältnisse des überwiegend germanisch besiedelten Nordens und Ostens des Reiches geben neben archäologischen Zeugnissen schriftliche Quellen Auskunft. Diese Quellen reflektieren für die etwa bis zur Mitte des 6. Jahrhunderts reichende frühmerowingische Zeit eine dörflich-agrarische Gesellschaft, die noch weithin auf der Leistung ökonomisch unabhängiger, noch nicht in grundherrliche Verhältnisse einbezogener bäuerlicher Produzenten basierte. Die Arbeit dieser Produzenten war auf die möglichst weitgehende Eigenversorgung der bäuerlichen Familienkollektive orientiert, sie schloß deshalb notwendige handwerkliche Tätigkeiten im beträchtlichen Ausmaß mit ein. Neben den freien bäuerlichen Produzenten, die den größeren Teil der Bevölkerung ausmachten, gab es grundherrlich-adelsmäßig lebende Gruppierungen, deren Existenz auf der bevorrechteten Ausstattung mit Grundbesitz und der auf diesem Vorrecht beruhenden Aneignung eines von fremden Arbeitskräften erarbeiteten Mehrproduktes basierte. Aneignung von Kriegsbeute, Tributen und gewöhnlicher Raub förderten diese nicht an eigene Arbeitsleistung gebundene Art der Bereicherung zusätzlich. Sowohl das Ausmaß der Abschichtung solcher Gruppierungen als auch ihr jeweiliges politisches Gewicht wiesen jedoch regional erhebliche Unterschiede auf.

Eine der wichtigsten, wenn nicht d i e wichtigste schriftliche Quelle, die über ökonomische, soziale, rechtliche und politische Verhältnisse der frühen Merowingerzeit Auskunft gibt, ist die *Lex Salica*, das „Salische Gesetz«. Die *Lex Salica* stellt eine Aufzeichnung geltenden Gewohnheitsrechtes dar, wie es um 500 von den Franken praktiziert worden ist. Ihre älteste Fassung ist wahrscheinlich während der letzten Jahre der Herrschaft Chlodwigs und vielleicht sogar auf Veranlassung dieses Königs entstanden. Sie wurde später wiederholt durch Überarbeitungen und Zusätze den inzwischen veränderten gesellschaftlichen Zuständen angepaßt. Die *Lex Salica* ist, wie übrigens die Aufzeichnungen der meisten anderen germanischen Stammesrechte auch, in sogenannte Titel gegliedert. Viele dieser Titel beschäftigen sich mit der Ahndung von Straftaten aus dem ländlich-dörflichen Milieu.

Die älteste Fassung der *Lex Salica* läßt noch kein vollständig ausgebildetes Eigentum am Hauptproduktionsmittel der Feudalgesellschaft, dem Grund und Boden, erkennen. Das Allod als frei veräußerliches Grundeigentum war noch im Entstehen begriffen, jedoch gab es bereits ein abgestuftes Nutzungsrecht, das die Möglichkeit des Vererbens bei bestimmten Ländereien einschloß. Am deutlichsten war dieses individuelle Nutzungsrecht an der Hofstelle ausgebildet. Sie stand bereits in der uneingeschränkten Nutzung der Groß- beziehungsweise der Kleinfamilie, war also faktisch frei vererbbar. Ihre und vor allem die Sicherheit und Unverletzlichkeit des Wohnhauses waren besonders geschützt. Für Verbrechen, die an den Besitzern oder ihrem Eigentum an der beweglichen Habe innerhalb der Hofstelle begangen worden waren, setzte die *Lex Salica* erhöhte Strafen fest.

Nach den Auskünften der *Lex Salica* lebten die Franken in der

Regel auf größeren Gehöften, die neben dem Wohnhaus eine Anzahl anderer Gebäude umfaßten. Zu diesen Gebäuden zählten Getreidespeicher, Stallungen sowie eingetiefte Hütten, die sogenannten Grubenhäuser. Das gesamte Gehöft war von einem Zaun umschlossen. Die ursprünglich von den Franken bevorzugte Form des Wohnhauses dürfte das Wohnstallhaus gewesen sein. Gehöfte, bei denen Wohnhaus und Stallungen bereits getrennt waren, sind wahrscheinlich eine jüngere Erscheinung.

Den Angaben der *Lex Salica* ist zu entnehmen, daß neben der Hofstelle auch das Ackerland bereits in erblicher Nutzung der einzelnen Höfe stand, jedoch waren der Vererbbarkeit dieses Landes noch bestimmte Grenzen gesetzt. Es durfte nur an männliche Nachkommen eines Hofbesitzers übergehen. Die Töchter waren vom Erbe am Grund und Boden ausgeschlossen. Starb ein Hofbesitzer söhnelos, so fiel das Nutzungsrecht an die bäuerliche Gemeinde zurück. Es finden sich Strafbestimmungen für mehrere Vergehen, die das Nutzungsrecht eines Hofbesitzers an seinem Ackerland beeinträchtigen konnten. Hierzu gehörte das willkürliche Verändern von Feldbegrenzungen, das Pflügen eines fremden Feldes ohne Erlaubnis seines Besitzers, die Aussaat auf einem fremden Acker sowie das Befahren eines Ackers, der bereits bestellt war.

Wald, Weiden, Gewässer, Wege und Ödländereien waren noch der Aufsicht der Gesamtheit der bäuerlichen Gemeinde unterworfen. Dem einzelnen Hofbesitzer stand auch hier ein Nutzungsrecht zu, es wurde jedoch von der Gesamtheit der Hofbesitzer geregelt. Die Aussagen der ältesten Fassung der *Lex Salica* widerspiegeln also Abstufungen der Nutzungs- oder Besitzrechte, die von der Nutzungsweise des Landes bestimmt wurden. Deutlich ist, daß die Rechte eines Hofbesitzers an den am intensivsten genutzten Teilen des Grund und Bodens sich dem Eigentum bereits am weitesten angenähert hatten. Aber es gab noch kein uneingeschränktes Verfügungsrecht, das Kauf, Verkauf, Schenkung, Tausch und die Freiheit der testamentarischen Verfügung eingeschlossen hätte. Kauf und Verkauf von Land werden in der *Lex Salica* nicht erwähnt.

Mit den Eigentums- und Besitzverhältnissen korrespondierte die Organisation der bäuerlichen Gemeinde. Der freie fränkische Bauer arbeitete und lebte in einem genossenschaftlichen Verband, der von den Hofbesitzern einer, mitunter aber auch mehrerer benachbarter Siedlungen gebildet wurde. Von der *Lex Salica* werden diese Gemeindemitglieder als *vicini*, als Nachbarn, bezeichnet. Eine solche

Gemeinde wurde von allen freien bäuerlichen Produzenten gebildet, die gemeinsam siedelten. Für diese Gemeinde war also nicht mehr die verwandtschaftliche, sondern die territoriale Nähe bestimmend. Karl Marx bezeichnet sie als Ackerbaugemeinde. Die Gemeinde vertrat und wahrte den kollektiven Anspruch der Gesamtheit der Hofbesitzer am Grund und Boden. Sie besaß ursprünglich das wichtige Recht, über den Zuzug Fremder in ihre dörfliche Siedlung zu entscheiden. Die Nachbarn konnten gegen einen solchen Zuzug Einspruch erheben. Erfolgte ein solcher Einspruch auch nur von einem der *vicini*, so mußte der Neuankömmling das Dorf spätestens nach dreißig Tagen wieder verlassen. Erfolgte binnen zwölf Monaten ein solcher Einspruch nicht, so konnte er »sicher wie auch die anderen Nachbarn« in der Siedlung bleiben. Dieses Recht des Einspruchs gegen den Zuzug von Neuankömmlingen gab den Hofbesitzern die Möglichkeit, sich gegen eine Beeinträchtigung ihrer Nutzungsrechte zur Wehr zu setzen. Mit dem grundlegenden Wandel, der als Folge der Eroberung des Syagrius-Reiches in der Stellung des Königtums eingetreten war, erfuhr dieses Einspruchsrecht jedoch eine aufschlußreiche Einschränkung: Es wurde außer Kraft gesetzt, wenn der Zuziehende einen Einweisungsbefehl des Königs, also Chlodwigs, besaß und vorwies. Widersetzte sich einer der Hofbesitzer trotzdem dem Zuzug, so hatte er die hohe Buße von zweihundert *solidi* zu erbringen.

Die *Lex Salica* unterscheidet mehrere Rechtsstände, die zwar nicht mit sozialen Klassen oder Schichten identisch waren, aber eine soziale Ungleichheit doch erkennbar werden lassen. Der höchste dieser Rechtsstände war der des *ingenuus* oder *francus*, das war der persönlich freie, politisch vollberechtigte Franke. Ihm stand der höchste Wergeldsatz, zweihundert *solidi*, zu. Sie mußten gezahlt werden, wenn ein *ingenuus* getötet worden war. Nur die Antrustionen, die Gefolgsleute des Königs, waren durch einen höheren Wergeldsatz geschützt. Er betrug das Dreifache des Freienwergeldes. Neben den Freien nennt die *Lex Salica* die Liten sowie die *servi*, letztere sind die Sklaven oder Knechte. Beide waren von einem *dominus*, einem Herrn, abhängig. Das Wergeld des Liten betrug die Hälfte des Freienwergeldes, nämlich einhundert *solidi*. Für die Tötung eines Sklaven, der als Eigentum seines Herrn galt, war eine Buße von sechsunddreißig *solidi* zu zahlen. Beide Rechtsstände, nämlich sowohl der des Liten als auch der des Sklaven, wiesen also einen gegenüber dem der freien Franken erheblich geminderten Rechtsschutz auf, jedoch besaß der

Lite Rechte, die seine gesellschaftliche Stellung deutlich von der des Sklaven abhob. Er durfte Waffen tragen und besaß die Möglichkeit, in der Gerichtsversammlung, dem *mallus*, aufzutreten. Der Lite war also, wenn auch im begrenzten Maße, an der Regelung öffentlicher Angelegenheiten beteiligt. Er konnte Eigentum an beweglichem Gut erwerben, jedoch war er in der Regel wohl nicht in der Lage, in der Dorfgemeinde als selbständiger und vollberechtigter Hofbesitzer aufzutreten. Der Lite hatte seinem Herrn eine besondere Abgabe, das *litimonium*, zu entrichten. Im Gegensatz zum Liten war der Servus nur in sehr begrenztem Maße und zudem nur in Angelegenheiten, die seine eigene Person betrafen, rechtsfähig. Er konnte Körperstrafen unterworfen werden, und in den Rechtssätzen der *Lex Salica* läßt sich zudem eine Tendenz erkennen, die Schädigung eines Sklaven der von Sachen oder Tieren anzunähern. Die gesellschaftliche Stellung der Sklaven wies Unterschiede auf. Ein Teil der *servi* war bereits in der Art feudalabhängiger Bauern mit einem Hof ausgestattet, den sie selbständig bewirtschafteten. Solche Sklaven waren ihrem Leibherrn zu Abgaben und Diensten verpflichtet. Sie werden später in den Quellen häufig als *servi casati*, als »behauste Sklaven«, bezeichnet. Ihre Abhängigkeit war naturgemäß weniger streng als die jener Knechte oder Mägde, die auf dem Hof ihres Herrn lebten und das zu diesem Hof gehörende Land zu bearbeiten hatten. Außer diesen beiden Gruppen gab es die *vassi ad ministerium.* Das waren abhängige Leute, die zu persönlichen Diensten im Herrenhaus eingesetzt wurden. Sie waren durch ein höheres Wergeld als die übrigen Sklaven geschützt. Ihre Stellung näherte sich der der Liten.

Es ist offensichtlich, daß die älteste Fassung der *Lex Salica* mit der Gesamtheit ihrer Rechtssätze Zustände reflektiert, die sowohl wegen der Eigenart ihrer sozialökonomischen Verhältnisse als auch wegen ihrer gesellschaftlichen Organisationsformen die Spaltung der Gesellschaft in antagonistische Klassen dauerhaft behindern mußten. Das Gesetz reflektiert aber nicht weniger die Tatsache, daß die im frühen 6. Jahrhundert bei den Franken herrschenden Rechtsgewohnheiten der Möglichkeit zur sozialen Differenzierung einen, allerdings begrenzten, Raum boten. Die erbliche Nutzung des ökonomisch wichtigsten Teils des Grund und Bodens war für diese Möglichkeit von existentieller Bedeutung. Sie wurde in ihrer die Ungleichheit zwangsläufig fördernden Wirkung zudem durch den fortschreitenden Zerfall der Großfamilie begünstigt. Da die Großfamilie als Produktionskollektiv von der auf individuellem Besitz basierenden Kleinfamilie verdrängt worden war, lockerten sich allmählich auch die Sippenbindungen. Wesentliche Folge dieses Vorganges war ein Anwachsen der sozialen Unsicherheit. Sie bildete das gesellschaftliche Milieu, das Kriegsdienst und andere königliche Forderungen zu Belastungen werden ließ, von denen im wachsenden Maße eine Gefährdung der ökonomischen Unabhängigkeit der bäuerlichen Produzenten ausging.

In ihren Grundzügen werden die Aussagen der *Lex Salica* durch Ergebnisse gestützt, die für das salfränkische Siedlungsgebiet in den letzten Jahrzehnten von der Archäologie erarbeitet worden sind. Diese Ergebnisse zeigen zudem, daß die Ausbildung grundherrschaftlich-feudaler Verhältnisse in diesem Gebiet von Süden nach Norden fortschritt, daß sie also von den zuletzt durch die Salier in Besitz genommenen Landstrichen ihren Ausgang nahm. Erst von hier griffen diese Verhältnisse auf die Gebiete der frühesten salfränkischen Landnahme über.

Die genannten Forschungen haben für das nördlich von Maas und Rhein gelegene fränkische sowie für das unmittelbar anschließende friesische Siedlungsgebiet zu der Einsicht geführt, daß in diesem Raum während der frühen Merowingerzeit und noch darüber hinaus dörfliche Siedlungen vorherrschten, deren Charakter von frei wirtschaftenden bäuerlichen Familienbetrieben bestimmt war. Die in den genannten Gebieten aufgedeckten und untersuchten Gehöfte bestanden in der Regel aus mehreren Gebäuden, die ohne erkennbare Ordnung über ein weiträumiges Hofgelände verstreut standen. Die Tatsache, daß das einzelne Gehöft durch einen Flechtzaun nach außen abgeschirmt war, korrespondiert mit den verfestigten Besitzrechten an der Hofstelle, wie sie die *Lex Salica* erkennen läßt. Beherrschendes und zugleich größtes Gebäude des einzelnen Gehöftes war das ebenerdige Wohnstallhaus, das Wohnräume und Stallungen unter einem Dach vereinigte. Außer diesem Wohnstallhaus gehörten eine Scheune zur Lagerung von Getreide und häufig auch ein auf Pfählen errichteter überdachter, aber ringsherum offener Stapelplatz, eine sogenannte Heuberge, zum Gehöft. Die Archäologen stießen zudem regelmäßig wenigstens auf ein, mitunter aber auch auf zwei oder noch mehr Grubenhäuser. Diese Grubenhäuser waren durchweg nicht sehr groß, und sie konnten nicht beheizt werden. Sie wurden also nicht für Wohnzwecke genutzt. Gefundene Webgewichte, Standspuren von Webstühlen, Knochenreste und Tonscherben lassen klar erkennen, daß diese Grubenhäuser handwerklichen Tätigkeiten dienten. Sie sind die Zeugen eines entwickelten bäuerlichen Nebengewerbes, von dem

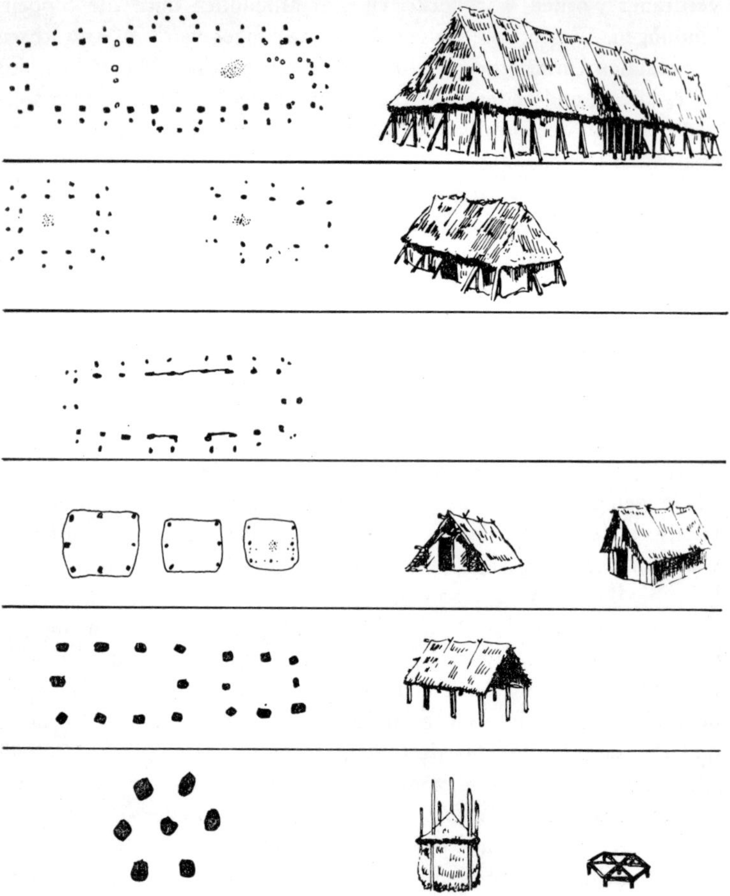

Abb. 7 Gebäude der Siedlung Warendorf, BRD. 7.–8. Jh.: Wohnstallhaus, Scheune, Grubenhaus, Speicher, Heuberge

in zunächst betont naturalwirtschaftlicher Weise lebensnotwendige Erzeugnisse von und für die bäuerlichen Familien hergestellt worden sind. Bei den untersuchten Gehöften fanden sich keinerlei Hinweise auf die Nutzung fremder Arbeitskräfte, und es fehlten auch andere Indizien, die als Zeichen ausgeprägter Besitzunterschiede gedeutet werden könnten. Diese Gehöfte dienten offensichtlich bäuerlichen

Familienkollektiven als Wohn- und Produktionsstätten, die ohne Nutzung fremder Arbeitskräfte auskamen, selbst aber auch noch nicht in einen grundherrschaftlichen Wirtschaftsverband einbezogen waren. Die untersuchten dörflichen Siedlungen sind anscheinend zumeist von einem größeren Hof oder von einer kleinen Gehöftgruppe ausgehend ohne erkennbare Ordnung allmählich gewachsen. Ihre Entwicklung deutet darauf hin, daß die ursprüngliche Siedlung von einer Großfamilie angelegt worden ist. Diese Familie gliederte sich wohl erst allmählich in Kleinfamilien auf, die dann eigene Gehöfte bewirtschafteten.

Ein von den im nördlichen Teil des salfränkischen Siedlungsgebietes vorherrschenden Verhältnissen deutlich abweichendes Bild förderten dagegen Untersuchungen zutage, die in der Umgebung von Cambrai und Tournai durchgeführt worden sind. Hier stießen die Wissenschaftler auf die Fragmente einer merowingerzeitlichen Siedlung, die durch gehäuft auftretende Grubenhäuser auffielen. Im Unterschied zu den weiter nördlich aufgedeckten waren diese jedoch für Wohnzwecke genutzt worden, dienten also nicht mehr als Arbeitsräume für das bäuerliche Nebengewerbe. Es liegt nahe, in ihnen die Behausungen abhängiger Arbeitskräfte zu sehen, und sie sind deshalb ebenso wie die in anderen Siedlungen ebenfalls gehäuft auftretenden verhältnismäßig kleinen Wohnstallhäuser als Bauten gedeutet worden, die einst zu den Gehöften von Hintersassen, das heißt also von feudalabhängigen bäuerlichen Produzenten, gehört hatten.

In der ältesten Fassung der *Lex Salica* wird kein gesonderter Rechtsstand erwähnt, der, im Sinne eines Geburtsstandes, durch besondere Rechte hervorgehoben, über dem der *ingenui*, also der vollberechtigten freien Franken, gestanden hätte. Es kann jedoch keinem Zweifel unterliegen, daß um die Mitte des 6. Jahrhunderts die Ausbildung einer grundherrlich-adelsmäßig lebenden sozialen Schicht bei den Franken bereits im vollen Gange war. Die *Lex Salica* deutet diesen Vorgang mit ihren Bestimmungen über die *domini*, in deren Dienst abhängige Arbeitskräfte standen, selbst an. Diese Herren von Liten und Unfreien saßen zumeist auf großen Höfen, waren aber nicht mehr in der Art bäuerlicher Produzenten materieller Güter mit der Produktion befaßt, sondern nutzten für diese die Arbeitsleistungen ihrer Knechte und Mägde. Königliche Erlasse, die von den Söhnen Chlodwigs I. herrühren, sprechen zudem von den *potentes*, also von den Mächtigen, und den *optimates* ihrer Teilherrschaften. Ein Dekret Chlothars I. macht Ausführungen zu den *potentes*, deren Besitz in »verschiedenen Gegenden« seiner Teilherrschaft lag. Diese *potentes* verfügten also über Ländereien, die über einen größeren Raum verstreut waren. An der Entstehung solcher aufgesplitterten Besitzkomplexe hatten die Könige mit ihren Landschenkungen einen erheblichen Anteil. Sie förderten diesen Prozeß aber auch, indem sie Männer aus ihrer Umgebung mit staatlich-politischen Ämtern in einem mehr oder weniger ausgedehnten Gebiet ihrer Teilherrschaften betrauten. Das Grafenamt ist hier an erster Stelle zu nennen. Jedoch war diese grundherrlich-adelsmäßig lebende soziale Schicht damals noch nicht im gesamten fränkisch-germanisch besiedelten Norden und Nordosten gleichermaßen stark verankert. Sie trat in der politischen Kernlandschaft sowie in jenen Landschaften des Reiches besonders hervor, die für die Beherrschung der Gesamtheit des Reichsgebietes besondere Bedeutung besaßen, und es gab Randzonen königlicher Herrschaftsübung, bis zu denen ihre Vertreter damals noch kaum vorgedrungen waren.

Den gesellschaftlichen Verhältnissen, vor allem aber den in der landwirtschaftlichen Produktion vorherrschenden Organisationsformen sowie ihren Besitz- und Eigentumsverhältnissen, entsprachen die von den arbeitenden Menschen in frühmerowingischer Zeit vorzugsweise benutzten Ackerbaugeräte sowie die praktizierten Feldwirtschaftsformen. Verbreitet war der Dauerackerbau, jedoch wurde er von der Viehhaltung an wirtschaftlicher Bedeutung noch immer übertroffen.

Der Bearbeitung des Bodens dienten einfache Arbeitsgeräte, deren Effektivität eine begrenzte war. Noch während der gesamten Merowingerzeit war der hölzerne Haken das weitaus am häufigsten benutzte Pfluggerät. Dieser Haken besaß zwar vielfach bereits eine eiserne Schar, sie war jedoch zumeist von geringer Größe. Da die Bearbeitungstiefe solcher Haken kaum mehr als zwanzig Zentimeter betrug, war der Pflüger mit seinem Gespann gezwungen, das Feld über Kreuz, also zweimal, zu pflügen. Noch in der *Lex Baiuvariorum*, dem nicht vor dem 7. Jahrhundert aufgezeichneten Stammesrecht der Bayern, wird von den Pflügenden gefordert, daß sie den Acker »in longo« und »in traverso« zu pflügen hätten. Für diese Art des Pflügens waren deshalb kurze, breite Äcker, die sogenannten Blockfluren, vorteilhaft. Den viel effektiveren Bodenwende- oder Beetpflug, der, wie sein Name besagt, den Boden nicht nur auflockerte, sondern auch wendete und deshalb das doppelte Pflügen überflüssig machte, haben die Franken möglicherweise im nördlichen Gallien kennengelernt. Sichere Beweise für eine Übernahme dieses Geräts bereits in merowingischer Zeit konnten bis heute aber nicht erbracht werden.

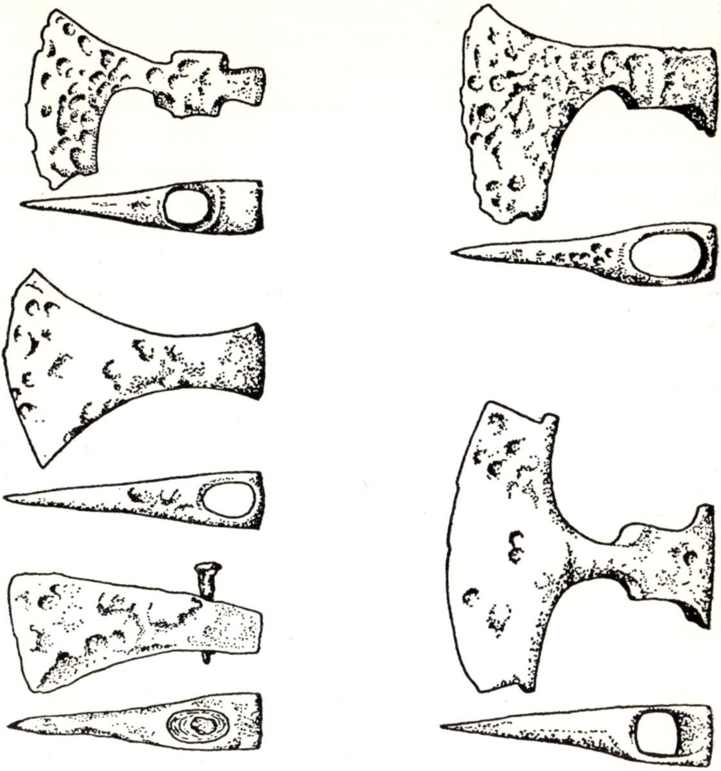

Abb. 8 Fränkische Äxte

Um nach dem Pflügen den Acker für das Saatbett vorzubereiten, wurde die Egge benutzt. Nach den Bestimmungen der *Lex Salica* hatte jemand, der eine Egge, in dieser Quelle Erpex genannt, durch die Aussaat eines anderen zog, nachdem diese bereits gekeimt hatte, eine Buße von drei *solidi* zu entrichten. Im fränkisch-germanischen Siedlungsraum war die Egge wahrscheinlich noch während der gesamten Merowingerzeit völlig aus Holz gefertigt.

Zur Ernte dienten Sichel und Sense. Die Sichel wurde für den Schnitt des Getreides, die Sense dagegen ausschließlich zur Grasmahd benutzt. Wegen dieser ihrer speziellen Aufgabe war die Sense als Hausense konstruiert: An einem auffallend kurzen Schaft war, und zwar im stumpfen Winkel, ein breites Sensenblatt befestigt. Einen bedeutsamen Fortschritt bei der Verbesserung der landwirtschaftlichen Arbeitsgeräte stellte der Übergang von der primitiven Haken- zur effektiven Bogensichel dar. Dieser Übergang setzte lange vor der Errichtung der fränkischen Herrschaft in Gallien ein, kam wohl aber erst in fränkischer Zeit ganz zum Abschluß.

Dem Ausdreschen des Getreides diente der Dreschflegel. Dieser Flegel ahmte die Konstruktion einer Peitsche nach, und auf das lateinische Wort für Peitsche, *flagellum*, geht deshalb auch das Wort Flegel zurück. Der Dreschflegel ist möglicherweise im Rhein-Mosel-Gebiet aus seinem Vorgänger, dem mühseliger zu handhabenden, weil unbeweglichen Dreschsparren, entwickelt worden.

Allen diesen Ackerbau- und Erntegeräten war gemeinsam, daß sie sowohl hinsichtlich ihres Betriebsaufwandes als auch hinsichtlich ihrer Effektivität auf eine individuelle Wirtschaftsweise zugeschnitten waren, in der die Handarbeit einen hervorragenden Platz einnahm. Der bäuerlich-individuellen Wirtschaft war jedoch nicht nur ihre Anwendung, sondern auch die Herstellung dieser Geräte weitgehend angepaßt: Holz spielte als Rohmaterial eine wichtige Rolle, und ihre komplette Anfertigung oder zumindest die Anfertigung einzelner ihrer Teile im Rahmen des verbreiteten bäuerlichen Nebengewerbes konnte deshalb kaum auf Schwierigkeiten stoßen.

Zum Mahlen des geernteten Getreides wurde zunächst noch die Handmühle genutzt. Die mit Wasser betriebene Getreidemühle war in der Spätantike in Gallien bereits bekannt, ein sicheres Zeugnis gibt Auskunft darüber, daß um 300 in der Gegend von Arles mit einer solchen Mühle Getreide gemahlen worden ist. Sie verbreitete sich jedoch zunächst nur sehr langsam nach Norden und Nordosten. Für das frühe 6. Jahrhundert ist sie in der Umgebung von Tours bezeugt. Damals erbaute der Abt Ursus, der in der Nähe dieses Bischofssitzes zwei Klöster gegründet hatte, eine solche Mühle. Ursus, der aus Cahors im südlichen Gallien kam und seine Kenntnisse möglicherweise von dort mitgebracht hatte, leitete, als er sah, wie sich seine Mönche täglich mühten, um die vom Kloster benötigte Weizenmenge zu mahlen, vom nahen Fluß einen Kanal ab. An diesem errichtete er eine Mühle, deren Rad sich bald so eifrig drehte, daß zu ihrer Bedienung nur noch ein Mann gebraucht wurde.

In der Viehzucht nahm, zumindest bei den Franken, wahrscheinlich aber nicht nur bei diesen, das Schwein einen ersten Platz ein. Davon zeugen die Bestimmungen der *Lex Salica*, die die Schweine mit einer Ausführlichkeit behandeln, von der alle anderen Tiere bei weitem übertroffen werden. Die Schweine wurden nicht in Stallungen gehalten, sondern sie mußten gleich den Wildschweinen ihr Futter bis weit in den Winter hinein durch Stoppel- und vor allem durch die Waldweide finden. Der Wald diente der Buchheckern- und Eichelmast. Nur die Zuchttiere wurden über den Winter hinweg in Stallungen gehalten und gefüttert. Diese wenig aufwendige Art, Hausschweine zu halten, dürfte das Gewicht erklären, das diese Tiere während des gesamten Frühmittelalters in der Fleischversorgung der bäuerlichen Bevölkerung besaßen. Dem Schwein folgte an Bedeutung in der *Lex Salica* das Rind, einen nicht unbedeutenden Platz nahmen zudem Schaf und Ziege ein. Für die Beurteilung der sozialen Verhältnisse, die von der *Lex Salica* reflektiert werden, ist die Tatsache nicht ohne Belang, daß das Pferd einen verhältnismäßig geringen Raum einnimmt. Der Pferde des Königs wird zudem ausdrücklich gedacht: »Wenn jemand einen Hengst des Königs stiehlt, werde er zu einer Buße von 90 *solidi* verurteilt«, heißt es im Paragraph vier des Titels 38 dieses Gesetzes. Als Zugtier diente im gesamten germanisch besiedelten Norden und Osten des Merowingerreiches noch überwiegend das Rind.

Das Vieh stand im Eigentum der einzelnen Hofbesitzer, aber es war üblich, Zuchttiere wie Eber und Stier von mehreren Hofbesitzern gemeinsam zu halten. Die Auskünfte über den Tierbestand lassen gewisse Vermögensunterschiede erkennen: Unterschiedlich große Stallteile der Wohnstallhäuser zeugen von einer unterschiedlich großen Anzahl der gehaltenen Rinder, und die Bestimmungen der *Lex Salica* sprechen dafür, daß es auch Hofbesitzer gab, deren Viehbestand sich im wesentlichen aus Schweinen, Schafen und Ziegen zusammensetzte.

Hinsichtlich der Wirtschaftsweise sowie hinsichtlich der Eigentums- und Besitzverhältnisse und der erkennbaren Ansätze einer sozialen Differenzierung entsprach der Entwicklungsstand in den alamannischen, bayrischen und thüringischen Siedlungsgebieten in seinen Grundzügen dem des überwiegend fränkisch besiedelten Nordens und Nordostens des Merowingerreiches. Auch hier standen der zahlenmäßig überwiegenden, ökonomisch durchaus noch unabhängigen Schicht bäuerlicher Produzenten grundherrlich-adelsmäßig lebende Gruppierungen gegenüber, und so wie dort dürfte auch hier die Ausbildung grundherrschaftlich-feudaler Eigentums-, Organisations- und Ausbeutungsverhältnisse zunächst noch auf die ehemaligen Randzonen der römisch-spätantiken sowie auf Räume mit punktuell bereits vorhandenen westrheinisch-feudalen Einflüssen begrenzt gewesen sein.

Die in den nördlichen und östlichen Teilen des Merowingerreiches um die Mitte des 6. Jahrhunderts bestehenden ökonomischen, sozialen und politischen Verhältnisse lassen sich trotz erkennbarer regionaler Eigenheiten zusammenfassend am ehesten als die Verhältnisse einer Gesellschaft charakterisieren, die sich im Übergang von späturgesellschaftlichen zu frühklassengesellschaftlichen Zuständen befand. Ein diesen Verhältnissen gemeinsames Wesensmerkmal war die wenig ausgeprägte Mobilität des Grund und Bodens und die daraus resultierende begrenzte Möglichkeit, Grundeigentum zu akkumulieren. Land war noch nicht zur Ware geworden, die für eine soziale Differenzierung vorhandenen Voraussetzungen erfüllten noch nicht die Bedingungen, deren es für eine Spaltung der Gesellschaft in antagonistische Klassen bedurfte. Hinzu trat die stark naturalwirtschaftlich geprägte Existenzweise der bäuerlichen Produzenten sowie die dünne Besiedlung weiter Landstrecken. Beide Faktoren mußten das Beharren in spätgentilgesellschaftlichen Verhältnissen zusätzlich begünstigen. Das den sozialökonomischen Verhältnissen in den fränkischen, alamannischen, bayrischen und thüringischen Siedlungsgebieten gemeinsame Wesensmerkmal wenig entwickelter Mobilität des Grund und Bodens war zugleich jenes Charakteristikum, durch das sich diese Verhältnisse von den in den ehemals gallo-römischen Gebieten des Merowingerreiches gegebenen in bedeutsamer Weise unterschieden. Hinzu kam, daß die Unterschiede hinsichtlich der Verbreitung des Christentums und der Organisation der Kirche nicht weniger einschneidend waren.

Christliche Religion und Kirche hatten in der Spätantike die Grenzen des *Imperium Romanum* nicht überschritten, das heißt, sie waren nicht über die Rhein-Donau-Linie hinausgelangt. Erst mit der Errichtung der über den Rhein beträchtlich nach Osten hinausgreifenden fränkischen Herrschaft waren die politischen Voraussetzungen für eine ungehinderte und breite Räume erfassende Tätigkeit der Kirche in diesen Gebieten gegeben. Es verging jedoch noch geraume Zeit, ehe das Christentum bei den Franken, den Alamannen, den Bayern und den Thüringern wirklich Fuß gefaßt und die Anfänge einer kirchlichen Organisation geschaffen worden waren. Für die frühe Merowingerzeit dagegen ist davon auszugehen, daß der fränkisch-germanisch besiedelte Norden und Osten des Frankenreiches noch weithin außerhalb der Organisation der Kirche stand und von christlichen Einflüssen wenig oder gar nicht berührt war.

Nicht nur von partieller, sondern von qualitativ anderer Natur waren die sozialökonomischen Verhältnisse in jenen Teilen des Merowingerreiches, die keine oder doch keine ins Gewicht fallende germanisch-

Abb. 9 Rekonstruktionszeichnung eines Grubenhauses. Gladbach, BRD

fränkische Landnahme kannten. Hierzu gehörte das gesamte südlich der Somme, vor allem aber das südlich der Loire gelegene Gallien. Es ist sicher, daß die römisch-spätantike Grundherrschaft in diesen Gebieten über den Zusammenbruch des *Imperium Romanum* und die Errichtung der fränkischen Herrschaft hinweg erhalten blieb, und ebenso ist es sicher, daß sie als Wirtschaftsorganismus weiterhin funktionierte. Das Eigentum am Hauptproduktionsmittel war hier seit langem vorhanden, und demzufolge besaß Land Warencharakter. Seine aus dieser Eigenschaft resultierende erhebliche Mobilität begünstigte die Konzentration von Grund und Boden in den Händen einer sich ständig verringernden Anzahl von Grundeigentümern. Die seit der Mitte des 6. Jahrhunderts überlieferten Urkunden geben Aufschlüsse über diesen Konzentrationsprozeß: Land wurde ge- und verkauft, getauscht und, vorzugsweise an kirchliche Institutionen, verschenkt. Große Grundeigentümer nutzten ihre ökonomische Überlegenheit, häufig genug aber auch ihre politische Macht und ihren kirchlichen Einfluß, um sich Ländereien mit Gewalt zu verschaffen. Der Bischof Cautinus von Clermont-Ferrand setzte hierfür gegenüber größeren Grundeigentümern das Mittel des Rechtsstreites ein, kleineren, also von ihm nicht zu fürchtenden Eigentümern dagegen verweigerte er einfach die Zahlung des Kaufpreises. Die Verkäufer suchten sich mitunter dadurch zur Wehr zu setzen, daß sie dem Bischof die Kaufurkunde nicht aushändigten.

Das bereits vorhandene große Grundeigentum wurde noch zu einem erheblichen Teil durch die Arbeit unbehauster Sklaven, zu einem anderen aber bereits durch die Arbeit von Sklaven und Kolonen genutzt, die mit einer bäuerlichen Wirtschaft ausgestattet waren. Es ist ein Charakteristikum der feudalen Grundherrschaft, daß großes Grundeigentum durch die Arbeitsleistung selbstwirtschaftender und deshalb dem außerökonomischen Zwang unterliegender Bauern genutzt wurde. Ein solches als feudal zu bezeichnendes Verhältnis band das *mancipium* Wadardus und seinen Grundherrn, den Bischof Domnolus von Le Mans, aneinander. Domnolus stand dem genannten Bistum von 559 bis 581 vor, und als er eine von ihm selbst erbaute Kirche mit Grundeigentum ausstattete, gehörte dazu auch eine *colonica*, eine Bauernstelle also, mit zugehörigen Äckern, Wiesen, Weiden und Wald samt jenem *mancipium* Wadardus, seiner Frau und seinen Kindern. Solche auf grundherrlichem Boden sitzenden, aber selbstwirtschaftenden und deshalb als feudalabhängig zu bezeichnenden bäuerlichen Produzenten hatten dem Eigentümer des Landes Abgaben zu entrichten, die in der Regel wohl als Naturalrente abgegolten worden sind. Dagegen gibt es kaum Hinweise, daß für die grundherrliche Eigenwirtschaft Frondienste der abhängigen Bauernstellen bereits wirkliche Bedeutung besessen hätten.

Nicht nur voll ausgebildetes, sondern auch allgemein verbreitetes Eigentum am Hauptproduktionsmittel, seine beträchtliche Mobilität und das Vorhandensein großen Grundeigentums, das zu einem Teil bereits in feudaler Weise genutzt wurde, waren Wesenszüge, die den sozialökonomischen Verhältnissen um die Mitte des 6. Jahrhunderts im gesamten gallo-römischen Teil des Merowingerreiches gemeinsam waren. Neben diesen Gemeinsamkeiten gab es aber auch erhebliche regionale Verschiedenheiten, die sowohl für den weiteren Verlauf des Feudalisierungsprozesses als auch für die künftige politische Gestaltung des Frankenreiches Bedeutung erlangen sollten. Es ist sowohl ein Ergebnis von in römischer als auch von in frühfränkischer Zeit ablaufenden Vorgängen, daß die Gesamtheit der gesellschaftlichen Verhältnisse zwischen Somme und Loire trotz jener gemeinsamen Wesenszüge um die Mitte des 6. Jahrhunderts nicht unbeträchtlich anders aussahen als die, die damals zwischen Loire und Pyrenäen existierten.

Schon während der römischen Herrschaft war in Gallien ein Süd-

Nord-Gefälle vorhanden, das sowohl in den ökonomischen und sozialen Bereichen als auch im kulturellen Leben zutage trat. Längeres und intensiveres Einwirken römisch-progressiver Errungenschaften, aber auch Begünstigung durch natürliche Gegebenheiten hatten an der Ausbildung dieses Gefälles ihren Anteil. In den letzten beiden Jahrhunderten der römischen Herrschaft verstärkte sich dieses Gefälle noch erheblich, da die südlich der Loire gelegenen Teile Galliens nach den von Diokletian eingeleiteten Reformen eine von äußeren Störungen weitgehend freie Entwicklung nehmen konnten. Die Last der Auseinandersetzungen mit den gegen die Grenzen des *Imperium Romanum* andringenden Germanen trugen damals vor allem der Norden Galliens sowie die Rheingebiete. Hinzu kam, daß auch die Westgoten wegen ihrer geringen Zahl und der kurzen Dauer ihrer Herrschaft in Aquitanien keinen tiefgreifenden Einfluß auf die gesellschaftlichen Verhältnisse genommen hatten. Diese Verhältnisse besaßen deshalb noch um die Mitte des 6. Jahrhunderts ein deutlich spätantik-römisches Gepräge. Die Städte hatten sich trotz der auch hier zeitweilig auftretenden Regressionserscheinungen eine größere Bedeutung bewahrt als die des nördlichen Gallien, die römische Munizipalverfassung und das römische Steuersystem waren erhalten geblieben. Die bedeutendste Stadt Aquitaniens in jener Zeit, Bordeaux, war zwar, wie die Städte des Nordens auch, seit dem 3. Jahrhundert von einer Mauer umgeben, aber an der Spitze ihrer Bewohner stand noch immer, wie bereits in römischer Zeit, ein *defensor*, der ihre Angelegenheiten betrieb. Außerhalb ihrer Mauern existierte ein *suburbium*, eine Vorstadt, in der neben Handwerkern auch Kaufleute lebten. Die Stadt besaß noch immer eine Schule von hohem Rang, in der vor allem Angehörige des gallo-römischen Senatorenadels ihre Studien absolvierten.

Auf dem Lande dominierte in Aquitanien das große Grundeigentum, das zu einem erheblichen Teil in den Händen eben dieses Senatorenadels konzentriert war. Dieses Grundeigentum wurde, wie bereits in der Spätantike, noch immer im erheblichen Maße durch die Arbeitsleistung unbehauster Sklaven, daneben aber auch in bereits feudaler Weise durch selbstwirtschaftende bäuerliche Produzenten genutzt. Die Bedeutung der Städte ließ zudem eine ins Gewicht fallende agrarische Marktproduktion zu. Der Senatorenadel nahm bis in das 7. Jahrhundert hinein im gesellschaftlichen Leben einen hervorragenden Platz ein. Angehörige dieser sozialen Schicht besetzten die Bischofsstühle, und sie stellten häufig auch die Grafen und andere Amtsträger, auf die sich die Merowingerkönige stützten. Dieser Adel lebte in den Tradi-

Abb. 10 Adam und Eva am Baum der Erkenntnis.
Tonziegel. Frühes 6. Jh. (?),
Umgebung von Poitiers, Frankreich

tionen römischen Geisteslebens und römischer Kultur, von deren Bewahrung sowohl literarische als auch Leistungen der Baukunst zeugen. Keinesfalls zufällig hatte Aquitanien die bedeutendsten Bauwerke des Merowingerreiches aufzuweisen. Die geistig-kulturelle Überlegenheit, in die eine bereits seit zwei Jahrhunderten bestehende kirchliche Tätigkeit mit eingeschlossen war, schuf die Voraussetzungen dafür, daß Geistliche aquitanischer Herkunft für die unter den Söhnen Chlodwigs I. einsetzende Reorganisation der Kirchen des Rhein-Mosel-Raumes herangezogen werden konnten. Etwas später waren aus Aquitanien kommende Missionare an der Christianisierung des nördlichen Gallien beteiligt. Außerdem statteten die merowingischen Herrscher im Norden und im Rheingebiet gelegene Kircheninstitutionen mit Grundeigentum in Aquitanien aus, um die materiellen Ressourcen dieser Einrichtungen zu verbessern.

Nördlich der Loire dagegen war die Konzentration des Grundeigentums weniger ausgeprägt als in Aquitanien. Neben großem nahmen mittleres und kleines freies Eigentum, das durch die Arbeit seiner Eigentümer selbst genutzt wurde, sowie abhängiger bäuerlicher Besitz in der Sozialstruktur einen bedeutenden Platz ein. Dies sowie eine in manchen Gegenden auffallend starke Mobilität abhängiger Arbeitskräfte lassen darauf schließen, daß die auch hier aus der Spätantike überkommenen Grundherrschaften sowohl in ihrem Besitzstand als auch in den praktizierten Nutzungsformen des Grundeigentums zeitweilig beträchtlichen Störungen ausgesetzt gewesen waren. Das Testament des Bischofs Remigius von Reims zum Beispiel zeigt, daß abhängige Arbeitskräfte häufig auch ohne zugehöriges Land verschenkt oder auch vertauscht worden sind. Diese Arbeitskräfte können also mit dem Hauptproduktionsmittel nicht sehr fest verbunden gewesen sein.

Solche Störungen waren jedoch nicht nur die Folge direkter Eingriffe der fränkischen Eroberer, sondern sie hatten ihre Wurzeln auch in der Tatsache, daß im Norden Galliens die spätantiken Krisenerscheinungen bereits seit dem beginnenden 4. Jahrhundert zunehmend durch die mittelbaren und unmittelbaren Auswirkungen des wachsenden Druckes der Germanen in unvergleichlich stärkerem Maße verschärft worden waren, als das südlich der Loire je der Fall gewesen ist.

In der jüngsten Zeit hat eine neue Forschungsrichtung, die sogenannte Luftbild-Archäologie, der Geschichtswissenschaft ein Auskunftsmittel erschlossen, mit dessen Hilfe inzwischen Erkenntnisse von gravierender Gewichtigkeit zutage gefördert worden sind. Die Luftbild-Archäologie bedient sich für ihre Untersuchungen der Luftaufnahmen, um archäologische Hinterlassenschaften zum Sprechen zu bringen, die wegen ihrer Dimensionen auf andere Weise nur schwer oder gar nicht erschließbar wären. Die Ergebnisse ebensolcher Untersuchungen haben in den letzten zehn Jahren den Beweis erbracht, daß auch im Norden Galliens während der römischen Herrschaft große Latifundien, die mit Sklaven bewirtschaftet wurden, eine beträchtliche ökonomische Bedeutung besessen haben müssen. Die Existenz solcher Latifundien war also keineswegs, wie lange Zeit angenommen worden ist, auf die südlichen Teile Galliens beschränkt. Das wirtschaftliche und organisatorisch-kulturelle Zentrum dieser Latifundien war, wie auch auf der Apenninhalbinsel, eine Villa. Die inzwischen nachgewiesenen Villen besaßen teilweise eine beträchtliche Größe, und ihr Grundriß stimmte mit dem der italienischen Villen völlig überein. Die zu einer solchen Villa gehörenden Gebäude verteilten sich mitunter über eine Fläche von zehn Hektar, eine der größten der bisher im nördlichen Gallien nachgewiesenen überhaupt ist bei Echternach im heutigen Luxemburg, also in der unmittelbaren Nähe von Trier, aufgedeckt worden.

Die meisten dieser Villen sind in der zweiten Hälfte des ersten oder am Anfang des zweiten Jahrhunderts entstanden. Die Landschaften des Artois, der Picardie und die nähere und weitere Umgebung von Beauvais sind von den in den Luftaufnahmen gut erkennbaren Grundrissen solcher Villen und ihrer sehr weitläufigen Wirtschaftshöfe dicht bedeckt. Die geschlossen liegenden Ländereien wurden direkt von der jeweiligen Villa aus mit den dort gehaltenen Sklaven bewirtschaftet. Viele dieser Villen des nördlichen Gallien sind dann während der schweren Germaneneinfälle der zweiten Hälfte des 3. Jahrhunderts zerstört worden, und es ist auffallend, daß im Artois, in der Picardie und in der Umgebung von Beauvais die meisten im zerstörten Zustand belassen worden sind, obwohl die Germaneneinfälle des 4. Jahrhunderts jene Gebiete kaum noch erreichten. Ebendiese Tatsache aber zeigt, daß die gewaltsame Zerstörung der Villen mit tieferreichenden Vorgängen zusammentraf und daß sie es gewesen sind, die den großen, auf Warenproduktion orientierten Gutsbetrieben die Basis ihrer Existenz allmählich entzogen.

Die Villen des nördlichen Gallien mit den ihnen zugeordneten Latifundien betrieben landwirtschaftliche Marktproduktion, und sie fanden den Markt für ihre Produkte vornehmlich durch die Versorgung der an der nördlichen Rheingrenze gelegenen Grenzorte und Grenzstationen, der dort stationierten Truppen, der zugehörigen Manufakturen und der Einrichtungen der Zivilverwaltung sowie in den städtischen Zentren eines weiteren Hinterlandes. Die allmähliche Schrumpfung dieses ökonomischen Kommunikationssystems der Latifundien entzog diesen landwirtschaftlichen Großbetrieben den Boden ihrer Existenz. Das Schicksal der großen Villa von Echternach zeigt, daß diese Entwicklung nur in Ausnahmefällen aufgehoben oder verzögert worden ist. Diese Villa war, wie viele andere auch, in der zweiten Hälfte des 3. Jahrhunderts niedergebrannt worden. Sie wurde jedoch, obwohl sie der bedrohten Rheingrenze wesentlich näher lag als die weiter westlich gelegenen, wieder aufgebaut und hat dann, etwas verkleinert und wahrscheinlich in der Regie des römischen Fiskus stehend, bis in das frühe 5. Jahrhundert hinein existiert. Die Nähe der Kaiserstadt Trier mit ihren enormen Versorgungsansprüchen bedingte dieses andersgeartete, von der gewissermaßen normalen Entwicklung abweichende Schicksal.

Es waren die ökonomischen Folgeerscheinungen des anwachsenden Druckes der fränkischen Kleinstämme wie der Germanen überhaupt, die die Krisenerscheinungen der römisch-spätantiken Gesellschaft im

Norden Galliens in einem solchen Maße verschärften, daß die landwirtschaftlichen Organisations- und Besitzstrukturen hier bereits vor dem endgültigen Einbruch der Franken beträchtlichen Störungen ausgesetzt waren. Ihre Wirkungen reichten bis in die zentralen Teile des Syagrius-Reiches hinein. Sie förderten die Ausbildung von Verhältnissen, die sich sowohl hinsichtlich der sozialökonomischen Struktur als auch hinsichtlich der dann von den Franken bei ihrer Herrschaftsübernahme vorgefundenen grundherrschaftlichen Organisationsformen von denen des südlichen Gallien nicht unerheblich unterschieden. Der stärkere Anteil kleinen freien und mittleren Grundeigentums sowie die große Mobilität der abhängigen Arbeitskräfte schufen einem Konzentrationsprozeß Freiraum, der ein rasches Anwachsen umfassend feudal genutzten großen Grundeigentums begünstigen mußte. Im Süden Galliens dagegen beherrschten Gutswirtschaften von beträchtlicher Größe, für deren Betrieb die Arbeit einer Vielzahl unbehauster Sklaven erhebliche Bedeutung besaß, noch immer weithin die landwirtschaftliche Produktion. Neben seiner räumlichen Nähe zu den fränkischen Siedlungsgebieten dürfte deshalb das frühe Aufbrechen spätantiker Zustände den Aufstieg Neustriens zur politischen Kernlandschaft des Merowingerreiches, aber auch zur eigentlichen Basislandschaft der feudalen Umwälzung in merowingischer Zeit erheblich begünstigt haben, denn von hier vor allem griffen dann in der Merowingerzeit feudalisierende Kräfte auf den Norden und Osten des Reiches über.

Das fränkisch-merowingische Königtum hat die Konzentration des Grund und Bodens in politischer Absicht nachdrücklich gefördert. Kirchliche Institutionen, anfangs vor allem die Bistümer, etwas später aber auch die in rascher Folge entstehenden Klöster, waren ihre vornehmsten Träger und Nutznießer. Diese rasche Konzentration feudal genutzten Grundeigentums leitete aber zugleich eine Umformung der Struktur der frühfeudalen Grundherrschaft ein, die zwar vom merowingischen Neustrien ihren Ausgang nahm, aber erst während der Herrschaft der Karolinger eine neue Form der Nutzung großen Grundeigentums im nördlichen und östlichen Frankenreich zur nun vorherrschenden werden ließ: Es entstand, einsetzend im 7. und vollendet im 8. Jahrhundert, die Villikation, für die die arbeitsorganisatorische Bindung des bäuerlichen Leihelandes an die grundherrliche Eigenwirtschaft durch zu erbringende umfangreiche Frondienste wesentliches Novum, aber auch wesentlichstes Charakteristikum war.

Das Königtum

Der Stärke und Expansivität, die für das Frankenreich der Merowinger bis zur Mitte des 6. Jahrhunderts charakteristisch waren, entsprachen Stärke und Einfluß seines Königtums. Dieses Königtum erfuhr bis etwa 550 trotz der geteilten Herrschaft keine Schmälerung seiner Macht, und bewaffnete Auseinandersetzungen zwischen den Teilherrschern stellten noch immer eine Ausnahme dar. Wo solche Auseinandersetzungen auftraten, wurden sie rasch beigelegt. So schlossen Childebert I. und Theuderich I. um 530 einen förmlichen Nichtangriffspakt, nachdem es um den Besitz der Auvergne zwischen ihnen zu einem Konflikt gekommen war. Zur Bekräftigung des Paktes wurden von beiden Königen Geiseln gestellt. Durch Verträge suchten die Herrscher zudem in jenen Bereichen der Machtübung ein gemeinsames Handeln zu sichern, die über die Grenzen der einzelnen Teilherrschaften hinausreichten. Überliefert ist ein *Pactus pro tenore pacis*, ein »Vertrag zur Bewahrung des Friedens«, den Childebert I. und Chlothar I. miteinander vereinbarten. Er regelte unter anderem die Verfolgung von Verbrechern für den Fall, daß ein Gesetzesverletzer von einer Teilherrschaft in eine andere zu entkommen suchte. Dieser Vertrag ist vielleicht um 524, also bereits in der frühen Zeit der gemeinsamen Herrschaft, abgeschlossen worden.

Die Macht der Könige basierte noch immer in entscheidender Weise auf Institutionen militär-demokratischen Ursprungs sowie auf den materiellen Ressourcen, die dem salfränkischen Heerkönigtum bei der Eroberung des Syagrius-Reiches und der unmittelbar folgenden Ausweitung des fränkischen Herrschaftsgebietes in die Hände gefallen waren. Zum ersten gehörte vor allem die nach wie vor funktionierende Einrichtung des Heeresaufgebotes, zum zweiten das noch immer bedeutende Königsgut sowie andere nutzbare königliche Rechte. Der Auf- und Ausbau eines Herrschafts- und Machtapparates frühfeudalklassengesellschaftlichen Charakters wurde jedoch während des gemeinsamen Königtums der Söhne Chlodwigs I. insofern noch erheblich über den vorher erreichten Zustand hinausgeführt, als die aus der militär-demokratischen Vergangenheit der Franken herrührenden Formen der Beteiligung aller waffentragenden Freien an öffentlichen Angelegenheiten erheblich zurückgedrängt wurden und Herrschafts- und Organisationsformen, die großes, durch fremde Arbeitskraft genutztes Grundeigentum zur Voraussetzung hatten, beträchtlich an Bedeutung gewannen.

Unter den Söhnen Chlodwigs kam in den zentralen Teilen des Merowingerreiches die Heeresversammlung außer Gebrauch. Eine Folge hiervon war, daß sich für Franken mit bäuerlicher Lebensweise die Möglichkeiten verringerten, auf öffentliche Angelegenheiten Einfluß nehmen zu können. Tatsächlich bildete sich parallel zum Verschwinden der Heeresversammlung die Gewohnheit aus, nur noch Vertreter der fränkisch-gallo-römischen Oberschicht zur Beratung und Beschlußfassung in wichtigen Reichsangelegenheiten heranzuziehen. Neben weltlichen Amtsträgern, also den Herzögen und Grafen, gehörten zu diesem Personenkreis die Antrustionen, also die Angehörigen der königlichen Gefolgschaft, sowie die Bischöfe. Den hohen Rang, den die Bischöfe im politischen Gefüge des Reiches inzwischen einnahmen, spiegelte die Tatsache wider, daß ihnen jetzt gleich den Antrustionen der höchste Wergeldsatz zustand: Ihr Leben war durch den Bußsatz von sechshundert *solidi* geschützt.

Neben der Tatsache, daß in der politischen Kernlandschaft des Merowingerreiches die Heeresversammlung außer Gebrauch kam, förderte das Emporkommen lokaler Herrschaftsträger, das bereits während der Herrschaft Chlodwigs eingesetzt hatte, die Abschnürung freier bäuerlicher Produzenten vom Königtum und damit ihre fortschreitende Zurückweisung in die Sphäre der eigentlichen materiellen Produktion: Diese lokalen Herrschaftsträger schoben sich zwischen die bäuerlich-dörfliche Nachbarschaftsgemeinde und das Königtum. In der weiteren Entwicklung bildeten sich die Grafschaften als feste Amtsbezirke solcher Herrschaftsträger aus, an deren Spitze dann vom König eingesetzte Grafen standen. Sie nahmen nun in ihrem Amtsbezirk im Auftrage des Königs und in seinem Namen Rechtsprechung und Polizeigewalt wahr, sie boten das Heer auf und trieben die Bußgelder ein.

1962 stießen Archäologen, die mit den weitläufigen Grabungen in der Nähe des ehemaligen römischen Kastells Gelduba, das ist Gellep bei Krefeld, befaßt waren, auf ein Grab, das sowohl wegen der Art seiner Anlage als auch wegen seiner Beigaben dem darin Bestatteten unter den Hunderten von Toten, die man inzwischen bereits ausgegraben hatte, eine eindeutige Sonderstellung zuwies. Der Tote war in einer Grabkammer beigesetzt worden, und ihm waren ein kostbares Langschwert, eine Wurflanze, eine Jagdlanze, eine Wurfaxt und ein Kurzschwert mit ins Grab gelegt worden. Auf einem Zaumzeug, das seinen Platz neben dem Kopf des Toten gefunden hatte, war der Helm des Bestatteten niedergelegt worden. Unter den Beigaben fanden sich zudem ein goldener, mit einer Gemme verzierter Fingerring, eine Goldmünze, zwei Glasgefäße römischer Herkunft, ein langer Bratspieß und zwei Messer. Der Tote war mit Sicherheit ein Franke, und er ist vor der Mitte des 6. Jahrhunderts bestattet worden. In der Nähe des ehemaligen römischen Kastells gab es damals eine fränkische Siedlung. Sie ist nicht nur durch das Gräberfeld selbst, sondern auch durch einen Töpferofen bezeugt, der in die Überreste eines früheren römischen Kasernengebäudes eingebaut worden war. Der Ofen diente zum Brennen von für den täglichen Gebrauch bestimmten Tongefäßen. Es gibt keinen Grund zu bezweifeln, daß der mit so ungewöhnlichem Prunk in ihrer Nähe bestattete Franke zu seinen Lebzeiten zu dieser Siedlung in Beziehung gestanden hat.

Weiter südlich, nämlich im westlichen Vorland von Mainz und Worms, ist in den letzten fünfzig Jahren eine ganze Gruppe nicht weniger auffallender Gräber aufgedeckt worden. Ihre Lage verweist sie in einen historischen Raum, der, obwohl westlich des Rheins gelegen, für die Beherrschung der östlich dieses Flusses gelegenen Teile des Merowingerreiches eine ungewöhnliche Bedeutung besaß. Römerstraßen, die die Verbindung rheinauf- und rheinabwärts sowie von Mainz nach Metz und damit in das Innere Galliens sicherten, passierten diesen Raum. Zu ihnen gehörte jene wichtige Verbindungsstraße, die, von Italien kommend, über den Großen Sankt-Bernhard nach Straßburg, Speyer, Worms und Mainz und weiter nach Köln und Xanten und bis nach Nijmegen führte. Östlich des Rheins führte zudem ein Straßenzug, ebenfalls von Mainz ausgehend, nach Frankfurt, durch die Wetterau nach Hessen in das thüringische Stammesgebiet hinein.

Die westlich von Mainz gefundenen Gräber standen sowohl wegen ihrer Ausstattung als auch wegen der Zeit ihrer Anlage dem Grab des »Herrn von Gellep« sehr nahe. Prunkvoll geschmückte Langschwerter, reich verzierte Gürtelschnallen und kostbare Spangenhelme gehörten zu ihren Beigaben. Als das älteste dieser Gräber gilt ein etwas nordwestlich von Alzey bei Flonheim entdecktes Grab, das wohl bereits im späten 5. Jahrhundert angelegt worden ist. Das jüngste, das bei Planig nordöstlich von Bad Kreuznach gelegen war, wird auf die Zeit um 520 datiert, gehörte also schon in die Periode der gemeinsamen Herrschaft der vier Söhne Chlodwigs. Dieses Grab von Planig zeichnete sich durch besonderen Reichtum seiner Beigaben aus. Neben einem goldenen Spangenhelm, der aus einer im ostgotischen Teil der Apenninhalbinsel arbeitenden Werkstatt kam, einem kostbaren Langschwert und einer kleinen Schnellwaage fand sich in dem Grab ein Kettenpanzer, der zu den damals noch seltenen Ausrüstungsstücken

Grabstein aus
Moselkern, BRD

Thron Dagoberts I.
Rekonstruktion
einer Nachbildung

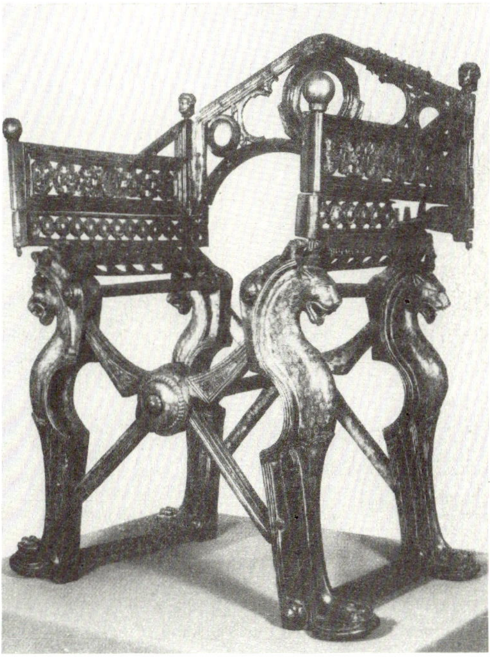

Dagobert I. und Audomar,
Gründer des Klosters Saint-Omer.
Miniatur des 9. Jh.

Der heilige Amandus
mit dem Verfasser
seiner Lebensbeschreibung.
Miniatur aus der
»Vita Sancti Amandi«.
12. Jh.

S AMANDVS
S BAVDEMVND'.

Merowingische Buchmalerei. Christus am Kreuz.
Aus einem Sakramentar von Gellone, Frankreich.
2. Hälfte des 8. Jh.

fränkischer Krieger zählte. Der goldene Spangenhelm war gleich dem des »Herrn von Gellep« mit der Spitze nach unten neben dem Toten aufgestellt worden. Die Verzierungen dieses Helmes, zu denen Kreuze, Weihrauchgefäß, Kelch, Vögel und Trauben gehören, geben seinen Träger als Christen zu erkennen. Das Langschwert besaß, wie das des »Herrn von Gellep« auch, einen mit Almandinen verzierten Goldknauf.

Zur Gruppe dieser Gräber werden neben denen von Flonheim und Planig noch zwei weitere, die in Alzey selbst und in Rommersheim gefunden worden sind, gezählt. Die große Ähnlichkeit ihrer Beigaben sowie die räumliche und zeitliche Nähe, die die Gräber miteinander verband, lassen erkennen, daß die hier Bestatteten dem gleichen politisch-sozialen Milieu entstammten, aus dem auch der »Herr von Gellep« einst gekommen war: Es ist das Milieu des merowingischen Königtums, zu dem die Bestatteten einst zweifelsohne in direkter Beziehung gestanden hatten. Möglicherweise gehörten sie zum Kreis der Antrustionen, mit Sicherheit aber sind sie einer fränkisch-merowingischen Führungsschicht zuzurechnen, deren Vertretern politische Herrschaft in einem ihnen vom König zugewiesenen Gebiet anheimgegeben war. Die Ausstattung mit Königsgut begründete diese Herrschaftsausübung, und sie bildete zugleich die materielle Basis einer Erscheinung, die keineswegs ausschließlich in jenen Teilgebieten des Frankenreiches der Merowinger nachweisbar ist, die für das Ausgreifen nach Osten hervorragende Bedeutung besaßen. Jedoch ist ihr Auftreten hier besonders geeignet, Aufschluß darüber zu geben, in welcher Weise Herrschaft und politische Führung unter den besonderen Existenzbedingungen dieses frühfeudalen Großreiches praktiziert worden sind und welchen Rang dabei dem königlichen Zugriff auf Grund und Boden auch in den von den eigentlichen Zentren der Königsmacht entfernt gelegenen Gebieten zukam.

Land mit zugehörigen Arbeitskräften wurde, wie schon von Chlodwig, so auch von seinen Söhnen vergeben, um Dienste zu erlangen, jedoch war zudem seine Konfiskation inzwischen ein Mittel geworden, mit dem sich Untreue, Ungehorsam und andere Pflichtverletzungen in wirksamer Weise ahnden ließen. Von solchen Konfiskationen waren sowohl zur bloßen Nutzung überlassene königliche Ländereien als auch Allodialgut, also Eigengut, betroffen. Sie vernichteten deshalb in vielen Fällen nicht nur die Existenzgrundlage des unmittelbar Betroffenen selbst, sondern zwangen häufig Kinder und Kindeskinder in die ökonomische Abhängigkeit.

Um 532 traf dieses Schicksal Munderich, der sich als ein Vetter der zu dieser Zeit herrschenden drei Könige ausgab und mit dieser Begründung einen Anteil an der Herrschaft für sich gefordert hatte. Munderich löste in der Umgebung von Châlons-sur-Marne, also im Herrschaftsgebiet Theuderichs I., einen bewaffneten Aufstand aus. Die Worte, mit denen Gregor von Tours über diesen Aufstand berichtet, lassen darauf schließen, daß die Aufständischen nicht den sozial gehobenen Schichten angehörten. Gregor spricht von einer *rustica multitudo*, einer »bäurischen Menge«, die Munderich gefolgt wäre, ihm Huldigung geleistet und Treue geschworen und ihn »gleich einem König geehrt« hätte. Munderich mußte mit seinen Anhängern schließlich in einem befestigten Ort, dem *Castrum Victuriacus*, das ist Vitry-le-Brulé, regelrecht belagert werden. Nachdem die Erhebung niedergeschlagen war, wurde die gesamte Habe des Munderich für den Fiskus eingezogen.

Zu den nutzbaren königlichen Rechten gehörten, wie schon zu König Chlodwigs Zeiten auch, Steuern und Zölle sowie die Münzprägung. Um die Einkünfte aus den Steuern zu vergrößern, unternahmen die Nachfolger Chlodwigs jedoch wiederholt Versuche, die Steuererhebung auf die fränkische Bevölkerung auszudehnen, deren Steuerfreiheit bis dahin als ein Zeichen ihrer persönlichen Freiheit und Unabhängigkeit gegolten hatte. Vor allem von Theudebert I. ist überliefert, daß er Steuererhebung und Münzprägung rigoros nutzte, um seine Machtmittel zu vergrößern. In der Gegend von Trier kam es deshalb nach seinem Tode sogar zu blutigen Zwischenfällen. Die aufgebrachten Franken verfolgten einen Steuereinnehmer dieses Königs, Parthenius, bis in eine Trierer Kirche. Hier hatte Parthenius vor der empörten Menge Zuflucht gesucht. Die Franken entdeckten ihn in einer Truhe unter Meßgewändern versteckt, schleppten ihn ins Freie und steinigten ihn. Von den Versuchen Theudeberts I., ein Münzsystem am Funktionieren zu erhalten, das gewissen waren- und geldwirtschaftlichen Erfordernissen gerecht zu werden vermochte, zeugt die Tatsache, daß während seiner Herrschaft in Köln ein Münzatelier arbeitete. Von diesem Atelier wurden kleine Silbermünzen geringen Wertes in den Umlauf gebracht. Der gleiche Herrscher ließ aber auch, wie vor ihm wohl bereits sein Vater, sehr zum Ärger des oströmischen Kaisers Goldmünzen mit seinem eigenen Namen und seinem eigenen Bild prägen.

Während der Herrschaft Chlodwigs I. basierte die Stärke des Königtums im entscheidenden Maße auf seinem Bündnis mit den Amtsträgern der Kirche. Die Söhne Chlodwigs aber gaben sich nicht mehr so sehr mit einem Bündnis zufrieden, sondern waren sichtlich bestrebt, die Kirche ihrer Gewalt zu unterstellen. Sie griffen in die Besetzung der Bistümer ein und forderten, um sich die materiellen Möglichkeiten der Kirchen nutzbar zu machen, zum Teil sehr bedenkenlos Abgaben ein. Chlothar I. befahl den Kirchen seines Herrschaftsgebietes, den dritten Teil ihrer Einkünfte an seinen Fiskus zu entrichten. Gregor von Tours berichtet hierzu, daß alle Bischöfe mit Ausnahme des Bischofs Injuriosus, der, wie später Gregor selbst, auf dem Bischofsstuhl von Tours saß, »dies Gebot, obwohl unwillig, angenommen und unterschrieben« hätten. Die Vorhaltungen des Injuriosus, der dem König damit drohte, daß ihm Gott, wenn er, Chlothar, sich aneigne, was Gott gehöre, bald die Herrschaft nehmen würde, sollen den König schließlich bewogen haben, von seiner Forderung abzulassen. Einer der Vorgänger des widerspenstigen Injuriosus war Ommatius, der auf Befehl des im Burgunderkrieg umgekommenen Königs Chlodomer, zu dessen Teilherrschaft Tours damals noch gehört hatte, Bischof geworden war, und als Injuriosus 546 starb, folgte ihm Baudin, ein ehemaliger Haushofmeister Chlothars I.

In den letzten Monaten seines Lebens hatte Chlodwig die Bischöfe seines Reiches nach Orléans zu einer Synode berufen. Es zeugt von der das Reich als ein Ganzes, ihre Teilherrschaften aber als die von ihnen wahrzunehmenden Anteile an einer Gesamtherrschaft begreifenden Vorstellung der Söhne Chlodwigs, daß sie an der Tradition dieser Reichssynoden während der gesamten ersten Hälfte des 6. Jahrhunderts festhielten. Synoden, zu denen einer der Könige die Bischöfe seiner Teilherrschaft allein zusammenrief, bildeten während dieser Zeit eine deutliche Ausnahme. Bekannt ist, daß Theudebert I. 535 die seiner Herrschaft unterstehenden Bischöfe in Clermont-Ferrand zu einer Synode versammelte. Der Tagungsort, aber auch der Zeitpunkt, zu dem diese Versammlung stattfand, deuten darauf hin, daß sowohl die vorausgegangenen Auseinandersetzungen um die Auvergne als auch die Ausweitung des Gesamtreiches durch die Unterwerfung der Thüringer und die Eroberung des Burgunderreiches diese ungewöhnliche Veranstaltung veranlaßt hatten.

Während der gesamten ersten Hälfte des 6. Jahrhunderts fanden sich die Bischöfe des Frankenreiches dagegen sehr häufig zu Reichssynoden zusammen. Ein Tagungsort, der, wahrscheinlich durch seine zentrale Lage bedingt, gegenüber anderen einen deutlichen Vorrang besaß, blieb Orléans. Hier fanden nach 511 nochmals 533, 538, 544 und 549 Synoden statt. Diese Versammlungen waren auch insofern echte Reichssynoden, als sie von sehr vielen Bischöfen des Frankenreiches besucht worden sind. In Orléans versammelten sich 511 32, 533 31, 538 26, 541 54 und 549 sogar 71 Bischöfe. An der Synode dagegen, die Theudebert I. 535 für seine Teilherrschaft in Clermont-Ferrand abhielt, nahmen lediglich 15 Bischöfe teil. Auch die Vertreter der Kathedralkirchen von gerade erst der fränkischen Herrschaft unterworfenen Gebieten erschienen zu den Reichssynoden. Bereits 533 kamen die Bischöfe der burgundischen Bistümer Autun und Vienne nach Orléans, und acht Jahre später erschienen hier die Bischöfe der in der Provence gelegenen Bistümer Aix, Toulon und Frejus. Bis 537 hatte die Provence noch unter ostgotischer Herrschaft gestanden.

Das konsequente Festhalten der fränkischen Teilherrscher an der Einrichtung der Reichssynoden war offensichtlich nicht zuletzt dem Wissen um die große Bedeutung geschuldet, die die Kirche mit ihrer Organisation sowohl für die Wahrung der Macht des Königtums als auch für die Wahrung der Einheit des Reiches besaß, und nichts war geeigneter, diese hohe Bedeutung sichtbar werden zu lassen, als die alle Teilherrschaften und auch die gerade erst eroberten Gebiete gleichermaßen übergreifende Zusammensetzung dieser Versammlungen.

Die Synoden befaßten sich mit kirchlichen Angelegenheiten, nahmen aber auch zu weltlichen Fragen Stellung. Unter den Beratungsgegenständen kehrten Maßnahmen immer wieder, die zur Bekämpfung des Heidentums und heidnischer Gebräuche getroffen werden sollten, vor allem aber beschäftigte die Besetzung der Bistümer die versammelten Geistlichen nahezu auf jeder Synode. Einen Grund hierfür bildeten offensichtlich die sich vermehrenden willkürlichen Eingriffe der Könige, die sich bis zum Verkauf des bischöflichen Amtes steigerten. Die im Oktober 549 in Orléans tagende Synode fand schließlich die Kompromißlösung, daß der Bischof durch Klerus und Volk gewählt und, nachdem seine Wahl vom König bestätigt worden war, von dem für das betreffende Bistum zuständigen Metropoliten, also dem Haupt der Kirchenprovinz, konsekriert werden sollte. Die gleiche Synode drohte jedem, der etwas zurückforderte, was er selbst oder einer seiner Vorfahren einst den Priestern, den Kirchen oder anderen heiligen Orten geschenkt hatte, »als Mörder der Armen« die Exkommunikation an.

Christentum und Kirche, die in römischer Zeit bis zur Rhein-Donau-

Linie vorgedrungen waren, hatten während der letzten einhundert Jahre der römischen Herrschaft schwere Einbußen erlitten: In Köln, Mainz, Worms und Speyer waren die Bischofsstühle seit der Mitte des 5. Jahrhunderts verwaist, die kirchlichen Gebäude zumeist zerstört oder doch beträchtlich in Mitleidenschaft gezogen. Nur in Trier hatte das Amt des Bischofs alle Stürme der Zeit überdauert. In einer Anzahl von Orten war das Christentum aber von einer römischen Restbevölkerung bewahrt worden, die sich hier und über den Zusammenbruch des *Imperium Romanum* und die Errichtung der fränkisch-merowingischen Herrschaft hinweg erhalten hatte. Nicht nur in Trier, Mainz und in anderen ehemaligen Römerstädten, sondern auch in kleineren Kastellorten wie Bingen und Boppard blieben auf diese Weise christliche Gemeinden am Leben. Von ihrer Existenz zeugen Grabsteine mit christlichen Motiven und Inschriften, die aus dem 5. und 6. Jahrhundert überliefert sind. Im Falle des *Castrums* Bonn, das als römisches Fiskalgut in die Hände der fränkischen Könige übergegangen war, deutet ein bei einem älteren Kirchenbau gelegenes Gräberfeld auf Christen hin, die noch in frühfränkischer Zeit hier gelebt haben müssen.

Neben der Begründung regionaler weltlicher Machtzentren, die dem politischen, militärischen, aber auch dem ökonomischen Erfassen und Erschließen entsprechend gelegener Räume diente, kam der Reorganisation der Kirche des Rhein-Mosel-Gebietes bei der Vorbereitung und Sicherung des Ausgreifens der fränkisch-merowingischen Herrschaft nach Osten tragende Bedeutung zu. Diese Reorganisation setzte, mit den Söhnen Chlodwigs I. beginnend und von ihnen tatkräftig gefördert, mit dem Wiederaufbau der Kirchen in diesen Gebieten und der hier gelegenen Bistümer ein. Es ist sicher, daß in Köln und Mainz um die Mitte des 6. Jahrhunderts bereits wieder Bischöfe tätig waren. Bischof Sidonius von Mainz, der möglicherweise aus der Auvergne gekommen war, unterhielt enge Beziehungen zum Hof Theudeberts I. Berthoara, eine Tochter dieses Herrschers, förderte den Wiederaufbau einer Taufkirche beim Bischofssitz des Sidonius nachdrücklich. Das eigentliche Zentrum der kirchlichen Reorganisation im Rheingebiet war jedoch das Bistum Trier, das wegen seines kontinuierlichen Fortbestehens seit der Römerzeit über die günstigsten Voraussetzungen für eine früh einsetzende missionarische Tätigkeit verfügte. Enge Beziehungen, die die Bischöfe dieser Kirche an Aquitanien banden, sicherten ihnen zudem die Hilfe von Geistlichen, die durch Bildung und Erfahrung auf eine entsprechende Tätigkeit vorbereitet waren. Der bedeutendste unter den Trierer Bischöfen des 6. Jahrhunderts, Nicetius, entstammte selbst einer angesehenen gallo-römischen Senatorenfamilie. Er wurde wahrscheinlich in Limoges geboren und 525 oder 526 von Theuderich I. an die Spitze des Trierer Bistums gestellt. In seinem bischöflichen Amt entfaltete Nicetius eine rege und weitreichende Tätigkeit, um verfallene Kirchen wieder aufzubauen, einen möglichst gebildeten Klerus heranzuziehen und das Mönchtum wieder zu beleben. Für den Aufbau seiner Kathedralkirche ließ Nicetius, der erst nach 561 starb, sogar Handwerker aus Italien kommen. 549 nahm er an der damals in Orléans tagenden Synode teil. Sein Nachfolger, Magnerich, war der erste Bischof, der mit seiner missionarischen Tätigkeit nachweislich beträchtlich über Trier hinausgriff: Er erbaute in Karden, einer in einiger Entfernung unterhalb des Bischofssitzes ebenfalls an der Mosel gelegenen Siedlung, eine dem heiligen Martin geweihte Kirche.

Die Reorganisation der Kirche des Rheingebietes, soweit sie sich während der Herrschaft der Söhne Chlodwigs vollzog, schloß mit der Existenz voll arbeitsfähiger Bischofskirchen in Trier, Köln und Mainz ab. Alle drei stiegen etwas später zu Erzbistümern auf, und alle drei standen während des gesamten Mittelalters an der Spitze bedeutender Kirchenprovinzen.

Ein von der – unterschiedlich lange währenden – Herrschaft der vier Söhne Chlodwigs zu zeichnendes Bild wird heute von der Erkenntnis bestimmt sein müssen, daß nicht die Teilung der Herrschaft im Reich, sondern die Bewahrung der Stärke und des Einflusses des fränkisch-merowingischen Königtums das historisch bedeutsame Element des halben Jahrhunderts fränkisch-merowingischer Geschichte ausmachten, das auf den Tod Chlodwigs folgte. In bestimmter Hinsicht haben die Söhne ihre Macht gegenüber der vom Vater auf sie überkommenen sogar noch ausgebaut, auf jeden Fall aber förderten sie die weitere Ausbildung von Machtorganen frühfeudal-staatlichen Charakters.

Zum Versuch einer Wertung der gemeinsamen Herrschaft der Söhne Chlodwigs gehört jedoch neben dem Hinweis auf den Fortgang, den die Ausbildung des frühfeudalen Staates während dieser Zeit nahm, auf jeden Fall der Hinweis auf die historische Bedeutung, die der Ausweitung der fränkisch-merowingischen Herrschaft östlich des Rheins zukam. Mit der Unterwerfung der Thüringer und der Beseitigung ihrer politischen Selbständigkeit sowie der Eingliederung des Siedlungsgebietes der Bayern waren zum einen die staatlichen Vor-

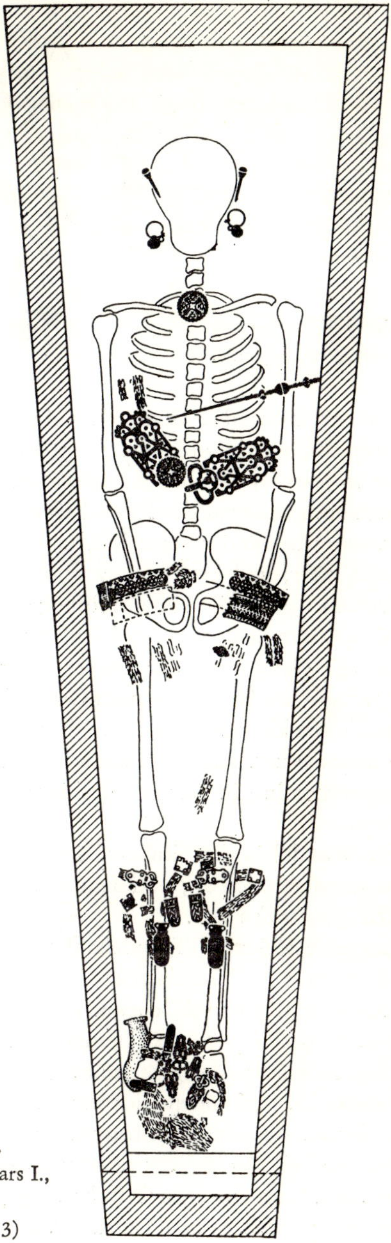

Abb. 11
Grab der Arnegunde,
zweite Gattin Chlothars I.,
in Saint-Denis,
Frankreich (vgl. Taf. 3)

Abb. 12
Goldener Siegelring
der Königin Arnegunde

aussetzungen für das Übergreifen feudalisierender Kräfte aus den ökonomisch, sozial und kulturell fortgeschritteneren westlichen Reichsteilen in jene Gebiete hinein geschaffen worden. Dieses Übergreifen begann noch während der Herrschaft der Söhne Chlodwigs, setzte sich aber, mit wachsender Intensität, unter ihren Nachfolgern fort. Zum anderen aber, und hier gerät vor allem die Entwicklung auf später deutschem Boden, die Herausbildung des deutschen Volkes und eines eigenständigen deutschen Feudalstaates in die Aufmerksamkeit, wurde durch die Gesamtheit der Folgen jener Ausweitung der fränkisch-merowingischen Herrschaft nach Osten ein Prozeß eingeleitet, der zum allmählichen Zusammenwachsen aller zwischen Rhein und Elbe lebenden Stämme und Stammesverbände führte und mit ihrem politischen Zusammenschluß in ottonisch-salischer Zeit seinen einstweiligen Abschluß fand.

Ein Wandel in der Situation des fränkisch-merowingischen Königtums kündigte sich an, nachdem das 6. Jahrhundert in seine zweite Hälfte eingetreten war.

Im Jahre 555 starb Theudebald I., der Sohn Theudeberts I., ohne Nachkommen zu hinterlassen. Um sein Erbe kam es zwischen den beiden nun allein noch lebenden Söhnen König Chlodwigs, Childebert I. und Chlothar I., zu blutigen Auseinandersetzungen. Chlothar gelang es zunächst, das gesamte Erbe Theudebalds I. an sich zu reißen. Childebert I. verbündete sich darauf aber mit Chramn, einem Sohn Chlothars I., den dieser als Unterkönig in dem seiner Herrschaft unterstehenden Teil Aquitaniens eingesetzt hatte. Gemeinsam zogen Childebert I. und Chramn gegen Chlothar. Zur gleichen Zeit, nämlich 555/56, erhoben sich Sachsen und Thüringer. Sie verweigerten die Tribute, die sie seit der Niederlage von 531 zu entrichten hatten. Chlothar sammelte ein Heer, um den Aufstand niederzuschlagen, mußte aber eine Niederlage hinnehmen. 557 stießen sächsische Truppen bis nach Deutz vor. Chlothar befand sich, obwohl er seinem Bruder Childebert seit dem Tode Theudebalds an Macht bei weitem überlegen war, durch das gemeinsame Vorgehen seiner inneren und äußeren Gegner in einer bedrohlichen Lage. Childebert stand vor Reims, dem damaligen Hauptsitz Chlothars, Chramn beherrschte von der Umgebung von Limoges aus die aquitanischen Besitzungen seines Vaters, und die Sachsen bedrohten Köln. Als aber Childebert I. Ende 558 in Paris starb, gelang es Chlothar ohne Schwierigkeiten, seine eigene Anerkennung im Herrschaftsgebiet seines Bruders durchzusetzen. Chramn mußte sich unterwerfen, floh aber etwas später mit seiner Frau und seinen Töchtern in den Schutz des Bretonenherzogs Chonoober. Chlothar I., der letzte der Söhne Chlodwigs I., nahm die Herrschaft noch einmal für eine kurze Zeit als Gesamtherrscher des Merowingerreiches wahr. Schließlich zog er nach Tours zum Grabe des heiligen Martin, um seine Sünden zu beichten, ehe er im Dezember 561 in der Pfalz Compiègne starb. Seine vier Söhne brachten ihn nach Soissons und bestatteten ihn dort in der Kirche des heiligen Medard. Mit seinem Tode endete endgültig die Periode eines Königtums, das sich über geraume Zeit als fähig erwiesen hatte, den im Reich wirkenden divergierenden Kräften mit beträchtlichem Erfolg entgegenzuwirken.

Neustrien, Austrasien und Burgund – ihre historischen Wurzeln und ihre Entwicklung zu eigenständigen Teilreichen (561–613)

Nachdem Chlothar I. 561 begraben war, wurde die Herrschaft im Frankenreich genau wie ein halbes Jahrhundert früher nach dem Tode Chlodwigs I. unter vier Erben geteilt, und die vier Söhne Chlothars I. verfuhren bei dieser Teilung nach dem Modus, den fünfzig Jahre vor ihnen die Söhne Chlodwigs gefunden hatten: Charibert I. erhielt das Herrschaftsgebiet Childeberts I. mit Paris, Guntchramn das Chlodomers mit Orléans, Chilperich I. empfing das Herrschaftsgebiet Chlothars I. mit Soissons und Sigibert I. schließlich das Theuderichs I. mit Reims. Aber es zeigte sich nach dieser Teilung doch sehr bald, daß die Verhältnisse nicht mehr die des frühen 6. Jahrhunderts waren, denn die Politik dieser jetzigen vier Teilherrscher war keineswegs mehr in erster Linie von einer Gemeinsamkeit in der Herrschaft und dem Bestreben bestimmt, durch expansive Ausweitung der Grenzen des Gesamtreiches, Unterwerfung anderer Stämme und Stammesverbände sowie durch ihre Ausplünderung die Macht aller vier und so zugleich die Macht jedes einzelnen zu vergrößern. Die Politik der Söhne Chlothars I. sowie die ihrer zahlreichen königlichen Nachfolger war vielmehr durchgängig von dem Bestreben beherrscht, den eigenen Herrschaftsbereich auf Kosten der anderen Könige zu erweitern.

Um 562 erschienen von ihrem Khagan Bajan geführte Awaren, die eigentlich in Innerasien zu Hause waren, an der unteren Donau. Sie zerstörten zunächst das Reich der Gepiden und nahmen, nachdem die Langobarden 568 aus ihren damaligen Wohnsitzen in Pannonien nach Oberitalien abgezogen waren, auch dieses Gebiet in Besitz. Von ihrem nun mit seinem Kerngebiet um die Theiß, die Donau und die Drau gelegenen Herrschaftsgebiet aus bedrohten die Awaren die Grenzen des Frankenreiches. Nicht lange nach dem Tode Chlothars I. kam es zwischen ihnen und fränkischen Truppen in der Nähe der Elbe zu ersten kriegerischen Auseinandersetzungen, in deren Verlauf es Sigibert I. gelang, die Angreifer zum Abziehen zu zwingen. Die näheren Umstände dieser Auseinandersetzungen sind nicht überliefert, sicher aber ist, daß Chilperich I. die Tatsache, daß sein Bruder mit seinen bewaffneten Kräften an der östlichen Grenze des Frankenreiches gebunden war, zu einem Angriff auf dessen Herrschaftsgebiet nutzte. Er überfiel Reims und eroberte noch einige andere in der Teilherrschaft Sigiberts gelegene Civitates. Gregor von Tours kommentierte die Folgen, die der Angriff Chilperichs heraufbeschwor, mit den überaus treffenden Worten, daß hieraus, um »das Leiden voll zu machen«, zwischen den Königen ein *bellum civile*, ein Bürgerkrieg, entstanden sei. Denn Sigibert I. brachte, nachdem er von der östlichen Grenze zurückgekehrt war, Soissons in seine Gewalt. Dort traf er auf Theudebert, einen Sohn Chilperichs, und setzte ihn in der *villa Ponthion* gefangen. Dann zog er gegen seinen Bruder, um die von diesem eroberten Civitates wieder unter seine Herrschaft zu bringen.

Die nun in der Geschichte des Frankenreiches folgenden fünfzig Jahre waren erfüllt von Auseinandersetzungen dieser und ähnlicher Art. Sie wurden mit zügelloser Brutalität ausgetragen. Zahllose Morde, Verstümmelungen, Plünderungen, die immer erneute Einäscherung ganzer Dörfer und zahlloser kirchlicher Gebäude sowie die Verwüstung ausgedehnter Landstriche gehörten zu den Methoden, die von den streitenden Parteien wechselseitig angewandt wurden, um dem jeweiligen Gegner möglichst schweren Schaden zuzufügen und ihn auf diese Weise in seiner Kampfkraft zu schwächen. Die Merowinger, die während der zweiten Hälfte des 6. und im frühen 7. Jahrhundert den Thron bestiegen, herrschten zumeist nur kurze Zeit, und sie starben fast ausnahmslos eines gewaltsamen Todes.

Unvermeidbare Begleiterscheinung dieser Vorgänge war, daß es zu keinen gemeinsamen äußeren Unternehmungen der Könige mehr kam, die Abwehr äußerer Gegner blieb einzelnen Teilherrschern, oft genug aber auch lokalen Machthabern überlassen. Die inneren Auseinandersetzungen führten dazu, daß sich die fränkisch-merowingische Herrschaft über die Randzonen des Reiches zu lockern begann, und in den Zustand wachsender innerer politischer Zerrüttung wurde schließlich auch die Kirche, die mit ihrer Organisation bis zur Mitte des 6. Jahrhunderts als wichtige zentralisierende Kraft gewirkt hatte, voll hineingerissen. Untrügliches Zeichen hierfür war, daß die Reichssynoden mehr und mehr außer Gebrauch kamen. Provinzialsynoden, also Versammlungen der Bischöfe einzelner Kirchenprovinzen, oder auch Synoden der einzelnen Teilherrschaften wurden allmählich zur Regel.

Das Königtum verlor seit der Mitte des 6. Jahrhunderts zusehends seine Fähigkeit, der innerhalb des fränkisch-merowingischen Großreiches seit jeher wirkenden divergierenden Tendenzen Herr zu werden und, wie früher, gestützt sowohl auf militär-demokratische als auch auf klassengesellschaftlich-feudale Kräfte, die Gewalt im Gesamtreich zu behaupten. Die Folge dieser Entwicklung war, daß gesellschaftliche Sonderinteressen die Oberhand gewannen, die schließlich mit der Ausbildung von drei Reichsteilen politische Gestalt anzunehmen begannen. Die Ausbildung dieser Reichsteile ging mit der Formierung mehrerer Fraktionen der Hocharistokratie einher, die durch ausgedehntes Grundeigentum und durch politische Macht mit den jeweiligen historischen Räumen im besonderen Maße verwachsen waren. Diese miteinander verflochtenen Vorgänge basierten auf den ethnisch-sprachlichen, den sozialökonomischen, nicht zuletzt aber auf den geistig-kulturellen Verschiedenheiten, die dem Frankenreich der Merowinger noch immer eigen waren. Denn diese Verschiedenheiten waren während der Herrschaft Chlodwigs I. und der seiner Söhne zwar politisch beherrscht, aber sie waren keineswegs überwunden worden.

Die drei fränkisch-merowingischen Reichsteile, die sich im 7. Jahrhundert schließlich zu wirklichen Teilreichen mit weitgehender politischer Eigenständigkeit entwickelten, nämlich Neustrien, Austrasien und Burgund, nahmen 567 deutliche Gestalt an. In jenem Jahr starb mit Charibert I. der erste der vier Söhne Chlothars I., und dieser Tod war der Anlaß dafür, daß das Frankenreich von den drei anderen Königen erneut geteilt wurde. Die Herrschaftsgebiete, die aus dieser Teilung hervorgingen, entsprachen in ihren Grundzügen jenen drei Reichsteilen. Neustrien deckte sich weitgehend mit dem ehemaligen Herrschaftsgebiet des Syagrius, denn neustrisch war das Gebiet zwischen Loire und Seine. Nördlich des Unterlaufs der Seine erstreckte sich Neustrien bis nach Flandern. Dieser Reichsteil war also mit der politischen Kernlandschaft des Merowingerreiches weitgehend identisch, und hier lagen deshalb auch die ertragreichsten Teile des während der zweiten Hälfte des 6. Jahrhunderts noch vorhandenen Königsgutes. Bevorzugter Königssitz dieses Reichsteiles war fortan Soissons, da die drei Könige miteinander vereinbart hatten, daß keiner von ihnen ohne Einwilligung der beiden anderen künftig Paris betreten sollte. Bei der Teilung von 567 fiel Neustrien an Chilperich I. Austrasien, mitunter auch Austrien genannt, umfaßte die vorwiegend fränkisch besiedelten nördlichen und nordöstlichen Teile des Frankenreiches um Maas und Rhein sowie die östlich des Rheins gelegenen

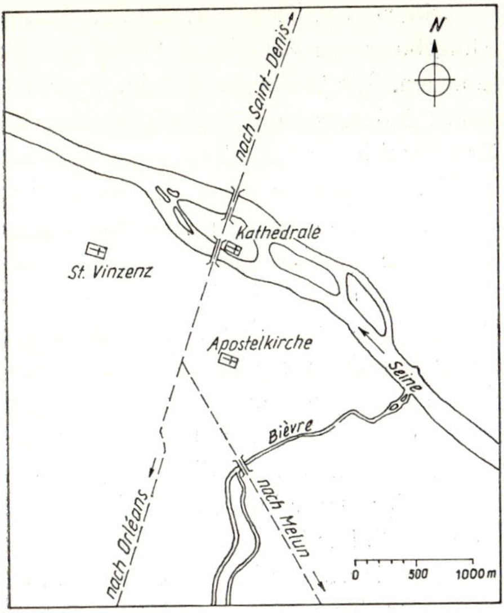

Abb. 13
Paris um die Mitte des 6. Jh.

Gebiete. Bevorzugter Königssitz war weiterhin Reims und etwas später Metz. Eine erhebliche Bedeutung besaß jedoch bereits seit der Herrschaft Theudeberts I. auch Köln, der ehemalige Sitz der rheinfränkischen Könige. Austrasien fiel 567 an Sigibert I. Zu Burgund schließlich, das dem König Guntchramn zugesprochen wurde, gehörten etwa jene Gebiete, die bei der Eroberung des Burgunderreiches 534 an die Franken gefallen waren. Während Guntchramns Herrschaft stieg Chalon-sur-Saône zum bevorzugten Königssitz dieses Teilreiches auf.

Aquitanien wurde ein weiteres Mal unter mehreren Herrschern aufgeteilt, denn jeder der drei Könige erhielt hier wieder seinen Anteil, und geteilt wurde auch die Provence. So ist es zu erklären, daß Sigibert I. in den Besitz von Tours und Poitiers, aber auch in den Besitz von Marseille kam, das damals als Hafenstadt und Handelsplatz erhebliche Bedeutung besaß. Damit waren die Voraussetzungen dafür geschaffen, daß die engen und lebhaften Beziehungen, die den Rhein-Mosel-Raum seit langem mit Aquitanien verbanden, erhalten blieben. Sie ermöglichten es, daß sich in Austrasien während der Herrschaft Sigiberts I. die Pflege spätrömischer Bildung und Kultur besonders entfaltete. Am Hofe Sigiberts I. hielt sich zeitweilig Venantius Fortunatus auf, der als Dichter, aber auch als Verfasser von Lebensbeschreibungen einiger seiner Zeitgenossen hervorgetreten ist. Venantius Fortunatus war in der Umgebung von Venedig zu Hause und ist um 565 nach Austrasien gekommen. Seit 567 verbanden ihn enge Beziehungen mit der thüringischen Königstochter Radegunde, die damals bereits in dem von ihr in Poitiers gegründeten Kloster lebte. Radegunde veranlaßte Venantius Fortunatus dazu, in dichterischer Form den Untergang des Reiches der Thüringer zu beschreiben. Sigibert I. war es auch, der wieder enge verwandtschaftliche Verbindungen zu dem kulturell hochstehenden westgotischen Königshof in Toledo knüpfte: Er heiratete 566 Brunhilde, eine Tochter des Westgotenkönigs Athanagild. Gregor von Tours rühmte neben der Schönheit der Westgotin ausdrücklich ihre Bildung und ihren klugen Geist.

Mit der Teilung von 567 hatten erstmalig jene politischen Konstellationen unübersehbare Gestalt angenommen, die die Geschichte des Frankenreiches nun bis zum Ende der Dynastie der Merowinger weithin beherrschen sollten. An ihrer Spitze behaupteten sich zunächst noch für einige Zeit die Könige als Herrscher in den Teilreichen, jedoch traten als eigentliche Akteure in den fortgesetzten Machtkämpfen der folgenden Zeit die einzelnen Fraktionen der fränkisch-merowingischen Hocharistokratie mehr und mehr in den Vordergrund.

Sofort nach der Teilung von 567 begannen Chilperich von Neustrien und Sigibert von Austrasien den Kampf um eine Änderung des eben erst gefundenen Teilungsmodus. Chilperich I. verfolgte mit wiederholten Angriffen auf Tours und Poitiers vor allem das Ziel, sich einen direkten Zugang zu seinen aquitanischen Exklaven zu verschaffen. Sigibert dagegen suchte sich einen größeren Anteil an dem in Neustrien gelegenen Königsgut zu sichern, das wegen seiner zahlreichen zentral gelegenen Civitates, aber auch wegen seiner ökonomischen Leistungsfähigkeit von unvergleichlich größerer militärischer Bedeutung und auch von höherem wirtschaftlichen Wert war als die zu einem beträchtlichen Teil noch unerschlossenen und in den politischen Randzonen des Merowingerreiches gelegenen königlichen Güter Austrasiens. Die von den Königen verfolgten Ziele brachten es zwangsläufig mit sich, daß die inneren Kriege jener Zeit in Neustrien, vor allem aber in Aquitanien ausgetragen wurden. Und diese Tendenz wurde zudem noch dadurch verstärkt, daß die überlegene Wirtschaft und Kultur der südlich der Loire gelegenen Gebiete die Könige immer wieder zu Versuchen veranlaßten, ihre aquitanischen Besitzanteile auszuweiten. Die Aufsplitterung der politischen Herrschaft in Aquitanien war außerdem dazu angetan, bewaffnete Auseinandersetzungen zu provozieren, da sie den Keim zu ständigen Streitigkeiten um wechselseitige Besitzansprüche in sich barg.

Dagegen blieben die eigentlichen Kerngebiete Austrasiens von diesen Kämpfen weitgehend verschont; nur seine westlichen Randgebiete mit dem wichtigen Bischofssitz Reims waren gelegentlich betroffen. So unternahm Chilperich I. 574 oder 575 einen Kriegszug, bei dem er, alles verheerend, bis zu dieser Civitas vordrang. Dieser Feldzug war der Anlaß für einen erneuten Einfall Sigiberts I. in den Reichsteil Chilperichs. Sigibert bot, wie auch früher schon, für diesen Kriegszug die östlich des Rheins seiner Herrschaft unterworfenen Stammesverbände auf, die wegen ihrer Wildheit und Angriffslust gefürchtet waren.

Die von den Herrschern und ihren wechselnden Parteiungen nahezu ununterbrochen um die Erweiterung ihres Besitzstandes und die Vorherrschaft im Reich geführten Kriege ließen sowohl in Neustrien als auch in Aquitanien ein gesellschaftliches Milieu, eine gesellschaftliche Atmosphäre entstehen, in der schließlich auch bewaffnete Auseinandersetzungen zwischen anderen Großen des Reiches an der Tagesordnung waren. Sie wurden häufig um die Besetzung von Grafschaften, Bistümern und die anderer weltlicher und kirchlicher Ämter geführt, mit denen Gewalt über Grundeigentum und Herrschaft über abhängige Arbeitskräfte zu erlangen waren. Gar nicht selten gingen solche Auseinandersetzungen mit der gewaltsamen Aneignung grundherrlicher Höfe samt ihrem Zubehör einher.

Es konnte nicht ausbleiben, daß von der politischen Verselbständigung dreier Reichsteile, den nahezu ununterbrochenen Kämpfen, die die Könige um die Vorherrschaft im Reich führten, sowie den sich häufenden Fehden feudalen Charakters auch die Kirche voll betroffen wurde. Nicht nur die Kirchengüter, also der materielle Besitz, sondern auch kirchliche Disziplin und Organisation erlitten schwere Einbußen. Die aus jener Zeit überlieferten Konzilsakten sind voll von Beratungen und Beschlüssen über Gewalttaten von Bischöfen, die Prunksucht der Geistlichen sowie über in weltlicher Kleidung einhergehenden und Waffen tragenden oder auch bei den Mahlzeiten singenden und tanzenden Klerikern, und es finden sich sogar Beschlüsse gegen Bischöfe, die kirchliche Weihen für Geld erteilten. Bis zu welchem Ausmaß die Zerrüttung des kirchlichen Lebens hier und da anwuchs, beleuchten höchst unkirchliche Vorgänge, die sich im späten 6. Jahrhundert in dem von Radegunde zu Poitiers gegründeten Kloster ereigneten. Denn hier kam es, nachdem die Königin 587 gestorben war, zwischen den Nonnen und ihrer Äbtissin zu Auseinandersetzungen, die sich bis zum offenen Aufruhr steigerten. Die Nonnen, etwa vierzig an der Zahl, verließen zeitweilig das Kloster, und Chrodechilde, eine Tochter Chariberts I., tat sich mit »Mördern, Giftmischern, Huren und geflüchteten Hörigen« zusammen, ließ die Äbtissin in Haft setzen und das Kloster plündern. Schließlich erteilten Childebert II. von Austrasien und Guntchramn I. von Burgund im Jahre 590 mehreren Bischöfen ihrer Reichsteile den Auftrag, die Ordnung in dem heimgesuchten Kloster wieder herzustellen. Zu diesen Bischöfen gehörte neben Gregor von Tours, der über diese Vorgänge höchst anschaulich berichtet, auch Evergisel von Köln.

Obwohl nach dem Tode von Chlothar I. keine Reichssynoden mehr stattfanden, hat es jedoch auch damals nicht gänzlich an von geistlichen Würdenträgern ausgehenden Versuchen gefehlt, den verheerenden materiellen, geistigen und kulturellen Folgen der wachsenden Anarchie entgegenzuwirken. Bereits 567 versammelten sich neun Bischöfe Neustriens zu einer Synode in Tours, um entsprechende Maßnahmen zu beschließen. Sie drohten jedem, der bei kriegerischen Einfällen in einen anderen Reichsteil Kirchengut raubte oder konfiszierte, Exkommunikation und Anathem an, und die Exkommunikation sollte auch jene *judices* und *potentes*, jene Richter und Mächtigen, treffen, die Arme unterdrückten, sich aber trotz Ermahnungen ihres Bischofs nicht bessern wollten.

Im Jahre 575 wurde Sigibert I., als er sich auf jenem Kriegszug in Neustrien befand, mit dem er den Angriff seines Bruders Chilperich I. auf Reims beantwortete, von zwei Dienstleuten Chilperichs ermordet. Brunhilde, seine Frau, fiel mit ihren Töchtern in die Hände ihres Schwagers. Sie wurde in Rouen, ihre Töchter in Meaux gefangengesetzt. Ihr Sohn Childebert II. dagegen, der künftige Thronfolger, wurde von einem Gefolgsmann Sigiberts I. gerettet, nach Austrasien gebracht und hier, obwohl er kaum das fünfte Lebensjahr erreicht hatte, zum König erhoben. 577 entkam Brunhilde aus der Haft. Sie ging nach Metz, wo sich Childebert II. damals aufhielt, und trat nun in den Kampf um das Erbe ihres Gatten ein.

584 traf Chilperich I., den Gregor von Tours als den »Nero und Herodes unserer Zeit« bezeichnete, das gleiche Schicksal, das neun Jahre früher sein Bruder Sigibert erlitten hatte: Er wurde, als er sich zur Jagd auf seinem in der Nähe von Paris gelegenen Hof Chelles aufhielt, eines Nachts durch mehrere Messerstiche getötet. Auch er hinterließ nur einen unmündigen Sohn, Chlothar II., für den Frede-

gunde, die Witwe Chilperichs, nun die Herrschaft zu behaupten suchte.

Von den vier Söhnen Chlothars I. lebte jetzt nur noch einer, nämlich Guntchramn von Burgund. Damit aber war eine politische Situation entstanden, die sehr bald offenbar werden ließ, daß dem in mehrere miteinander konkurrierende Zweige aufgespaltenen und durch die Unmündigkeit zweier Herrscher in seiner Handlungsfähigkeit und in seinem Einfluß zusätzlich beeinträchtigten merowingischen Königtum Gegner erwachsen waren, die nicht nur über den Willen, sondern auch über die Fähigkeit verfügten, die Macht dieses Königtums im eigenen Interesse unbedenklich weiter zu beschneiden. Denn die führenden Geschlechter der Hocharistokratie des Reiches nutzten diese Situation zu einer weitverzweigten Adelsrevolte. Sie bedienten sich dabei des Versuches, den Gundowald, ein vorgeblicher oder tatsächlicher unehelicher Sohn Chlothars I., nach der Ermordung Chilperichs I. unternahm, zur Herrschaft zu gelangen. Gundowald fand bei diesem Versuch die Unterstützung sowohl vieler neustrischer als auch vieler burgundischer Herzöge, Grafen und Bischöfe. In der Nähe von Limoges wurde er schließlich förmlich zum König erhoben.

An der Spitze dieser Revolte standen Desiderius, ein Herzog Chilperichs I., sowie Mummolus, ein Herzog Guntchramns. Desiderius war Herzog von Toulouse, das damals zu den aquitanischen Besitzungen Chilperichs I. gehörte, Mummolus dagegen hatte seine Machtbasis in Avignon. Er war seinem Vater einst in der Grafschaft Auxerre gefolgt, später aber von Guntchramn mit dem Rang eines Patricius ausgezeichnet worden. In dieser Stellung führte er bereits den Kampf gegen Langobarden, die zwischen 571 und 574 von Oberitalien aus in Burgund eingefallen und damals bis nach Embrun vorgedrungen waren.

Es ist aufschlußreich, daß die Revolte, die mit dem Namen des Gundowald verbunden war, in Austrasien keinen größeren Widerhall fand, obwohl auch hier einige weltliche und kirchliche Amtsträger anfänglich mit dem Usurpator sympathisierten. Mit Sicherheit ist das von dem Herzog Childeberts II., Guntchramn Boso, bezeugt, und mit größter Wahrscheinlichkeit gehörte auch Bischof Egidius von Reims zu einer Gruppe austrasischer Großer, die Gundowald in der frühen Phase seines Versuches, die Herrschaft in einem Teil des Frankenreiches zu erlangen, Unterstützung gewährte. Diese Großen änderten ihre Haltung aber sehr rasch und fielen von Gundowald ab. Sie verzichteten jedoch keineswegs freiwillig auf ihre Parteinahme für

Gundowald, sondern wurden durch Widerstände zu einer Sinnesänderung veranlaßt, denen sie in Austrasien selbst begegneten. Diese Widerstände aber basierten auf Institutionen militär-demokratischen Charakters, denn die waren im späten 6. Jahrhundert im Osten des Reiches infolge seiner geschlossenen fränkisch-germanischen Besiedlung und des geringen Einflusses früherer spätantik-klassengesellschaftlicher Verhältnisse noch unvergleichlich lebensfähiger als in Neustrien. In Aquitanien aber waren solche Institutionen eigentlich nie wirklich wirksam gewesen. In der militärisch bedeutsamsten dieser Institutionen, im Aufgebot der freien bäuerlichen Produzenten, besaß das austrasische Königtum ein nur ihm selbst zu Gebote stehendes Machtmittel, das unabhängig von den bewaffneten Kräften der Hocharistokratie und notfalls auch gegen diese einsetzbar war, und es waren Teile des aufgebotenen Heeres, die sich jenen Aufrührern in den Weg stellten. Aufschluß über diese Zusammenhänge gibt Gregor von Tours. Er berichtet im 6. Buch seiner »Frankengeschichte« darüber, daß eines Nachts das versammelte Heer Childeberts II. in Bewegung geraten sei, weil ein Aufruhr unter dem »minor populus«, den »niederen Leuten«, entstand. Der Aufruhr richtete sich gegen den Bischof Egidius von Reims und gegen die Herzöge des Königs, weil sie »sein Reich verkaufen ... und sein Volk unter die Gewalt eines Anderen bringen« wollten. Diese niederen Leute griffen gegen den Bischof und die Großen zu den Waffen, und nur dem Umstand, daß sie keine Pferde bereit hatten, war es zu danken, daß der Bischof nach Reims entkam. Seine Angst soll so groß gewesen sein, daß er, als ihm bei seiner Flucht ein Stiefel von den Füßen fiel, sich nicht einmal die Zeit nahm, ihn wieder anzuziehen.

Der Versuch Gundowalds, zur Herrschaft zu gelangen, stieß im Westen und Süden des Reiches auf die größte Sympathie, und hier fand er auch die stärkste Unterstützung. Aber es war ganz offensichtlich die verschiedenartige politische Situation, nicht die größere oder geringere Loyalität gegenüber ihrem Königshaus, die die Hocharistokratie in den einzelnen Reichsteilen so unterschiedlich reagieren ließ. Guntchramn von Burgund gelang es schließlich, Gundowald nach und nach von einem Teil seiner Anhänger zu isolieren. 585 schloß er ihn in der im äußersten Süden Aquitaniens gelegenen Stadt Saint-Bertrand-de-Comminges ein, und hier wurde Gundowald bei einem Ausbruchsversuch getötet.

Zu diesem Erfolg Guntchramns über Gundowald und seine Anhänger, denen, da sie, soweit sie königliche Amtsträger, also Grafen oder Herzöge waren, ins Gewicht fallende militärische Kräfte unterstellt waren, hatte neben der Tatsache, daß es ihm gelang, die Front dieser Anhänger aufzubrechen, nicht unerheblich beigetragen, daß damals wegen ihrer wechselseitigen Feindschaft sowohl das neustrische als auch das austrasische Königtum bei ihm Unterstützung gesucht hatten. Fredegunde war, nach der Ermordung ihres Gatten von austrasischen Großen bedrängt, zunächst in den Schutz des Bischofs Ragnemod von Paris geflüchtet, hatte sich aber dann direkt an Guntchramn mit der Aufforderung gewandt, in Neustrien die Herrschaft für ihren unmündigen Sohn zu führen. Childebert II. von Austrasien wiederum suchte sich Guntchramn wegen seiner Gegnerschaft zu Fredegunde und dem neustrischen Königtum zu nähern. Hinzu kam, daß offensichtlich inzwischen auch hohe kirchliche Würdenträger in nicht geringer Zahl die Partei Guntchramns ergriffen hatten. Sie verbanden mit dieser Haltung wohl die Hoffnung, daß Guntchramn am ehesten in der Lage sein könnte, der wachsenden Anarchie Einhalt zu gebieten. Jedenfalls trat noch im Oktober 585 in Mâcon, also im angestammten Reichsteil Guntchramns, eine Synode zusammen, auf der die Vertreter von dreiundsechzig in Neustrien, Aquitanien und Burgund gelegenen Bistümern erschienen. Von den in Mâcon Versammelten wurden Bischöfe abgesetzt oder zeitweilig von ihrem Amt suspendiert, die von Gundowald eingesetzt worden waren oder seine Partei ergriffen hatten. Ein Bischof allerdings wurde von der Synode wegen seiner Erklärung zurechtgewiesen, daß die Frauen nicht Menschen im vollen Sinne genannt werden könnten.

Bis zum Ende des Jahres 585 war es Guntchramn nicht nur gelungen, der Adelsrevolte Herr zu werden, sondern er hatte zugleich seine Machtsphäre im Frankenreich überhaupt durch den Einfluß, den er nun auf das Königtum der beiden anderen Teilreiche besaß, beträchtlich ausgebaut. Eine Stabilität erreichende Stärkung der königlichen Herrschaft blieb jedoch trotzdem aus. Sie scheiterte an einem sozialen Kräfteverhältnis, das dem von der Hocharistokratie des Reiches erhobenen Anspruch auf Umwandlung der überkommenen politischen Machtverhältnisse bereits eine dauerhafte gesellschaftliche Basis gegeben hatte: Guntchramn stieß bei seinen Versuchen, seiner Herrschaft in Neustrien dadurch Zugang zu verschaffen, daß er die Macht einiger eingesessener Großer zurückdrängte, auf erheblichen Widerstand. Der von ihm in Angers eingesetzte Graf Theodulf wurde vertrieben und konnte sich erst nach erneutem Eingreifen des Königs behaupten. Ein anderer, Gundowald, der die Grafschaft Meaux anstelle ihres bisherigen Grafen Werpin übernehmen sollte, wurde, als er zum Amtsantritt seinen Umritt in der Grafschaft hielt, in einem Dorf von seinem Vorgänger erschlagen.

Im Jahre 586 kam es schließlich zu einer erneuten Verschwörung von Angehörigen der Hocharistokratie des Reiches. Diesmal stand Herzog Rauching von der Champagne an ihrer Spitze. Childebert II. sollte ermordet, Guntchramn von der weiteren Herrschaft ausgeschlossen werden. Die geplante Erhebung mißglückte jedoch, auch Rauching verlor, so wie vor ihm Gundowald, sein Leben. Aber diese neuerliche Erhebung führte dazu, daß sich Guntchramn und Childebert II. sowie dessen Gattin Faileuba und seine Mutter Brunhilde in der an der Grenze ihrer beiden Reichsteile gelegenen Pfalz Andelot trafen, um hier über Streitfragen zu verhandeln, die ihre Beziehungen beeinträchtigten und die komplizierte Situation des fränkisch-merowingischen Königtums noch zusätzlich belasteten. Nachdem die Könige und Königinnen sich wechselseitig beschenkt und über die Reichsangelegenheiten verhandelt hatten, schlossen sie einen Vertrag. Mit ihm wurden die Streitigkeiten beigelegt, die es seit der Teilung von 567 zwischen dem austrasischen und dem burgundischen König um bestimmte Besitzungen gegeben hatte. Der Vertrag regelte darüber hinaus die Nachfolge in beiden Reichen für den Fall, daß einer der Könige, ohne Söhne zu hinterlassen, vor dem anderen sterben sollte. Es wurde festgelegt, daß in einem solchen Falle der Überlebende im Reich des anderen die Herrschaft vollständig und für immer übernehmen und sie ebenso vollständig seinen Nachkommen hinterlassen sollte.

Tatsächlich starb Guntchramn I. von Burgund im Jahre 592, ohne Söhne zu hinterlassen, und gemäß den Bestimmungen des Vertrages von Andelot übernahm damals Childebert II. von Austrasien die Herrschaft in Burgund. Jedoch vermochte auch diese politische Vereinigung zweier Reichsteile keine dauerhafte Stabilisierung der königlichen Gewalt mehr zu bewirken, denn einer solchen Stabilisierung standen inzwischen die gravierenden Veränderungen entgegen, die seit der Herrschaft Chlodwigs I. in den sozialen und politischen Kräftekonstellationen eingetreten waren. Sie hatten einschneidende Wandlungen vor allem in jenem historischen Raum bewirkt, mit dem die integrierenden Potenzen des frühfeudalen Großreiches der Merowinger im besonderen Maße verknüpft waren.

Etwa acht Jahre, nachdem er durch die Teilung von 567 zum Herrscher in Neustrien geworden war, erließ Chilperich I. ein Edikt, dessen Bestimmungen er zuvor mit den Großen seines Teilreiches und mit seinen Antrustionen beraten hatte. Mit diesem Edikt setzte der neustrische Herrscher jenen in der ältesten Fassung der *Lex Salica* fixierten Rechtssatz förmlich außer Kraft, der es untersagte, Land an weibliche Nachkommen zu vererben: »In gleicher Weise ist beschlossen und übereingekommen, daß wer auch immer Nachbarn hat und entweder Söhne oder Töchter nach seinem Hingang am Leben sind, die Söhne, solange sie überleben, das Land haben sollen, wie es auch das salfränkische Gesetz bestimmt. Und wenn die Söhne früh verstorben sind, empfange die Tochter in gleicher Weise diese Ländereien, wie sie auch die Söhne, wenn sie gelebt hätten, hätten haben sollen. Und wenn sie stirbt, ein anderer Bruder am Leben ist, empfange der Bruder die Ländereien, nicht die Nachbarn ...«[2], heißt es in diesem Edikt Chilperichs I. Die gesetzlich sanktionierte Verfügungsgewalt des Besitzers über sein Land wurde durch diese Bestimmung erheblich erweitert, die Rechte der *vicini*, der Nachbarn, dagegen wurden beträchtlich eingeschränkt. Fiel der Boden nach den Bestimmungen der *Lex Salica* bereits an die Nachbarschaftsgemeinde zurück, wenn eines ihrer Mitglieder starb, ohne Söhne zu hinterlassen, so wurden deren Rechte jetzt erst dann wirksam, wenn der Verstorbene weder Söhne noch Töchter, noch Geschwister hinterließ, die in der gleichen Nachbarschaftsgemeinde ansässig waren.

In der Geschichtswissenschaft der DDR ist es um die Probleme der Ausbildung des Allods in den letzten beiden Jahrzehnten zu heftigen Kontroversen gekommen. Sie hatten einerseits die Versuche einer präziseren Bestimmung des Begriffes, nicht zuletzt aber den zeitlichen Ablauf dieses Prozesses und seine wesentlichen Zäsuren zum Gegenstand.[3] Der insgesamt noch immer unzureichende Forschungsstand läßt es bis heute nicht zu, die umstrittenen Fragen wirklich zu klären und zu einer wissenschaftlich begründeten Vorstellung von der Entstehung und dem sozialökonomischen Wesen des germanischen Allods zu gelangen. Trotzdem kann man schwerlich in Abrede stellen, daß dem soeben zitierten Edikt Chilperichs I. in diesem Vorgang ein Platz von zäsursetzendem Rang einzuräumen ist, denn mit ihm wurde die letzte jener Schranken, die die aus gentilgesellschaftlichen Verhältnissen überkommenen salfränkischen Rechtsvorstellungen der Akkumulation von Grund und Boden setzten, beseitigt. Weiter dürfte daran festzuhalten sein, daß die endgültige Ausbildung des Allods bei den Franken im Gefolge der Vorgänge von 486 erheblich beschleunigt worden ist, da es nicht ausbleiben konnte, daß das gallo-römische Grundeigentum auf die Rechtsgewohnheiten und -normen der fränkischen Eroberer in vielfältiger Weise zersetzend einwirkte und die Umwandlung des diesen schon seit langem geläufigen individuellen Besitzanspruches am Land zu wirklichem Eigentum energisch beförderte. Es war nicht zuletzt die intensive Berührung mit diesem Grundeigentum, die dazu führte, daß die Franken den Sprung zum vollständig ausgebildeten Allod schließlich erheblich früher schafften als die östlich des Rheins siedelnden germanischen Stammesverbände.

Die Könige selbst trugen zu dieser Entwicklung bei, indem sie die Ausbildung eines in den Händen von Franken befindlichen großen Grundeigentums durch Schenkungen aus dem ihnen bei der Eroberung des Syagrius-Reiches zugefallenen römischen Fiskalgut zu freiem Eigen zunächst recht bedenkenlos vorantrieben, denn dieses geschenkte Gut war von vornherein großes, durch abhängige Arbeitskräfte genutztes Eigentum. Aus diesem Grundeigentum aber erwuchsen politische und militärische Macht, die ihrerseits die Anhäufung von Reichtum und folglich auch die weitere Konzentration von Grund und Boden begünstigten. Sie ermöglichten den Erwerb von Land durch Kauf, aber auch durch Anwendung von offener Gewalt, wobei Kauf zunächst vor allem in den ehemals gallo-römischen, Gewalt aber zunächst vor allem in königsfernen oder der fränkischen Herrschaft neu unterworfenen Gebieten bedeutsam waren. Durch die direkten und die indirekten Folgen der ständigen Kriege und der Unterwerfung immer neuer Gebiete wurde dieser Vorgang der Anhäufung von Grundeigentum zusätzlich gefördert. Denn Krieg und Eroberung waren mit dem ständigen Abzug freier bäuerlicher Produzenten aus der *francia* verbunden, und sie führten hier deshalb zur Lockerung überkommener gesellschaftlicher Bindungen und erleichterten so dem großen Grundeigentum das Eindringen in die dörflich-nachbarschaftliche Gemeinde: Zum Heer aufgebotene Franken kehrten aus dem Krieg nicht zurück, weil sie umgekommen waren oder sich in neueroberten Gebieten als bäuerliche Kolonisten niedergelassen hatten. Solche früh einsetzende fränkisch-bäuerliche Kolonisation ist vor allem aus einigen ostrheinischen Landschaften bezeugt. Das Königtum förderte die zersetzenden Folgen von Krieg und Abwanderung noch, indem es die Gemeinde kraft seiner eigenen staatlich-politischen Macht zwang, Zuzügler aufzunehmen, wo und wann immer es seinen eigenen Interessen entsprach.

Mit der vollständigen Ausbildung des Allods, die die Verwandlung des Bodens in eine Ware einschloß, waren in jenen ehemals römischen Gebieten, in denen es im Gefolge der Eroberungen zu einer nennenswerten salfränkischen Landnahme gekommen war, alle notwendigen

Voraussetzungen für die endgültige Spaltung der Gesellschaft in antagonistische Klassen und die umfassende Durchsetzung feudaler Produktionsverhältnisse gegeben. Denn die Folge der veränderten Eigentumsverhältnisse war eine nun auch hier spürbar anwachsende Mobilität des Bodens, die eine weitere Beschleunigung der sozialen Differenzierung mit Notwendigkeit nach sich zog. In den Händen der ökonomisch stärksten Produktionskollektive, vor allem aber in den Händen der hier bereits etablierten großen Grundeigentümer wie der grundherrlich-adelsmäßig lebenden Gruppierungen überhaupt, häufte sich Grundeigentum, und auf der anderen Seite wuchs dementsprechend die Anzahl der abhängigen und ausgebeuteten Produzenten. Die nunmehr gegebene Möglichkeit der Schenkung, der testamentarischen Verfügung, aber auch des Kaufens und Verkaufens gewannen für diesen Differenzierungsprozeß ständig größere Bedeutung. Auf diese notwendigen, weil untrennbaren Wechselwirkungen machte bereits Friedrich Engels aufmerksam, als er sich Ende des vorigen Jahrhunderts mit dem Wesen des Allods und den sozialökonomischen Folgen seiner Entstehung befaßte. Er charakterisierte sie wie folgt: »Von dem Augenblick seiner Herstellung auf ehemals römischem Boden wurde das deutsche Allod, was das römische Grundeigentum, das neben ihm lag, schon lange gewesen war – Ware. Und es ist ein unerbittliches Gesetz aller auf Warenproduktion und Warenaustausch beruhenden Gesellschaften, daß in ihnen die Verteilung des Besitzes immer ungleicher, der Gegensatz von Reichtum und Armut immer größer, der Besitz immer mehr in weniger Händen konzentriert wird ... Von dem Augenblick also, wo Allod, frei veräußerliches Grundeigentum, Grundeigentum als Ware entstand, von dem Augenblick war also die Entstehung des großen Grundeigentums nur noch eine Frage der Zeit.«[4]

Dieser Vorgang der beschleunigten Akkumulation von Grundeigentum blieb jedoch keineswegs auf die Gebiete vorherrschenden salfränkischen Rechtes beschränkt, sondern er erfaßte auch jene Teile Neustriens, in denen es nie zu einer nennenswerten bäuerlich-fränkischen Landnahme gekommen war. Die außerordentliche Bedeutung, die der Kirche als Bündnispartner der merowingischen Herrscher von Anfang an zukam, brachte es mit sich, daß die in Neustrien gelegenen Kircheninstitutionen in diesen Prozeß voll mit eintraten. Denn auch sie empfingen, und zwar mit Chlodwig I. beginnend, reiche Schenkungen aus Königsgut. Aber für das Anwachsen des kirchlichen Grundeigentums und der Anzahl der diesem zugeordneten abhängigen Arbeitskräfte gewannen im Verlaufe des 6. Jahrhunderts auch Kauf, Schenkungen und testamentarische Verfügungen privater Eigentümer rasch an Bedeutung. Für die Bischöfe von Reims, von Le Mans und von anderen Vertretern des neustrischen Episkopats läßt sich seit dem späten 6. Jahrhundert nachweisen, daß sie den Güterbestand ihrer Bistümer durch Kauf erheblich vergrößerten. Der wachsende Einfluß der christlichen Religion, aber auch die besondere wirtschaftliche Leistungsfähigkeit kirchlicher Grundherrschaften waren Gründe, die private Landeigentümer dazu bewogen, Kircheninstitutionen bei Schenkungen gegenüber anderen Empfängern den Vorzug zu geben. Sie erhofften von ihnen Hilfe für sich und ihre Kinder in Notsituationen, und sie erwarteten von Bistümern und Klöstern den Beistand für den Fall ihres eigenen oder des Todes ihnen nahestehender Menschen. Nicht zuletzt deshalb begünstigte der Zustand ständiger innerer Kriege mit ihren verheerenden Folgen das Zustandekommen solcher Schenkungen im beträchtlichen Maße: Weil sie von ihnen Schutz und Hilfe erwarteten, wandten sich die beständig von Plünderungen, Feuersbrünsten, Mord und Vergewaltigung bedrohten Menschen an die Kirche und ihre Heiligen. Naturkatastrophen unvorstellbaren Ausmaßes förderten diese Hinwendung zusätzlich. So wurden um 571 weite Gebiete des südöstlichen Frankenreiches von einer verheerenden Pestepidemie heimgesucht. In Dijon, Lyon, Chalon-sur-Saône, Clermont-Ferrand und Bourges sowie in der weiteren Umgebung dieser Städte starben damals so viele Tausende von Menschen an dieser Seuche, daß die Toten nicht gezählt werden konnten. Fünfzehn Jahre später erfaßte eine nicht weniger verheerende Hungersnot fast ganz Aquitanien, Burgund und Neustrien. Um zu überleben, schnitten die hungernden Menschen die grüne Saat ab oder machten Brot aus zu Staub zermahlenen Wurzeln des Farnkrautes, dem sie etwas Mehl beigemischt hatten. Damals ergaben sich nach Gregor von Tours viele arme Leute der Knechtschaft, nur um etwas Nahrung zu erhalten.

Es war das Ergebnis dieser raschen Akkumulation des Grundeigentums, daß den Merowingerkönigen in den zentralen Teilen des Frankenreiches im späten 6. Jahrhundert eine Klasse feudaler Grundherren gegenüberstand, deren soziale Existenz vorzugsweise auf dem durch die Arbeitsleistung zwar abhängiger, aber selbstwirtschaftender Bauern genutzten großen Grundeigentum basierte. Die oberste Schicht dieser Klasse wurde von einer fränkisch-merowingischen Hocharistokratie gebildet, für die nicht mehr die Stammeszugehörigkeit oder die ethnische Herkunft, sondern allein die Größe ihres Eigentums, die Anzahl der abhängigen Arbeitskräfte und das Ausmaß der von ihnen gehandhabten politischen Macht bedeutsam war. Gewalt über Grundeigentum, das in der Regel an vielen Orten und in verschiedenen Landschaften gelegen war, damit verbundene Herrschaftsrechte gegenüber einer häufig sehr großen Anzahl abhängiger Leute und die Ausstattung mit staatlich-politischen und kirchlich-religiösen Ämtern, deren Befugnisse ein größeres Gebiet umfaßten, bestimmten die herausgehobene Stellung dieser Hocharistokratie.

Ein typischer Vertreter dieser sozialen Schicht war im späten 6. Jahrhundert der Bischof Bertram von Le Mans, über dessen Grundeigentum das von ihm vor seinem Tod erlassene Testament Auskunft gibt. Bertram, der aus Paris kam, wurde 586 Bischof von Le Mans. Das Grundeigentum, über das er 30 Jahre später testamentarisch verfügte, war von der näheren und weiteren Umgebung seines Bischofssitzes bis nach Aquitanien und Burgund sowie bis in die Gegend von Paris und Metz verteilt. Zu ihm gehörten eine Vielzahl dörflicher Siedlungen, umfangreiches Ackerland, Wiesen und Weiden, Wälder, Weinländereien sowie Grundstücke, die in Paris und in Le Mans selbst gelegen waren. Diese Güter waren nicht ausschließlich durch Erbgang oder durch königliche oder private Schenkung an ihren bischöflichen Eigentümer gelangt, sondern auch Bertram hatte viele Liegenschaften käuflich erworben und für ihren Kauf beträchtliche Geldmittel aufgewandt.

Die Angehörigen dieser fränkisch-merowingischen Hocharistokratie bedurften des Königs nicht mehr, um sich ihrer sozialen Existenz sicher zu sein, und sie begannen ihn bei ihrem Streben nach noch mehr Grundeigentum und nach noch mehr politischer Macht eher als störend zu empfinden. Es kam hinzu, daß die weite Streuung ihrer Ländereien, die nicht selten in mehreren Reichsteilen lagen, es den Angehörigen dieser Hocharistokratie erleichterte, die Partei zwischen den Königen nach Belieben zu wechseln. In der Frankengeschichte Gregors von Tours begegnen auf Schritt und Tritt die Namen von Herzögen, Grafen, aber auch von Bischöfen, die bald auf der Seite des einen, bald auf der Seite eines anderen Königs oder auch einer anderen Königin standen. Dieser weltlichen und kirchlichen Hocharistokratie aber standen nach dem Tode Chlothars I. sehr bald Könige gegenüber, deren Machtbasis einerseits durch eine erhebliche Verringerung des zentral gelegenen Königsgutes und andererseits durch die Feudalisierung der freien fränkischen Bauern wie der kleinen und mittleren Grundeigentümer überhaupt erhebliche Einbußen erlitten hatte. Diese Könige vermochten sich deshalb kaum noch auf das militärische Aufgebot dieser kleinen freien

Eigentümer zu stützen, und sie bedurften um so mehr der Kräfte der feudalen Grundherren und der fränkisch-merowingischen Hocharistokratie, um Herrschaft wirksam üben zu können. Das Königtum verlor so zwangsläufig mehr und mehr die Fähigkeit, selbständig handelnd aufzutreten. Durch die ständigen Machtkämpfe, die die Könige untereinander austrugen, wurde diese Entwicklung zusätzlich gefördert, da sie die Abhängigkeit der Herrscher von der Hocharistokratie zwangsläufig verstärken mußten.

Es ist sicher, daß sich die Könige der Gefahr, die ihrer eigenen Macht aus der Verschiebung, die die fortschreitende Feudalisierung im sozialen Gefüge der politischen Kernlandschaft des Reiches bewirkte, bewußt waren, und ebenso ist sicher, daß sie bestrebt waren, ihr zu begegnen. Chilperich I. schließlich suchte sich der Entwicklung mit Gewalt in den Weg zu stellen: Er ließ die Testamente vernichten, die zugunsten von Kirchen errichtet worden waren. Von dem gleichen König überliefert Gregor von Tours die folgende Klage, die immer wieder einmal aus dem Munde dieses neustrischen Herrschers zu hören gewesen sein soll: »Siehe, unser Fiskus ist arm, und unser Reichtum ist an die Kirche gefallen; unsere Macht ist dahin und an die Bischöfe der Civitates gekommen.«

An dieser Stelle nun ist zu den Vereinbarungen von Andelot und ihrem historischen Schicksal zurückzukehren: Es war der beeinträchtigten Herrschaftsfähigkeit des gespaltenen merowingischen Königtums gemäß, daß der aus jenem Vertrag folgenden politischen Vereinigung der Reichsteile Austrasien und Burgund keine Dauer beschieden war. Childebert II. starb bereits 596, und nach seinem Tod folgten ihm sein Sohn Theudebert II. in Austrasien und sein Sohn Theuderich II. in Burgund in der Herrschaft. Für beide nahm während der Zeit ihrer Minderjährigkeit Brunhilde die Herrschaft wahr. In den nach dem Tode Childeberts erneut ausbrechenden Kämpfen mit dem neustrischen Königshaus suchte sie den Besitzstand des austrasisch-burgundischen Zweiges der merowingischen Dynastie mit aller Gewalt zu behaupten. Dabei gelang es Brunhilde und ihren beiden Enkelsöhnen, die mit Erreichen der Mündigkeit in diese Kämpfe einzugreifen begannen, Chlothar II. zeitweilig auf den äußersten Nordwesten seines eigenen Reichsteiles zurückzudrängen. Im Jahre 599 kam es jedoch zu einer erneuten Revolte der austrasischen Hocharistokratie. Ihr gelang jetzt, da sie mit Chlothar II. von Neustrien im Bunde war, was ihr einige Jahre früher noch mißglückt war: Brunhilde mußte nach Burgund fliehen. Aber die greise Königin setzte auch von hier aus den Kampf sowohl gegen Chlothar II. als auch gegen die austrasische Hocharistokratie fort, die zum Kampf um die politische Verselbständigung gegenüber dem Königtum angetreten war. Chlothar II. gewann schließlich die Oberhand, als es zwischen Theudebert II. und Theuderich II. zu bewaffneten Auseinandersetzungen kam, in deren Verlauf Theudebert II. bei Zülpich 612 eine verheerende Niederlage erlitt. Er versuchte noch, in die ostrheinischen Gebiete seines Teilreiches zu entkommen, wurde aber gefangen und umgebracht. Theuderich II. starb im folgenden Jahr, und Königin Brunhilde scheiterte nun endgültig, als sie den Versuch unternahm, ihren Urenkel, Sigibert II., in Metz zum König von Austrasien und Burgund zu erheben. Gegen beide holte die von den Stammvätern der Karolinger, Pippin dem Älteren und Arnulf, dem späteren Bischof von Metz, geführte austrasische Hocharistokratie Chlothar II. zur Hilfe. Den austrasischen Großen schloß sich die unter Führung Warnachars stehende burgundische Hocharistokratie an. Chlothar II. stieß mit seinem Heer bis in die zentralen Teile Austrasiens vor, sein Zug führte ihn bis an den Rhein. Brunhilde, deren Heer sich aufgelöst hatte, ohne dem Angreifer Widerstand zu leisten, versuchte in das Innere Burgunds zu entkommen, wurde aber ergriffen und 613 an Chlothar II., ihren Neffen, ausgeliefert. Auf seinen Befehl wurde sie an ein Pferd gebunden und von diesem zu Tode geschleift.

Nach dem Sturz der Königin Brunhilde, dem Tod ihrer beiden Enkel und der Beseitigung ihres Urenkels Sigibert II. sowie einiger weiterer Nachkommen Sigiberts I. war Chlothar II. alleiniger König im Frankenreich der Merowinger, aber neben ihm stand jetzt eine aus den Kämpfen der zweiten Hälfte des 6. Jahrhunderts gestärkt hervorgegangene Hocharistokratie, die dieses Königtum künftig nur noch hinzunehmen gewillt war, wenn es ihre Forderungen gebührend beachtete.

Der Kampf der Adelsfraktionen um die Vorherrschaft im Reich (613–687)

Das Gleichgewicht der Kräfte zwischen Königtum und Hocharistokratie (613–639)

Nachdem der austrasisch-burgundische Zweig der merowingischen Dynastie durch die blutigen Vorgänge von 613 ausgerottet und Chlothar II. zum alleinigen *rex Francorum* geworden war, leitete er Maßnahmen ein, um seine Herrschaft im Gesamtreich zu sichern. Es war eine der im Reich damals bestehenden Kräftekonstellationen angemessene Entscheidung, zugleich aber auch die Demonstration des Willens, sich mit dieser Kräftekonstellation arrangieren zu wollen, daß Chlothar II. zuerst und vor allem anderen für jeden der drei Reichsteile einen eigenen Hausmeier bestellte. Hausmeier in Neustrien war Gundeland, der von Fredegar ein »tüchtiger und eifriger Mann« genannt wird. In Burgund wurde jener Warnacher auf Lebenszeit mit diesem Amt betraut, der kurz zuvor an die Spitze der gegen die Königin Brunhilde revoltierenden burgundischen Hocharistokratie getreten und schließlich ihre Auslieferung an Chlothar II. betrieben hatte. Zum Hausmeier in Austrasien wurde Rado bestellt.

Der *maior domus*, wie der Hausmeier in den Quellen lateinischer Sprache genannt wird, war ursprünglich der Vorsteher der königlichen Hofhaltung. Da ihm in dieser Eigenschaft die Aufsicht über alle Hofämter des Königs sowie über das königliche Hofgesinde oblag, war er der erste und angesehenste unter den höfischen Amtsträgern, und ihm hatten sich folglich die Inhaber der anderen Hofämter unterzuordnen. Nach der Errichtung des Frankenreiches und der damit verbundenen Erweiterung des königlichen Hofes führte die gehobene Stellung des Hausmeiers mit Selbstverständlichkeit dazu, daß er sehr bald zu den ersten unter den Ratgebern des Königs gehörte und Einfluß auf viele Angelegenheiten des Reiches erlangte. Bereits in der Mitte des 6. Jahrhunderts begegnet der Hausmeier als derjenige unter den ständig am Hofe anwesenden Amtsträgern, der mitunter bei Minderjährigkeit des Königs die Herrschaft wahrnahm. Die Bedeutung dieses Amtes wuchs noch weiter, als es während der zweiten Hälfte des 6. Jahrhunderts üblich wurde, den Führer der königlichen Gefolgschaft regelmäßig auch zum Hausmeier zu bestellen. Im späten 6. Jahrhundert war mit dem Amt des Hausmeiers, zu dem jetzt auch Romanen aufstiegen, bereits eine solche Machtfülle verbunden, daß sein jeweiliger Inhaber dem König an tatsächlichem Einfluß nicht mehr viel nachstand. Deshalb kam die von Chlothar II. nach seinem Sieg über die Königin Brunhilde getroffene Entscheidung, Burgund und Austrasien, obwohl es dort jetzt keinen selbständigen Königshof mehr gab, jeweils einem eigenen Hausmeier zu unterstellen, der Anerkennung der weitgehenden politischen Eigenständigkeit dieser Reichsteile sehr nahe. Denn es konnte nun nicht mehr ausbleiben, daß diese Hausmeier gleichsam zu Repräsentanten der Hocharistokratie ihres jeweiligen Reichsteiles wurden, als deren Sprecher sie schließlich dem König gegenübertraten.

Seit 613 stand dem *rex Francorum* also eine Hocharistokratie gegenüber, die sich eine auf die von ihr beherrschten Reichsteile bezogene politische Machtstruktur geschaffen hatte. Aus den Reichsteilen waren endgültig Teilreiche geworden. In die Verhältnisse dieser Teilreiche vermochte der König nur dann noch mit dauerhaftem Erfolg einzugreifen, wenn er vorher zu einer Übereinkunft mit der jeweiligen Fraktion der Hocharistokratie gelangt war.

Im Jahre 614 kam Chlothar II. in Paris mit der weltlichen und der kirchlichen Hocharistokratie aller drei Teilreiche zusammen, um ihre Forderungen anzuhören und mit ihr über die weitere Herrschaft zu befinden. Die Ergebnisse der Pariser Beratungen wurden in einem Edikt fixiert, das Chlothar II. noch im gleichen Jahr erließ. Die Bestimmungen dieses Ediktes lassen klar erkennen, daß die Hocharistokratie den König bei den Verhandlungen mit Forderungen konfrontiert hatte, die zu wesentlichen Teilen bereits Gegenstand der Auseinandersetzungen der vorangegangenen Jahrzehnte gewesen waren. Denn Chlothar II. hatte sich über die Respektierung der Eigenständigkeit der Teilreiche hinaus zu Zugeständnissen bereit finden müssen, deren Verwirklichung eine deutliche Reduzierung seiner herrschaftlichen Machtmittel nach sich ziehen mußte.

Mit dem Pariser Edikt verkündete Chlothar II. den Grundsatz, daß Richter und Grafen künftig nur noch unter den in der jeweiligen Grafschaft ansässigen großen Grundherren ausgewählt werden sollten. Zur Begründung dieser Verfahrensweise wurde geltend gemacht, daß sie die Möglichkeit schaffen sollte, die Amtsträger bei Überschreitung ihrer Befugnisse mit ihrem Eigengut haften zu lassen. Unvermeidliche Folge dieses sogenannten Indigenatssystems aber war eine Minderung des Einflusses des Königs in den Grafschaften, da ihm jetzt die Möglichkeit genommen war, über die Person des zu ernennenden Richters oder des Grafen wirklich frei zu entscheiden. Außerdem führte die Verbriefung dieses Systems dazu, daß die wichtigsten weltlichen Ämter mehr und mehr den Interessen jener sozialen Kräfte untergeordnet wurden, deren Vertretern sie nun kraft königlichen Rechtsspruches vorbehalten blieben. Hinzu kam, daß dieses System dem Erblichwerden zumindest des Grafenamtes erheblichen Vorschub leisten mußte.

Neben jenen Regelungen, die mit dem Pariser Edikt über die Besetzung der hohen weltlichen Ämter getroffen worden sind, besaßen für die weitere Ausgestaltung der Machtverhältnisse im Reich vor allem seine Bestimmungen zur Immunität Bedeutung grundsätzlicher Natur. Jedoch sind sie in ihren Auswirkungen zwiespältigen Charakters gewesen.

Die Immunität war spätrömischen Ursprungs, sie hatte im *Imperium Romanum* den kaiserlichen Domänen zugestanden. Bei Schenkung von Fiskalgut ging sie in der Regel mit diesem an den neuen Eigentümer über. So erklärt es sich, daß im Frankenreich schon früh vor allem kirchliche, aber auch weltliche Grundherren im Besitz von Immunitäten waren. Der Kreis dieser Immunitätsherren vergrößerte sich jedoch nicht nur durch neue Schenkungen aus königlicher Hand, sondern ihre Zahl wuchs nicht zuletzt deshalb beständig, weil es allmählich zu einer von den Merowingerkönigen geübten Praxis wurde, die Immunität auch solchen Liegenschaften zuzuerkennen, die niemals zum Fiskalgut gehört hatten. Die Immunität untersagte es den weltlichen Amtsträgern, allen voran den Grafen, Immunitätsbezirke zu betreten, um dort Amtshandlungen vorzunehmen oder Abgaben einzutreiben. Innerhalb des mit Immunität ausgestatteten Bezirkes gingen die entsprechenden Befugnisse an den Immunitätsherrn über; er war also fortan mit Aufgaben staatlich-politischen Charakters betraut.

Chlothar II. nun sicherte mit seinem Pariser Edikt die Respektierung aller bereits bestehenden Immunitäten zu. Er bestätigte die Grundherren also ausdrücklich im Besitz von Herrschaftsmitteln, die das weitere Anwachsen ihrer Macht begünstigen konnten, aber nicht notwendigerweise begünstigen mußten. Denn bereits von den Königen der merowingischen Dynastie ist die Immunität offensichtlich auch als ein Mittel genutzt worden, das geeignet war, das weitere Anwachsen der Macht der sich mehr und mehr verselbständigenden weltlichen Amtsträger einzudämmen. Jedenfalls deutet darauf der Umstand hin, daß die Merowingerkönige zeitweilig wohl Kircheninstitutionen, die in der politischen Kernlandschaft des Reiches, vor allem aber in der Nähe

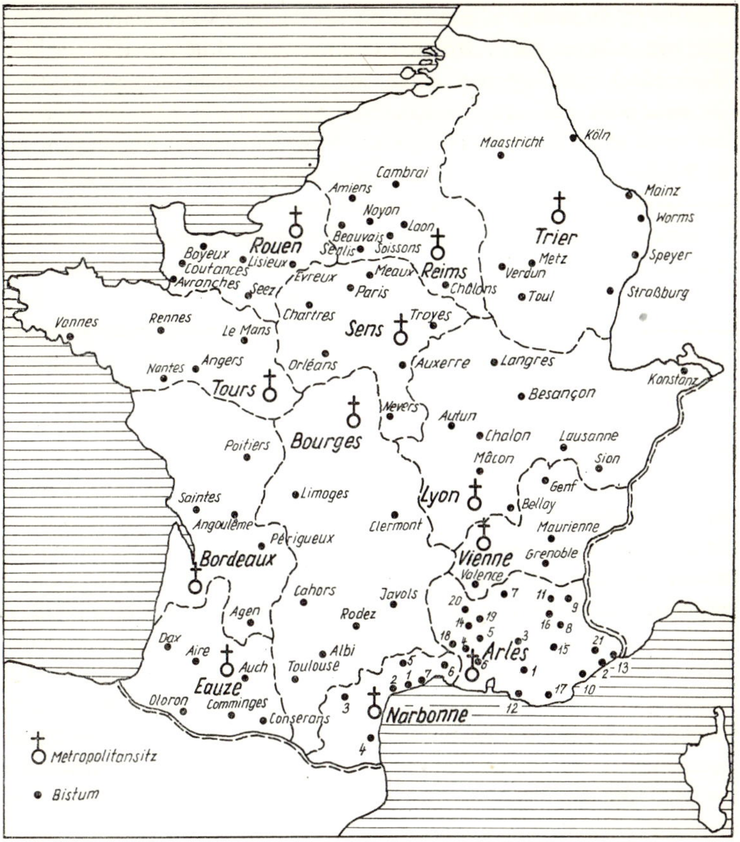

Arles: 1 Aix, 2 Antibes, 3 Apt, 4 Avignon, 5 Carpentras, 6 Cavaillon, 7 Die, 8 Digne, 9 Embrun, 10 Fréjus, 11 Gap, 12 Marseille, 13 Nizza, 14 Orange, 15 Riez, 16 Sisteron, 17 Toulon, 18 Uzès, 19 Vaison, 20 Viviers, 21 Vence.
Narbonne: 1 Agde, 2 Béziers, 3 Carcassonne, 4 Elne, 5 Lodève, 6 Nîmes, 7 Maguelonne

Abb. 14 Die Kirchenprovinzen des Merowingerreiches um 600

von Paris, ihren Sitz hatten, bei der Verleihung von Immunitätsrechten bevorzugten. Sie verfolgten damit gewiß nicht nur die Absicht, diese Kircheninstitutionen stärker an das Königtum zu binden. Denn Immunitätsverleihungen waren, eben weil sie die weltlichen Amtsträger in ihren staatlich-politischen Befugnissen Grenzen setzten, im hohen Maße auch dazu geeignet, das weitere Anwachsen der Macht der Grafen, der Herzöge und Richter zu erschweren. Deshalb sind sie von den Herrschern später immer wieder eingesetzt worden, um diesem Prozeß entgegenzuwirken, und auch einzelne Merowinger haben sich dieses Mittels offensichtlich bereits bedient.

Da es unter den Vorgängern Chlothars II. beständig Versuche gegeben hatte, den schwindenden materiellen Ressourcen des Königtums durch rigorose Abgabenforderungen aufzuhelfen, ordnete Chlothar an, daß Zölle künftig nur für jene Güter und an jenen Plätzen erhoben werden dürften, für die und wo sie bereits während der Herrschaft Guntchramns, Chilperichs I. und Sigiberts I. erhoben worden waren. Ebenso versprach er, neue und ungerechte Steuern abzuschaffen. Darüber hinaus wurde der Kirche zugesichert, daß die Bischöfe frei durch Klerus und Volk gewählt werden sollten, allerdings behielt sich Chlothar II. das Recht vor, neugewählte Bischöfe zu bestätigen. Zudem wurde, um Übergriffen vorzubeugen, wie sie vor allem während der Herrschaft Chilperichs I. in Neustrien verbreitet waren, bestimmt, daß Erbschaften ohne Einmischung des Königs ihren rechtmäßigen Eigentümern belassen werden müßten. Gefolgsleute, die in den vorangegangenen Auseinandersetzungen von Konfiskationen betroffen worden waren, weil sie ihrem Herrn die Treue gehalten hatten, sollten ihre Güter restituiert bekommen.

Aus Anlaß der Pariser Reichsversammlung von 614 hatten sich die Bischöfe zum ersten Mal seit einem halben Jahrhundert wieder zu einer Reichssynode zusammengefunden. Zu dieser Synode traten in der Apostelkirche, also in jener Kirche, in der Chlodwig I. einhundert Jahre früher bestattet worden war, 79 Bischöfe aus allen Teilen des Reiches zusammen. Unter ihnen waren auch jener Bertram von Le Mans, dessen Testament früher bereits vorgeführt worden ist, sowie die Bischöfe Berthulf von Worms und Hilderich von Speyer. Diese beiden am Rhein gelegenen Bischofssitze waren also nach einer längeren Vakanz spätestens seit dem frühen 7. Jahrhundert wieder besetzt.

Die in Paris versammelten Bischöfe faßten in getrennter Beratung eine größere Anzahl von Beschlüssen, von denen einige ein deutliches Bestreben erkennen lassen, die Zuständigkeit des Königs und der

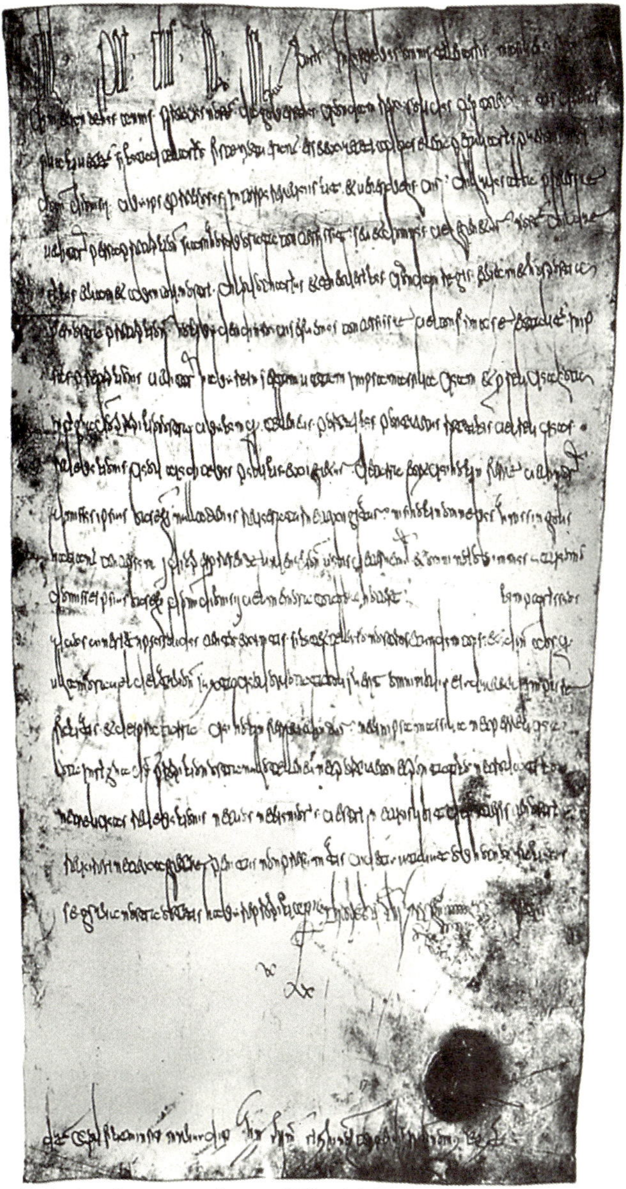

Zollurkunde, ausgestellt von Chilperich II. für das Kloster Saint-Denis, Frankreich

TAFEL 14

Münzen merowingischer Könige und Hausmeier

a) Theudebert I., Triens, Gold; b) Childerich II., Marseille, Solidus, Gold; c) Chlothar II., Marseille, Triens, Gold; d) Dagobert I. oder II., Triens, Gold; e) Hausmeier Ebroin, Denar, Silber

In merowingischen Civitates emittierte Münzen

a) Paris, Triens, Gold, Münzmeister Audoardus; b) Paris, Triens, Gold, Münzmeister Eligius; c) Rouen, Triens, Gold; d) Rouen, Denar, Silber; e) Reims, Denar, Silber; f) Le Mans, Denar, Silber; g) Troyes, Triens, Gold; h) Orléans, Triens, Gold; i) Orléans, Denar, Silber; j) Tours, Denar, Silber; k) Angers, Denar, Silber; l) Nantes, Triens, Gold; m) Limoges, Triens, Gold; n) Poitiers, Denar, Silber; o) Bordeaux, Triens, Gold; p) Arles, Denar, Silber

a
b
c
d
e
f
g
h
i
j
k
l
m
n
o
p

TAFEL 16

Trienten aus dem Maas-Mosel-Rheingebiet

a) Dorestad; b) Maastricht; c) Huy; d) Köln; e) Trier;
f) Mainz; g) Speyer; h) Verdun; i) Metz; j) Marsal; k) Alsheim

weltlichen Gerichte in allen jenen Fällen zurückzudrängen, in denen Geistliche betroffen waren. So wurde weltlichen Richtern von den Versammelten unter Androhung der Exkommunikation das Verbot erteilt, Geistliche ohne Wissen des zuständigen Bischofs mit Strafen zu belegen. Weiter wurde es Bischöfen, die eine Streitsache mit einem anderen Bischof auszutragen hatten, untersagt, sich an einen weltlichen Richter zu wenden; in Zukunft sollte in solchen Fällen der zuständige Metropolit, also das geistliche Oberhaupt der Kirchenprovinz, angerufen werden.

Wie seine Vorgänger Chlodwig I. und Chlothar I. machte Chlothar II., nachdem er die ersten Maßnahmen zur Sicherung seiner Herrschaft im Gesamtreich getroffen hatte, Paris sehr bald zu seinem bevorzugten Königssitz. Diese Wahl war von der Bedeutung bestimmt, die Paris auch im frühen 7. Jahrhundert als Zentrum des Reiches noch immer besaß, aber ebensosehr war sie die Demonstration eines politischen Anspruches, den Chlothar geltend zu machen suchte: Er war jetzt alleiniger König der Franken und einziger Herrscher im Frankenreich, und ihm kam deshalb jene Civitas als Königssitz zu, die auch denjenigen seiner Vorgänger als solcher gedient hatte, denen er nun Kraft seiner Stellung ebenbürtig war.

Chlothar II. demonstrierte einen Anspruch, aber er mußte doch sehr schnell erfahren, daß er wohl einziger König im Reich, daß aber seine Fähigkeit, Herrschaft selbständig und ohne die Beteiligung der Hocharistokratie der Teilreiche zu praktizieren, nur noch eine begrenzte war.

Bereits unmittelbar nach seinem Herrschaftsantritt im Gesamtreich kam es in Burgund zu einer Revolte, die von Teilen der Hocharistokratie dieses Teilreiches getragen wurde. In den Auseinandersetzungen wurde Herpo, ein Franke, erschlagen, den Chlothar II. gerade erst im »transjuranischen Gau«, also in der heutigen Westschweiz, als Herzog an die Stelle des Eingesessenen Eudila gesetzt hatte. An der Spitze dieser Revolte stand neben dem Patricius Aletheus und einem Grafen Herpinus der Bischof Leudemund von Sion. Die Widersetzlichkeiten der Verschwörer richteten sich nicht gegen die Herrschaft Chlothars insgesamt, denn sowohl der abgelöste Herzog Eudila als auch der Patricius Aletheus hatten noch vor kurzer Zeit zu jenen Parteigängern Warnachars gehört, die 613 den König von Neustrien ins Land gerufen hatten, damit sie mit seiner Hilfe Brunhilde stürzen konnten. Viel eher dürfte es den Aufständischen darum zu tun gewesen sein, Chlothar II. in dem Augenblick in seine Schranken zu weisen, als er allzu eigenmächtig aufzutreten begann. Chlothar hielt im Elsaß, wo er damals mit seiner Gattin Bertetrude weilte, ein blutiges Strafgericht ab, jedoch entkamen zunächst Aletheus und der Bischof Leudemund. Leudemund floh in das Kloster Luxeuil, dessen damaliger Abt Eustasius also offenbar mit den Aufrührern sympathisierte. Auf Fürsprache dieses Abtes ließ Chlothar II. den Bischof jedoch später zu seinem Bischofssitz zurückkehren. Aletheus aber wurde ergriffen und in Mâlay-le-Grand, wo Chlothar II. damals einen Hoftag hielt, hingerichtet.

Der König mußte sich jedoch trotz dieser scheinbaren Erfolge im Kampf gegen die Aufrührer letzten Endes zum Einlenken bereit finden. 616 oder 617 beschied er den Hausmeier Warnachar sowie die kirchliche und die weltliche Hocharistokratie Burgunds in seine Pfalz Bonneuil-sur-Marne, und bei dieser Zusammenkunft kam der Herrscher nach dem Bericht Fredegars »allen . . . gerechten Bitten« der Versammelten nach und bestätigte diese »Bitten« durch Urkunden. Es ist nicht bekannt, welche Zugeständnisse Chlothar II. der aufsässigen Hocharistokratie Burgunds damals machte, jedoch liegt die Vermutung nahe, daß die politische Eigenständigkeit des Teilreiches ausdrücklich noch einmal zugesichert und das Pariser Edikt in seiner Verbindlichkeit bestätigt worden ist.

623 tat Chlothar einen weiteren Schritt, um der Forderung der Hocharistokratie des Reiches nach politischer Eigenständigkeit entgegenzukommen: Er setzte seinen etwa fünfzehnjährigen Sohn Dagobert in Austrasien als Unterkönig ein. Hausmeier Dagoberts wurde Pippin, der damals neben dem Bischof Arnulf von Metz und dem Arnulfinger Chrodoald zu den führenden Vertretern der austrasischen Hocharistokratie gehörte. Pippin hatte 613 gemeinsam mit Arnulf Chlothar II. gegen Brunhilde nach Austrasien gerufen.

Von dem Chronisten Fredegar wird neben der Geduld Chlothars und seinen Kenntnissen in den Wissenschaften vor allem die Tatsache gerühmt, daß er, nachdem er die Gesamtherrschaft erlangt hatte, das Reich »in Frieden mit allen Nachbarvölkern 16 Jahre lang erfolgreich« regierte. Tatsächlich kam es nach 614 zu keinen bedeutenden expansiven Unternehmungen. Mit den in Oberitalien sitzenden Langobarden schloß Chlothar, nachdem er ihnen Tribute erlassen hatte, die sie seit der Herrschaft Childeberts II. von Austrasien und Guntchramns von Burgund zahlten, ein Bündnis ab, und ansonsten enthielt er sich des Eingreifens in die Verhältnisse der jenseits der Grenzen seines Reiches gelegenen Gebiete weitgehend. Nicht weniger des Rühmens wert als diese, wenngleich erzwungene Neigung zur Friedfertigkeit gegenüber seinen Nachbarn ist jedoch die Tatsache, daß Chlothar II. nach den frühen Jahren seiner Gesamtherrschaft eine Politik einschlug, die sichtlich darauf zielte, auch innere Auseinandersetzungen möglichst zu vermeiden. Es ließe sich mit Grund darauf verweisen, daß auch die hier zutage tretende Neigung Chlothars zur Friedfertigkeit nur eine von den Umständen erzwungene gewesen ist, aber sie bewies doch auch einen sicheren Blick für die politischen Realitäten, in die sich dieser König gestellt sah.

Chlothar arrangierte sich weitestgehend mit der Hocharistokratie Burgunds und Austrasiens, und er schlug den Weg der Verhandlungen ein, um Konflikte zu lösen. So versammelte er nach dem Tode des Hausmeiers Warnachar die Hocharistokratie von Burgund 627 oder 628 in Troyes, um ihr die Entscheidung darüber anheimzustellen, ob sie für den verstorbenen Hausmeier einen Nachfolger wählen wollte oder nicht. Als die Versammelten sich gegen die Wahl eines neuen Hausmeiers entschieden, respektierte der König diese Entscheidung. Burgund blieb darauf bis 642 ohne Hausmeier. Und als es zwischen ihm und seinem Sohn Dagobert zu einem Konflikt um das strategisch wichtige Gebiet von Reims kam, das er, als er 623 das Unterkönigtum in Austrasien einrichtete, zunächst von diesem Teilbereich abgetrennt und seiner eigenen Herrschaft unterstellt hatte, unterwarf er sich dem Schiedsspruch von zwölf Franken und vereinigte die umstrittenen Landschaften wieder mit jenem Teilreich.

Es war eine Existenzbedingung des von Chlothar II. angestrebten und für einige Zeit tatsächlich zwischen den im Reich bestehenden Kräftekonstellationen bewahrten politischen Gleichgewichtes, daß der König die direkten Handlungen seiner Herrschaft weitgehend auf Neustrien einschränkte. Hier suchte er die Basis einer Macht, die es ihm ermöglichte, die Gesamtherrschaft im Reich dann bis zu seinem Tode zu behaupten. Es gibt keinerlei Hinweise darauf, daß Chlothar sich jemals in Aquitanien aufgehalten hätte, und selbst für die wiederholten Beratungen mit der Hocharistokratie Burgunds wählte er Pfalzen aus, die im neustrisch-burgundischen Grenzraum gelegen waren: Mâlay-le-Roi lag in der Nähe von Sens, Bonneuil-sur-Marne gehörte zum Königsgutkomplex von Paris, und auch zur Beratung über die Nachfolge Warnachars wurde mit Troyes ein Platz im neustrisch-burgundischen Grenzraum bestimmt. Die Pfalz Clichy aber, in der Chlothar seinen letzten Hoftag hielt, lag unmittelbar bei Paris.

Um die königliche Zentralgewalt trotz der politischen Verselbständigung der Teilreiche dort nicht jeden Einflusses zu berauben, wählte Chlothar II. das Mittel der Verhandlung und der Beratung, und er rief zu diesem Zweck die Hocharistokratie des Reiches wiederholt zu Hoftagen zusammen. Die von Fredegar wegen ihres Friedens gerühmten sechzehn Jahre der Gesamtherrschaft dieses Königs stellen deshalb in der Geschichte des Frankenreiches insgesamt zugleich jenen Zeitraum dar, in dessen Verlauf die für dieses frühfeudale Großreich charakteristische Institution der Hoftage beziehungsweise der Reichsversammlungen ausgebildet worden ist. Das Hervortreten dieser Institution läßt erkennen, daß die Ausbildung des frühfeudalen fränkischen Staates mit den ihm eigenen Machtorganen und der ihm eigenen Herrschaftspraxis zu einem gewissen Abschluß gelangt war. Zu seinem letzten Hoftag fand sich Chlothar II. 627 oder 628 in seiner Pfalz Clichy mit der weltlichen und der kirchlichen Hocharistokratie Neustriens und Burgunds zusammen, um mit diesen Großen, wie Fredegar sagt, »zum Nutzen des Königs und zum Wohl ihrer Länder« zu beraten.

Chlothar II. starb 629. Er wurde in der vor den Mauern von Paris gelegenen Kirche des heiligen Vinzenz, der späteren Kirche Saint-Germain-des-Prés, bestattet, in der auch schon sein Vater Chilperich I. und seine Mutter Fredegunde beigesetzt worden waren. Der Beginn der Herrschaft dieses Königs im Gesamtreich bedeutete insofern eine Zäsur für die Geschichte des Frankenreiches der Merowinger, als mit ihr die Periode der verheerenden inneren Auseinandersetzungen beendet wurde und eine Phase der relativen Befriedung einsetzte, die bis zum Tode seines Nachfolgers Dagobert I. andauerte. Von dieser Befriedung wurde ein wirtschaftlicher und religiös-kultureller Aufschwung begünstigt, der sich in den zentralen Teilen des Frankenreiches im Verlaufe des 7. Jahrhunderts deutlich abzuzeichnen begann.

Bei seinem Tode hinterließ Chlothar II. zwei regierungsfähige Söhne, den damaligen Unterkönig von Austrasien, Dagobert I., und dessen jüngeren Bruder Charibert II. Beide erhoben gleichermaßen Ansprüche auf das Erbe ihres Vaters, jedoch gelang es Dagobert innerhalb kurzer Zeit, sich die Gesamtherrschaft im Reich zu verschaffen. Die Machtmittel, die ihm als Unterkönig, der er seit sechs Jahren war, zur Verfügung standen, vor allem aber die militärische Unterstützung, die ihm in seinem Teilreich gewährt wurde, waren für diesen Erfolg von erheblicher Bedeutung. Dagobert formierte in Austrasien ein Heer, schickte Boten nach Neustrien und Burgund und brach dann auf, um in Paris einzuziehen. Als er bis nach Reims gekommen war,

Abb. 15 Daniel in der Löwengrube. Marmorsarkophag. 7. Jh., Charenton-du-Cher, Frankreich

traf er dort auf die Bischöfe und die Leudes, die königlichen Gefolgsleute Burgunds. Sie hatten sich dort versammelt, um Dagobert als König anzuerkennen.

Den Ansprüchen seines Bruders Charibert II., der sich nach den Worten Fredegars »wegen seiner mangelnden Geschicklichkeit« nicht durchzusetzen vermochte, suchte Dagobert zu begegnen, indem er ihm die Civitates von Toulouse, Cahors, Agen, Périgueux und Saintes, also den äußersten Südwesten des zu dieser Zeit noch zum fränkischen Reich gehörenden Aquitanien, als Unterkönigtum zuwies. Charibert II. mußte sich durch Vertrag verpflichten, von weitergehenden Ansprüchen auf das Erbe seines Vaters für immer Abstand zu nehmen. Er machte Toulouse, den alten Sitz der westgotischen Könige, zum Zentrum seiner Herrschaft und erwarb sich während der kurzen Zeit seiner Regierung Verdienste um die Verteidigung der südwestlichen Grenze des Frankenreiches gegen die Basken. Wohl 631 kam Charibert II. nach Orléans, um hier Sigibert, einen der Söhne Dagoberts, aus der Taufe zu heben. Er hatte sich also darein gefügt, aus der Herrschaft über das Gesamtreich verdrängt zu sein.

Unmittelbar nachdem Dagobert sich durch den mit seinem Bruder geschlossenen Vertrag die Gesamtherrschaft gesichert hatte, also noch im Jahre 629, spätestens aber 630, zog er nach Burgund. Er erschien zuerst in Langres, ging anschließend nach Dijon und zog schließlich in Chalon-sur-Saône, dem Zentrum der burgundischen Königsherrschaft seit Guntchramn I., ein. Dagobert gab sich bei diesem Zug durch Burgund aber keineswegs mit einem förmlichen Umritt zufrieden, sondern er griff tatsächlich, und zum Teil offenbar in sehr drastischer Form, in die Angelegenheiten dieses Teilreiches ein. Er hielt Gerichtstage ab und ließ Widersacher, die sich seiner Herrschaft im Gesamtreich zu widersetzen versucht hatten, beseitigen. So wurde auf seinen

Befehl in der Nähe von Dijon Brodulf, ein Parteigänger Chariberts II., bei dessen Versuch, zur Herrschaft zu gelangen, hingerichtet.

Nachdem Dagobert sich noch in den burgundischen Städten Autun und Auxerre aufgehalten hatte, kehrte er über Sens nach Paris zurück. Hier verstieß er seine Gattin Gomatrude und nahm Nanthilde, eine der Mägde aus seiner persönlichen Dienerschaft, zur Frau. Im folgenden Jahr aber zog der König nach Austrasien, um nun hier, so wie er es ein Jahr vorher in Burgund getan hatte, seinen Umritt zu halten.

Vom Beginn seiner Gesamtherrschaft an ließ Dagobert I. also keinen Zweifel daran aufkommen, daß er mit der von seinem Vater verfolgten Politik des Gleichgewichtes zwischen Hocharistokratie und Königtum zu brechen gedachte und daß er gewillt war, der königlichen Zentralgewalt wieder in allen drei Teilreichen mehr Geltung zu verschaffen. Dagobert suchte diese Absicht zu verwirklichen, indem er den bereits von seinem Vater begonnenen Ausbau Neustriens zur politischen Kernlandschaft des Reiches in intensiver Weise weiterführte, um dann, gestützt auf die militärischen und politischen Kräfte vorzugsweise dieses Kerngebietes und seiner sonstigen materiellen Ressourcen, durch zeitweiliges persönliches Eingreifen in den beiden anderen Teilreichen seinen Einfluß auch dort zu verstärken. Die Tatsache, daß Burgund seit dem Tode Warnachars keinen eigenen Hausmeier hatte und Austrasien, da Pippin der Ältere mit dem König nach Paris gezogen war, der konzentrierten politischen Führung ebenfalls entbehrte, mußte den Absichten Dagoberts zunächst sehr entgegenkommen.

Während der Herrschaft Dagoberts stieg Paris mit den in der unmittelbaren Nähe dieser Civitas gelegenen Pfalzen endgültig zum Zentrum der königlichen Herrschaft auf. Dagobert entfaltete, da er hier sehr häufig hofhielt, in Paris selbst, vor allem aber bei dem nahegelegenen Kloster Saint-Denis, eine intensive Bautätigkeit. Er ließ in Saint-Denis eine Kirche errichten, für deren Innenausstattung aus Marmor gefertigte Teile aus dem südlichen Aquitanien herbeigeschafft wurden. Sie kamen aus dem Vorland der Pyrenäen, das damals noch ein blühendes Steinmetzgewerbe besaß. Die Apsis der Kirche wurde auf Geheiß des Königs mit Silber gedeckt. In dieser Apsis wurden die Gebeine der Märtyrer Dionysius, nach dem das Kloster benannt worden war, sowie die des Rusticus und des Eleutherius bestattet. Der Legende gemäß sollen diese drei Heiligen einst auf dem unmittelbar bei dem spätrömischen Paris gelegenen Mons Mercurii, dem Berg des Merkur, das Martyrium erlitten haben. Dem

Hügel wurde später wegen dieses Martyriums der Name Montmartre, Berg der Märtyrer, gegeben.

Dagobert I. förderte jedoch nicht nur die Ausgestaltung des kirchlich-religiösen Zentrums Saint-Denis, sondern er vergrößerte zugleich auch in auffallender Weise die wirtschaftlich-materiellen Ressourcen des Klosters durch Schenkungen ausgedehnter Ländereien. Ein wegen seiner für die wirtschaftlichen Verhältnisse des 7. Jahrhunderts jedoch besonders bemerkenswerter Gunstbeweis ist die Beteiligung dieses Klosters an den Zolleinnahmen des Mittelmeerhafens Marseille. Der König gestand dem Kloster das Recht zu, von diesen Zolleinnahmen jährlich Öl im Werte von zweihundert *solidi* zu empfangen, und zugleich wurde ihm eine Zollbefreiung für sechs Wagen eingeräumt, mit denen dieses Öl von Marseille bis zum Kloster transportiert werden sollte.

Es war eine Konsequenz der politischen Strategie Dagoberts und der Schlüsselstellung, die Neustrien in dieser Strategie einnahm, daß dem Hausmeier Pippin der Einfluß, den er in Austrasien besessen hatte, in Neustrien versagt blieb. Pippin sah sich in Paris sehr bald von Vertretern der neustrischen Hocharistokratie an die Seite gedrängt. Neben dem neustrischen Hausmeier Gundeland erlangte mit der Übersiedlung Dagoberts I. nach Paris am Hofe des Königs ein Kreis von Männern besonderen Einfluß, die zum Teil schon in enger Beziehung zu Chlothar II. gestanden hatten. Zu ihnen zählte neben dem Referendar Dagoberts, Audoin, der Münzmeister Eligius. Er gehörte zugleich zu den bedeutendsten Goldschmieden des Frankenreiches jener Zeit und wurde später der Schutzpatron dieses Kunsthandwerkes. Eligius schuf im Auftrage Dagoberts für das Kloster Saint-Denis ein aus reinem Gold gefertigtes und mit kostbaren Edelsteinen besetztes Kreuz. Sowohl Eligius, als auch Audoin traten später an die Spitze wichtiger neustrischer Bistümer: Eligius wurde 641 Bischof von Noyon, und Audoin übernahm im gleichen Jahr das Bistum Rouen. Beide sind zudem als Gründer von Klöstern hervorgetreten. Das von Audoin in der Nähe von Paris gegründete Kloster Rebais gehörte zu jenen Kircheninstitutionen, von denen mit Sicherheit bezeugt ist, daß sie von Dagobert I. mit der Immunität ausgestattet worden sind.

Während der letzten Jahre seiner Herrschaft unterstrich Dagobert den politischen Vorrang Neustriens zudem noch, indem er nach dem Tode Gundelands in Neustrien wieder einen Vertreter der neustrischen Hocharistokratie, Aega, zum Hausmeier bestellte. Ihm kam, da er der einzige in den drei Teilreichen wirklich amtierende Hausmeier war, in der königlichen Herrschaft de facto die Stellung eines *maior domus* des Gesamtreiches zu.

Mit dem erfolgreichen Vorgehen gegen seinen Bruder Charibert II., seiner mehr oder weniger erzwungenen Anerkennung in Neustrien und Burgund und dem mit dieser Anerkennung einhergehenden Zurückdrängen des Einflusses der austrasischen Führungsspitze auf seine Politik hatte Dagobert sich die Voraussetzungen für eine stärkere Einbeziehung nicht nur aller drei Teilreiche, sondern auch aller Randzonen des Reiches in seine Herrschaft geschaffen.

Als 631 oder 632 Charibert II. starb und ihm bald darauf sein noch im Kindesalter stehender Sohn Chilperich in den Tod folgte, brachte Dagobert jenen Teil Aquitaniens wieder in seine Gewalt, den er nach dem Tode Chlothars II. seinem Bruder als Unterkönigtum hatte überlassen müssen. Von hier aus ging er anschließend gegen die Basken vor, die, aus den Pyrenäen kommend, seit dem späten 6. Jahrhundert in die ehemalige römische Novempopulania eingedrungen waren. Das Vordringen der Basken, deren ethnisch-sprachliche Einordnung bis heute nicht völlig gelungen ist, wurde von der dünnen Besiedelung dieses zwischen den Pyrenäen und der Garonne gelegenen Gebietes, nicht zuletzt aber durch die damals zwischen den einzelnen Zweigen der merowingischen Dynastie und den Fraktionen der Hocharistokratie des Reiches wechselseitig ausgetragenen Kämpfe begünstigt. Um 600 hatten die Zuwanderer bereits die Garonne erreicht, und etwa um die gleiche Zeit begann in den Quellen der neue Landschaftsname Vasconia, das ist das Baskenland, die heutige Gascogne, aufzutreten. Nach dem Tode Chariberts II. fielen die Basken wiederholt in dessen ehemaliges Herrschaftsgebiet ein. Um sie zurückzudrängen, ließ Dagobert I. schließlich um 636 in Burgund ein Heer aufbieten. Die Basken wurden geschlagen, und wohl 638 erschienen sämtliche *seniores*, also die Ältesten des Baskenlandes, mit dem Herzog Aeghyna an der Spitze in der bei Paris gelegenen Pfalz Clichy vor Dagobert I., um ihm, seinen Söhnen und dem Frankenreich ewige Treue zu schwören.

Im Norden wurde die Reichsgrenze gegen die zum Rheinmündungsgebiet vordringenden Friesen gesichert. Das zwischen Krummem Rhein und Lek gelegene Emporium Dorestad, einer der bedeutendsten Handelsplätze der spätmerowingischen und vor allem der frühkarolingischen Zeit, wurde damals für einige Zeit fränkisch, und unter fränkischer Herrschaft stand nun auch das Kastell Utrecht, das zu den bereits in römischer Zeit befestigten Plätzen gehörte.

Die östlich des Rheins gelegenen Reichsgebiete suchte Dagobert

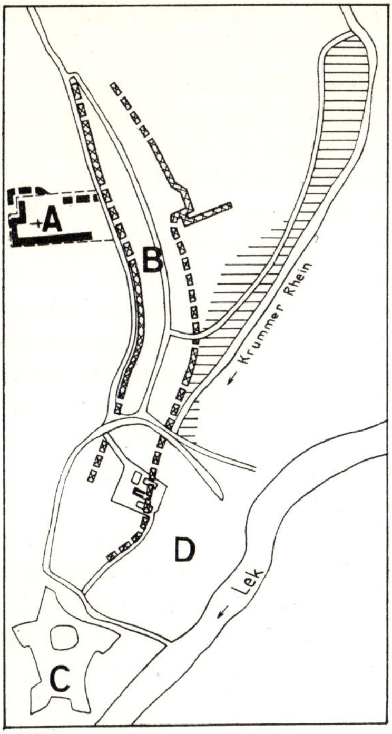

altes Flußbett
Flechtmauer
vermutete Flechtmauer
alte Stadtmauer
vermutete alte Stadtmauer

Abb. 16
Das Emporium Dorestad

A vermutetes Kastell
B Kaufmannssiedlung
C spätere Burg
D die jetzige Stadt Wijk

wieder fester in die fränkisch-merowingische Herrschaft einzubeziehen, indem er dort Amtsträger einsetzte, deren Stammsitze in den zentraleren Teilen des Reiches gelegen waren. In Thüringen wurde der Franke Radulf zum Herzog ernannt, und in Alamannien war vielleicht jener Chrodobert, der sich als Heerführer Dagoberts in den Kämpfen mit den Slawen hervortat, von diesem mit dem gleichen Amt betraut worden. Chrodobert kam wohl aus Austrasien, und er ist um 632 als Dux, also als Herzog, in Alamannien nachweisbar.

Die zeitweilige Stabilisierung der fränkischen Herrschaft führte in den nördlichen und den nordöstlichen Randzonen des Reiches zu einer Intensivierung der christlichen Mission, die Dagobert I. durch ein Taufgebot, also durch die Anwendung staatlicher Zwangsmittel, zu fördern suchte. Im Norden des salfränkischen Stammesgebietes war während der Herrschaft Chlothars II. und Dagoberts I. vor allem der aus Aquitanien stammende Mönch Amandus tätig. Er errichtete in beziehungsweise bei Gent zwei Klöster. Besondere Bedeutung aber erlangte das von Amandus südlich von Tournai begründete Kloster Elno, das später nach ihm den Namen Saint-Amand erhielt. An der Missionierung im fränkisch-friesischen Grenzgebiet war auch das Bistum Köln beteiligt. Unter der Leitung seines Bischofs Kunibert wurde damals vielleicht in Utrecht die erste Kirche, eine Martinskirche, errichtet. Von Köln aus erfolgte aber während der Amtszeit Kuniberts auch eine Ausweitung der Mission nach Nordosten in das Siedlungsgebiet des ehemaligen rheinfränkischen Kleinstammes der Brukterer hinein. Von diesen Missionierungsbestrebungen wurde damals das Gebiet zwischen Oberlauf der Lippe und der Ruhr erreicht. Sie folgten also offensichtlich dem vom Rhein zur Weser verlaufenden Hellweg, der dann 150 Jahre später während der Sachsenkriege Karls des Großen als Heerstraße eine überragende Bedeutung erlangen sollte.

Schon während der letzten Jahre Chlothars II. hatte es sich recht deutlich gezeigt, daß eine auf Neustrien gestützte und folglich den Interessen der Hocharistokratie dieses Teilreiches betont folgende Gesamtherrschaft im Reich früher oder später neue Auseinandersetzungen heraufbeschwören würde. Chlothar hatte diesen Auseinandersetzungen zu begegnen versucht, indem er einerseits mit der Ernennung eines Unterkönigs für Austrasien die politische Eigenständigkeit dieses Teilreiches, vor allem aber seine Ebenbürtigkeit offenkundig zu machen suchte, sich andererseits aber der direkten Eingriffe in die Verhältnisse hier wie in Burgund weitgehend enthielt. So war es nicht zuletzt eine Folge des politischen Kurses, den Dagobert seit Beginn seiner Gesamtherrschaft verfolgte, daß sich das von seinem Vater zwischen dem Königtum und der Hocharistokratie der drei Teilreiche geschaffene mühselige Gleichgewicht sehr bald als ein auf die Dauer nicht tragfähiges erwies.

Der politische Vorrang Neustriens führte zwangsläufig dazu, daß sich der Widerstand gegen Dagoberts Politik zunächst vor allem in Austrasien zuspitzte, und aus ebendiesem Widerstand erwuchs folgerichtig dem Eingreifen des Königs in den östlich des Rheins gelegenen Gebieten ernsthafte Gefahr. Der Konflikt brach offen aus, als sich Dagobert anschickte, gegen die damals den Sachsen, den Thüringern und den Bayern im Osten benachbarten Slawen vorzugehen.

Die Slawen, die im Verlaufe einer längeren Wanderungsbewegung bis zur Elbe-Saale-Linie und bis zu den östlichen Alpen vorgedrungen waren, hatten sich durch einen um 625 im Bündnis mit den Bulgaren unternommenen erfolgreichen Aufstand aus der Gewalt der Awaren befreit. Unter der Führung Samos bildeten sie in den folgenden Jahren einen politischen Verband, das sogenannte Reich des Samo, dessen Zentrum in Böhmen und Mähren lag. Der Einfluß dieses Reiches erstreckte sich zeitweilig jedoch erheblich weiter nach Süden und nach Norden. Als Dagobert einen Überfall auf fränkische Kaufleute, die im Herrschaftsgebiet des Samo Handel trieben, zum Anlaß nahm, um den Krieg gegen die Slawen zu eröffnen, erlitt ein von ihm selbst geführtes Heer, das aus austrasischen Kontingenten gebildet war, bei der bis heute nicht mit Sicherheit identifizierten Wogastisburg eine schimpfliche Niederlage. Die Burg, in der sich nach den Worten Fredegars »eine sehr große Zahl tapferer Wenden verschanzt hatte«, wurde drei Tage lang bestürmt. Dann ließen die Austrasier alle ihre Zelte und ihre sonstige Habe im Stich und »kehrten in überstürzter Flucht heim«.

Nach ihrem bei der Wogastisburg errungenen Sieg übten die Slawen zeitweilig einen erheblichen Druck auf die östlichen Grenzen des Frankenreiches aus. Sie unternahmen Beutezüge, die bis nach Thüringen und in andere grenznahe Gebiete des Reiches führten. Damals schlossen sich auch die zu jener Zeit bereits bis in die Nähe von Elbe und Saale vorgedrungenen Sorben dem Verband des Samo an. Von ihnen berichtet Fredegar, daß sie unter der Führung ihres Dux Dervanus gehandelt hätten. In seiner Bedrängnis erließ Dagobert schließlich den Sachsen, um sie für eine energischere Grenzverteidigung zu gewinnen, jenen Tribut, den sie den Franken seit der ersten Hälfte des 6. Jahrhunderts zu entrichten hatten, ohne jedoch eine durchgreifende Besserung der Situation herbeiführen zu können.

Der Druck, der von den unter Führung Samos stehenden Slawen ausging, bildete offensichtlich auch den Hintergrund für ein Gemetzel, dem um 635 mehrere tausend Bulgaren zum Opfer fielen. Diese Bulgaren – Fredegar spricht von 9000 – waren mit Frauen und Kindern vor den sie bedrängenden Awaren auf bayrisches Stammesgebiet ausgewichen. Hier wurden, möglicherweise in der Nähe von Lorch, also auf dem Territorium des heutigen Österreich, die weitaus meisten dieser Menschen auf Befehl Dagoberts von den Bayern getötet. In der Literatur ist zur Deutung dieses grausigen Massakers jüngst die Vermutung geäußert worden,[5] daß Dagobert mit der Vernichtung der Bulgaren eine Annäherung an die Awaren erreichen wollte. Diese Annäherung aber hätte sich, wäre sie zustande gekommen, gegen Samo gerichtet, dessen Macht für Franken und Awaren damals gleichermaßen eine bedrohliche war.

Fredegar läßt keinen Zweifel daran, daß es vor allem die Widersetzlichkeiten der Austrasier waren, die eine wirksame fränkische Grenzverteidigung gegen Samo hintertrieben. Aber diese Widersetzlichkeiten waren nur eine der Äußerungen einer anwachsenden Opposition, die die unverkennbar auf eine Stärkung der königlichen Zentralgewalt gerichtete Politik Dagoberts I. hervorrief. Denn daß es auch in Neustrien und Burgund keineswegs an Widerständen gegen diese Politik gefehlt hat, beweisen die Konfiskationen, von denen zahlreiche Grundeigentümer dieser beiden Teilreiche betroffen wurden.

So war schließlich auch Dagobert gezwungen, die Eigenständigkeit Austrasiens zu tolerieren. Ende 633 oder Anfang 634 setzte er seinen Sohn Sigibert hier als Unterkönig ein. Als Königssitz wurde ihm Metz zugewiesen, und da der junge König noch nicht großjährig war, sollten für ihn zunächst der Bischof Kunibert von Köln und der Herzog Adalgisel die Regentschaft führen. Arnulf von Metz, der einst einer der engsten Berater Dagoberts im Unterkönigtum Austrasien gewesen war, hatte sich bereits im Jahre 629 als Einsiedler in die Nähe des Klosters Remiremont zurückgezogen.

Ein Jahr später erließ Dagobert mit der Zustimmung der weltlichen und kirchlichen Hocharistokratie des Gesamtreiches dann eine förmliche Teilungsordnung, die nach seinem Tode in Kraft treten sollte. Sein jüngerer Sohn Chlodwig wurde zu seinem Nachfolger in Neustrien und Burgund bestimmt, sein Sohn Sigibert aber sollte weiterhin die Herrschaft im Regnum Austrasien führen.

Anfang 639 erkrankte Dagobert in der bei Paris gelegenen Pfalz Épinay an der Ruhr. Er wurde nach Saint-Denis gebracht, und hier starb er, nachdem er seinen Sohn Chlodwig und seine Gattin Nanthilde ausdrücklich der Obhut des Hausmeiers Aega anvertraut hatte, am 19. 1. 639. Begraben wurde er in der Kirche, die er selbst erbauen und überaus prächtig hatte ausstatten lassen.

Dagobert war der letzte Merowingerkönig, dem es gelang, die Herrschaft im Reich nochmals für einige Zeit ungeteilt zu behaupten und den divergierenden Kräften im Reich mit Erfolg entgegenzuwirken. Nach ihm traten die Hausmeier mehr und mehr in den Vordergrund der Ereignisse, das Königtum der Merowinger dagegen sank rasch zu völliger Bedeutungslosigkeit herab.

Der Übergang der politischen Führung an die Hocharistokratie Austrasiens (639–687)

Beim Tode Dagoberts I. waren beide Thronfolger noch unmündige Kinder, aber die 635 beschlossene Erbfolge wurde trotzdem durchgeführt: In Mâlay-le-Grand, also in einer jener Pfalzen, die während der Herrschaft Chlothars II. als Platz der königlichen Hoftage Bedeutung erlangt hatten, kamen die Leudes Neustriens und Burgunds zusammen, um hier Chlodwig II., den jüngeren der Söhne Dagoberts, zum König zu erheben. Die eigentliche Herrschaft jedoch führten jetzt die Königinwitwe Nanthilde und der Hausmeier Aega. In Austrasien dagegen empfing Sigibert III. die Königswürde, in die eigentliche Herrschaft aber trat hier jetzt wieder Pippin der Ältere als Hausmeier ein. Mit ihm verband sich der Bischof Kunibert von Köln. Beide zogen zunächst einträchtig nach der in Neustrien gelegenen Pfalz Compiègne, um hier von Nanthilde und Aega Sigiberts III. Anteil am Königsschatz Dagoberts I. einzufordern. Der Schatz wurde tatsächlich geteilt und der Anteil Sigiberts nach dem austrasischen Königssitz Metz gebracht.

Es zeugt von einem sowohl in Neustrien als auch in Burgund vorhandenen beträchtlichen Widerstand gegen die Herrschaft des Pariser Königtums, daß eine der ersten Maßnahmen Aegas die Aufhebung aller jener Konfiskationen war, von denen während der Herrschaft Dagoberts I. viele Grundeigentümer dieser beiden Teilreiche betroffen worden waren. Um diesem Widerstand zu begegnen und dem Einfluß des Königtums mehr Gewicht zu verschaffen, setzte Nanthilde auf einer 642 in Orléans abgehaltenen Versammlung der weltlichen und der kirchlichen Hocharistokratie Burgunds durch, daß für dieses Teilreich wieder ein eigener Hausmeier bestellt wurde. Darüber hinaus aber tat die Königinwitwe noch ein weiteres, um den Einfluß des Königtums in Burgund zu stärken, sie verlobte ihre Nichte Ragneberta mit dem neu bestellten Hausmeier Flaochad. Außerdem schlossen Erchinoald, der nach dem Tode Aegas 641 Hausmeier in Neustrien geworden war, und Flaochad ein Abkommen, mit dem sie sich wechselseitige Unterstützung bei zu erwartenden künftigen Schwierigkeiten versprachen, und Flaochad sicherte zudem allen Herzögen und Bischöfen Burgunds den ungestörten Besitz ihrer Ämter und Würden zu.

Trotz all dieser Maßnahmen gelang es jedoch nicht, das Ausbrechen des offenen Konfliktes zu verhindern. Als Flaochad daranging, seine

Gewalt durchzusetzen, stieß er bei der Hocharistokratie Burgunds auf heftigen Widerstand, an dessen Spitze damals der Patricius Willebad stand. Noch im Jahre 642 kam es zum offenen Krieg zwischen den Parteien. Willebad wurde in diesen Auseinandersetzungen getötet, Chalon-sur-Saône, »ich weiß nicht durch welchen Unglücksfall«[6], eingeäschert, und unmittelbar nach den Kämpfen starb Flaochad. Es ist nicht bekannt, ob Burgund nach ihm noch einmal einen eigenen Hausmeier erhielt, oder ob das Teilreich fortan wieder ohne einen solchen blieb.

In Neustrien übte, da auch Nanthilde 642 starb, in den folgenden fünfzehn Jahren der Hausmeier Erchinoald die Herrschaft nahezu selbständig und offensichtlich im von ihm wohlbedachten Einvernehmen mit der Hocharistokratie dieses Teilreiches aus. König Chlodwig II. dagegen blieb bis zu seinem Tod im Jahre 657 ohne wirklichen Einfluß. Über ihn teilt der Verfasser des »Buches von der Geschichte der Franken« denn auch lediglich mit, daß er ein Wüstling gewesen sei, »der mit den Frauen sein Spiel trieb und mit Essen und Trinken zufrieden war«, und daß »über seinen Tod und sein Ende . . . die Geschichte nichts der Erinnerung wertes« zu berichten hätte.

Das Pariser Königtum erlangte erst nach dem Tode Erchinoalds – er starb um 658 – nochmals für einige Jahre wirklich eigenständiges politisches Gewicht. Diese Eigenständigkeit aber wurde von Balthilde, der Witwe Chlodwigs II., erzwungen. Balthilde war angelsächsischer Herkunft, sie war einst als Sklavin in das Frankenreich verkauft worden. Hier geriet sie zunächst in den Dienst des Hausmeiers Erchinoald, kam aber später, wahrscheinlich durch diesen Dienst bedingt, an den Pariser Königshof. Um 650 wurde sie dort mit Chlodwig II. vermählt. Nach dem Tode ihres Gatten übernahm sie dann als Regentin für ihren noch unmündigen ältesten Sohn, Chlothar III., die Herrschaft.

Balthilde stützte sich betont auf eine Gruppe der neustrischen Hocharistokratie, zu der neben den Bischöfen Audoin von Rouen und Eligius von Noyon anfangs auch Ebroin, ein wohl in der Gegend von Soissons begüterter Grundherr, gehörte, der nach dem Tode Erchinoalds das Amt des Hausmeiers erlangt hatte. Außerdem suchte sich die Königin Rückhalt zu verschaffen, indem sie den Klöstern, deren Zahl damals in Neustrien bereits eine sehr beträchtliche war, ihre besondere Förderung angedeihen ließ. Balthilde gründete selbst mehrere solcher Einrichtungen, zu denen neben dem später sehr bedeutenden Männerkloster Corbie auch das in der Nähe von Paris gelegene

Frauenkloster Chelles gehörte, vor allem aber bedachte die Königin viele neustrische Klöster, unter ihnen Faremoutiers, Jouarre und Fontenelle, aber auch das in Burgund gelegene Luxeuil, großzügig mit Land- und Geldschenkungen. Corbie erhielt bei seiner Gründung neben ausgedehnten Ländereien, die bereits seit längerem kultiviert waren, mehr als zehntausend Hektar noch unerschlossenen Landes, das später vom Kloster aus durch umfangreiche Rodungsarbeiten nutzbar gemacht worden ist, und wie einst Saint-Denis von Dagobert I. für Marseille, so empfing Corbie von Chlothar III. ein für Fos-sur-Mer bestimmtes Zollprivileg, das dem Kloster das Recht zugestand, in diesem Mittelmeerhafen von seinen Beauftragten bestimmte Güter kostenlos in Empfang nehmen zu lassen.

Balthilde suchte während ihrer gesamten Regentschaft einer weiteren Schwächung des Königtums mit allen Mitteln entgegenzuwirken, und im Kampf gegen die bereits übermächtige Hocharistokratie schreckte sie auch vor äußerster Härte nicht zurück. Es war eine Folge der Kräftekonstellationen, in die sich diese Königin gestellt sah, daß diese Kämpfe im burgundisch-aquitanischen Raum besonders dramatisch verliefen, denn hier schickten sich die nach machtpolitischer Verselbständigung strebenden Kräfte damals bereits an, Herrschaftsrechte zu erlangen, die größere Gebiete umfaßten. Begünstigt durch die noch immer ausgeprägten sozialökonomischen, geistig-kulturellen und sprachlich-ethnischen Eigenheiten Burgunds und Aquitaniens, deren zentrifugalen Wirkungen das geschwächte Königtum nicht mehr zu begegnen vermochte, waren hier Herrschaftsformen eines neuen Typs im Entstehen begriffen, die seit der Mitte des 7. Jahrhunderts räumliche Gestalt anzunehmen begannen.

Das für die weitere Geschichte nicht nur des Frankenreiches, sondern auch des späteren französischen Feudalstaates bedeutsamste Ergebnis des Emporkommens der ersten territorialen Gewalten feudalen Charakters war die Bildung eines aquitanischen Herzogtums, die während der Regentschaft Balthildes oder doch unmittelbar nach dem Sturz dieser Königin ihren Abschluß fand. Die Existenz dieses Herzogtums ist für 673 mit Sicherheit bezeugt, da damals Herzog Lupus an einer Synode teilnahm, zu der sich die Bischöfe der drei aquitanischen Kirchenprovinzen Bourges, Bordeaux und Eauze versammelt hatten. Die Herrschaft dieses Herzogs erstreckte sich jedoch erst auf jenen Teil Aquitaniens, der nördlich der Garonne gelegen war. Aber bereits seinen unmittelbaren Nachfolgern gelang es, ihr Herrschaftsgebiet erheblich auszuweiten. Herzog Eudo, der im Jahre 735 starb, beherrschte bereits ein Gebiet, das sich von den Pyrenäen bis nach Clermont-Ferrand und bis zum Unterlauf der Loire erstreckte. In Burgund wurde um 660 auf Geheiß Balthildes der Erzbischof Aunemund von Lyon getötet, der damals im Bunde mit seinem Bruder Dalfinus Bistum und Grafschaft Lyon beherrschte. Der Erzbischof stand offensichtlich zu jener Zeit an der Spitze des Widerstandes, den die burgundische Hocharistokratie dem fränkisch-neustrischen Königtum entgegensetzte.

Es zeugt von der erbarmungslosen Konsequenz, mit der Balthilde den Kampf gegen den völligen Ausschluß des Königtums von der Herrschaft im Reich führte, daß den Berichten zeitgenössischer Quellen zufolge auf ihr Betreiben neben Aunemund von Lyon noch acht weitere Bischöfe umgebracht worden sein sollen, deren Namen allerdings nicht bekannt sind. Denn seit der Alleinherrschaft Chlothars II. hatte sich gerade in den Händen der Bischöfe Neustriens, Burgunds und Aquitaniens eine bedeutende Machtfülle konzentriert. Die Inhaber vieler dieser Bistümer verfügten über beträchtlichen materiellen Reichtum, und da sie zudem höchste kirchliche Autorität mit wichtigen weltlichen Herrschaftsrechten vereinten, übertraf ihre Macht häufig die der Herzöge und Grafen erheblich.

Balthilde führte jedoch einen aussichtslosen Kampf. Die historische Entwicklung selbst, das im ehemals römischen Gallien erreichte Ausmaß der Feudalisierung der gesellschaftlichen Verhältnisse, die Machtfülle, über die weltliche und kirchliche Große hier inzwischen verfügten, hatte dem merowingischen Königtum die Basis seiner Existenz nahezu völlig entzogen, und es war die Gewalt dieser Verhältnisse, an der die restaurative Politik der Königin scheiterte. Balthilde war um 665 gezwungen, in das von ihr einige Jahre früher gegründete Kloster Chelles einzutreten. Zu ihrem Sturz hatte der Hausmeier Ebroin offensichtlich erheblich beigetragen.

In Austrasien war 640 Pippin der Ältere gestorben. Sein Tod gab den Anlaß für Auseinandersetzungen, die in diesem Teilreich nun einige Zeit um das Amt des Hausmeiers geführt wurden. In diesen Auseinandersetzungen standen sich die beiden mächtigsten Gruppierungen der austrasischen Hocharistokratie gegenüber. Die eine wurde von Grimoald, dem Sohn Pippins, geführt, an der Spitze der anderen stand Otto, ein Sohn Uros. Uro war noch von Dagobert I. zum Erzieher seines Sohnes Sigibert III. bestellt worden. Mit Grimoald war neben dem Bischof Kunibert von Köln auch der Alamannenherzog Leutharius im Bunde. Otto dagegen erhielt von Radulf, dem Herzog von Thüringen, und von Fara, dem Sohn des Arnulfingers Chrodoald, Unterstützung. Die zwischen diesen Gruppierungen bestehenden Rivalitäten traten zum ersten Mal offen zutage, als Sigibert III. 641 einen Feldzug gegen Radulf eröffnete, um die Eigenständigkeit dieses Herzogs einzudämmen. Das Heer Sigiberts überwand zuerst »in wilder Schlacht Fara ..., der mit Radulf gemeinsame Sache machte, und tötete ihn«[7], aber im entscheidenden Kampf erlitt es dann an der Unstrut eine schmähliche Niederlage. Als Ursache des Debakels bezeichnet Fredegar neben der Jugend des Königs die Planlosigkeit, mit der der Kampf infolge der zwischen den die Heeresabteilungen führenden Herzögen und Grafen bestehenden Uneinigkeiten begonnen worden war. Sigibert III. mußte mit Radulf verhandeln, »um eine friedliche Rückkehr über den Rhein zu erreichen«. Der Thüringenherzog aber nutzte seinen Erfolg, um seine politische Selbständigkeit in den folgenden Jahren noch weiter auszubauen. Er schloß mit den Wenden ein Freundschaftsbündnis und »ging in seinem Übermut und Stolz so weit, daß er sich für den König in Thüringen hielt«.

Im Jahre 643 wurde schließlich Grimoalds Widersacher Otto von dem Alamannenherzog Leutharius ermordet, und damit war für Grimoald, auf dessen Betreiben der Mord geschehen war, der Weg zum Amt des Hausmeiers in Austrasien frei. Das Geschlecht der Pippiniden, dem Grimoald angehörte, verfügte damals bereits über sehr umfangreiche, vorzugsweise im Maas-Mosel-Raum gelegene Ländereien. Grimoald verstand es zudem, diese Ländereien um wichtige Erwerbungen zu vergrößern, die zu einem Teil auch aus Königsgut kamen. In den nordöstlichen Ausläufern der Ardennen gründete er die Klöster Stablo und Malmedy, die in der Folgezeit wesentlichen Anteil an der Erschließung dieses ausgedehnten Waldgebietes hatten. Außerdem gehörte das südlich von Brüssel gelegene Kloster Nivelles zum Eigengut der Pippiniden. Dieses Kloster war um 640 von Itta, der Gattin Pippins des Älteren, gegründet und bald darauf der Leitung ihrer Tochter Gertrude unterstellt worden.

Gestützt auf seine bedeutende materielle und seine herausragende politische Macht unternahm Grimoald als erster fränkischer Hausmeier einen Versuch, die Dynastie der Merowinger zu stürzen und sein eigenes Geschlecht auf den Königsthron zu setzen. Als Sigibert III. 656 starb, ließ Grimoald dessen damals noch unmündigen Sohn Dagobert II. durch den Bischof Dido von Poitiers zum Mönch scheren und nach Irland in das Exil bringen. Grimoald erhob seinen eigenen Sohn zum König in Austrasien, und dieser führte dann hier unter dem Mero-

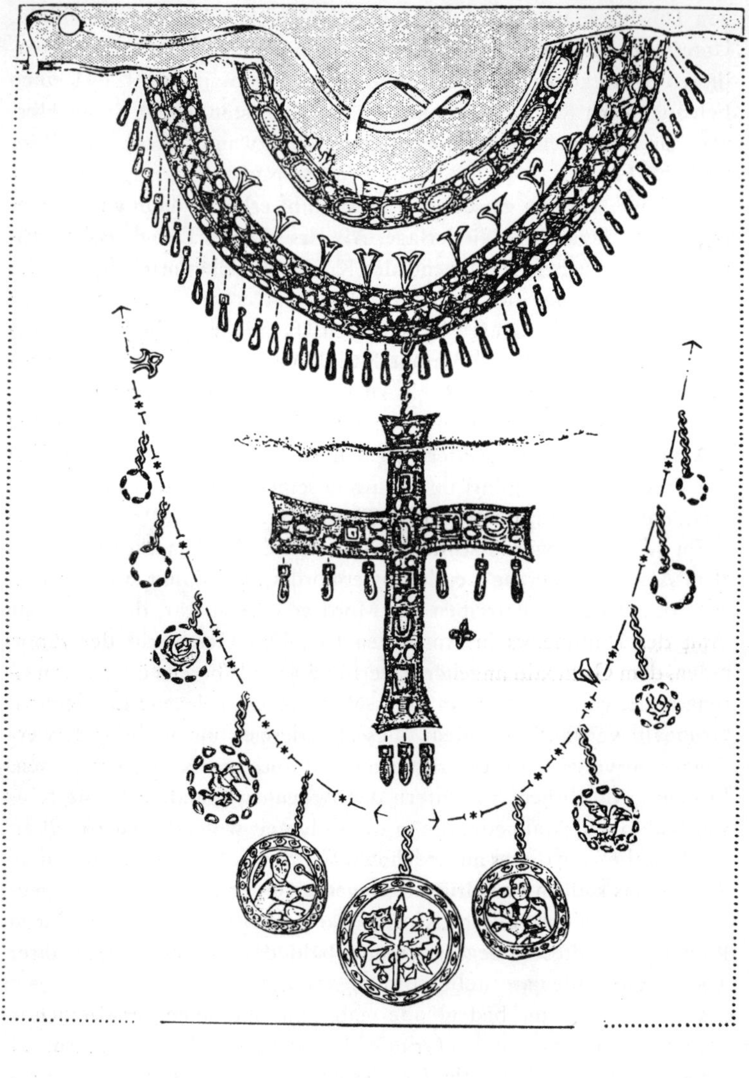

Abb. 17 Schmuck vom Totenhemd der Königin Balthilde (vgl. Taf. 3)

wingernamen Childebert (III.) für kurze Zeit die Herrschaft. Aber der Versuch des Pippiniden, den austrasischen Zweig der merowingischen Dynastie in aller Form um die königliche Würde zu bringen, erwies sich als verfrüht. Grimoald scheiterte am Einvernehmen, das sein Usurpationsversuch binnen kurzem zwischen den bis dahin miteinander konkurrierenden und verfeindeten politischen Gruppierungen des Frankenreiches bewirkte. Die austrasischen Widersacher der Pippiniden, zu denen sich nun ganz selbstverständlich auch die Angehörigen des entthronten Königshauses gesellten, taten sich mit der Partei Balthildes zusammen. Childebert (III.) kam um, Grimoald aber wurde gefangen, nach Paris ausgeliefert und hier, vielleicht im Jahre 661, hingerichtet. Chlothar III., der noch immer unmündige älteste Sohn Chlodwigs II. und der Balthilde, war für kurze Zeit nomineller Herrscher im gesamten Frankenreich. 662 oder 663 wurde dann, da die austrasische Hocharistokratie auf Eigenständigheit beharrte, Childerich II., der zweitälteste Sohn Chlodwigs II., zum König in Austrasien erhoben. Sein Hausmeier wurde der Herzog Wulfoald.

Der Usurpationsversuch Grimoalds – in der Literatur wird mitunter von einem Staatsstreich gesprochen – endete für die Partei der Pippiniden mit einem schweren machtpolitischen Rückschlag. Das Geschlecht geriet für zwei Jahrzehnte an den Rand der Ereignisse. Die gerade erst mühselig formierte austrasische Führungsspitze hatte eine ernsthafte Schwächung erlitten, und als wesentliche Folge hiervon ging die politische Initiative noch einmal an die Hocharistokratie Neustriens und Burgunds über. Aber diese Initiative wurde nach dem Scheitern Balthildes nicht mehr vom Königtum getragen, sondern sie ging nun allein vom neustrischen Hausmeier Ebroin und seinem wichtigsten politischen Gegenspieler Leodegar, dem Bischof des burgundischen Bistums Autun, aus. Leodegar gehörte zu jenen großen kirchlichen Herrscherpersönlichkeiten, wie sie gerade während des 7. Jahrhunderts im Westen des Reiches hervorzutreten begannen. Er war ein Neffe Didos von Poitiers und 663 von Balthilde, zu deren Hof er zeitweilig gehört hatte, an die Spitze des wichtigen burgundischen Bistums gestellt worden. Während seiner Amtszeit entfaltete Leodegar eine rege außerkirchliche Tätigkeit, die unverkennbar der Festigung und Erweiterung seiner Herrschaft diente. Der Bischof ließ die Mauern seiner Civitas ausbessern, er restaurierte die Kathedralkirche seiner Stadt in aufwendiger Weise und machte sich außerdem um ein geordnetes System der Armenpflege verdient.

Ebroins Politik, die darauf zielte, die Macht der Hocharistokratie zurückzudrängen, wurde von dieser mit einer erneuten Revolte beantwortet. An ihrer Vorbereitung war Leodegar maßgeblich beteiligt. Als Chlothar III. 673 starb, ließ Ebroin dessen Bruder Theuderich III. zum König erheben. Unmittelbar danach aber wurden der Hausmeier und sein König gestürzt, beide geschoren, Ebroin in das Kloster Luxeuil und Theuderich III. in das Kloster Saint-Denis eingewiesen. Dann wurde Childerich II. von Austrasien in das Land geholt. Ihm stellte jedoch die neustrisch-burgundische Hocharistokratie vor seiner vollen Anerkennung für seine Herrschaft aufschlußreiche Bedingungen. Er mußte sich verpflichten, die Bestimmungen des Pariser Edikts von 614 über die Ernennung der Grafen einzuhalten, und außerdem sollte er darauf verzichten, einen Hausmeier auf Lebenszeit zu ernennen. Dieses Amt sollte vielmehr künftig im Wechsel von den mächtigsten Vertretern der weltlichen Feudalherren besetzt werden. Als Childerich II. zwei Jahre später ermordet wurde, nutzte Ebroin jedoch die Situation, um die Macht erneut an sich zu reißen. Er brach aus dem Kloster Luxeuil aus, brachte Theuderich III. wieder in seine Gewalt und ließ Leodegar, der zuvor in seiner Civitas belagert worden war, nach längerer Haft enthaupten. Fortan übte Ebroin das Amt des Hausmeiers sowohl in Neustrien als auch in Burgund ohne jede Einschränkung aus, und er schickte sich zudem an, auch Austrasien unter seine Gewalt zu bringen: Beim Bois-du-Fays, östlich von Laon, fügte er 680 einem austrasischen Heer eine vernichtende Niederlage zu und erzwang anschließend die Anerkennung Theuderichs III. auch in Austrasien.

Dem neustrischen Hausmeier war es also gelungen, eine Machtfülle in seinen Händen zu konzentrieren, wie sie seit der Herrschaft Dagoberts I. im Frankenreich niemand mehr besessen hatte. Er nahm eine königgleiche Stellung ein, ohne jedoch den Thron für sich zu beanspruchen. Aber diese Macht war eine brüchige, denn sie erwuchs aus einer politischen Situation, deren Konstellationen sehr rasche Veränderungen durchliefen. Der Aufstieg des neustrischen Hausmeiers wurde durch das Aufeinandertreffen der zeitweiligen Schwächung der austrasischen Führungsspitze, wie sie der Sturz Grimoalds im Gefolge hatte, und der Fraktionskämpfe der neustrisch-burgundischen Hocharistokratie begünstigt. Es gelang Ebroin, der die Gunst der Stunde allerdings auch voll für sich zu nutzen verstand, Teile der austrasischen Hocharistokratie zeitweilig auf seine Seite zu ziehen, auf die er sich dann im Kampf mit Bischof Leodegar von Autun zu stützen vermochte. Außerdem fand er bei einem Kreis neustrischer Großer, die einst der

Königin Balthilde nahegestanden hatten, vorbehaltlose Unterstützung. Zu diesen Großen zählte mit Sicherheit der Bischof Audoin von Rouen, der bis zu seinem Tode ein entschiedener Anhänger des Pariser Königtums blieb.

Nicht lange nach seinem beim Bois-du-Fays erkämpften Sieg fiel Ebroin einem Mordanschlag zum Opfer, und seither gelang es keinem neustrischen Hausmeier mehr, einer eigenständigen Herrschaftsübung die erforderliche Machtbasis zu schaffen. Das Amt wurde vollends zum Streitobjekt der verschiedenen Parteiungen, und sein jeweiliger Inhaber war gezwungen, sich mit diesen Parteiungen zu arrangieren.

An der Spitze des von Ebroin bei Laon geschlagenen austrasischen Heeres hatte neben einem Herzog Martin Pippin der Mittlere gestanden. Er entstammte einer ehelichen Verbindung zwischen den Pippiniden und den Arnulfingern, denn er war der Sohn Ansegisels und der Begga. Ansegisels Vater aber war Arnulf von Metz, und Begga war die Tochter Pippins des Älteren. Mit Pippin dem Mittleren begann also die eigentliche Geschichte der Karolinger, denn aus seinem Geschlecht gingen sowohl Karl Martell als auch Karl der Große hervor. Da Pippin der Mittlere das ausgedehnte Grundeigentum der Pippiniden mit dem der Arnulfinger in seinen Händen vereinigte, war er den weitaus meisten anderen Vertretern der austrasischen Hocharistokratie an Macht beträchtlich überlegen. Während Herzog Martin nach der Niederlage des austrasischen Heeres bei Laon in die Hände Ebroins fiel und umgebracht wurde, konnte Pippin damals entkommen. Unter seiner Führung schlugen die Austrasier im Jahre 687 bei Tertry ein neustrisches Heer, an dessen Spitze neben dem Hausmeier Berchar Theuderich III. stand, so entscheidend, daß Pippin einige Zeit später die politische Führung auch in Neustrien an sich zu bringen vermochte. Ihm kam dabei zur Hilfe, daß Berchar um 691 von einem seiner Widersacher ermordet worden war, denn nach Berchars Tod begann »Pippin als Hausmeier König Theuderichs die eigentliche Herrschaft auszuüben. Er nahm den Schatz in Besitz, ließ von den Seinen einen gewissen Nordebert mit dem König zurück und kehrte selbst nach Austria heim.«[8]

Die Ereignisse von Tertry erlangten für die weitere Geschichte des Frankenreiches eine Bedeutung von geradezu existentiellem Gewicht, denn sie waren es, die eine Situation schufen, aus der heraus Pippin der Mittlere die politische Führung auch in Neustrien an sich zu bringen vermochte. Mit dieser Konzentration der Führung aber wurde zugunsten der weiteren Existenz des fränkischen Großreiches entschieden, die seit der Mitte des 7. Jahrhunderts ernsthaft in Frage gestellt war. Das Geschlecht der Karolinger trat jetzt voll in das Erbe der Merowinger ein, und durch diesen Führungswechsel wurde das Integrationszentrum des Reiches, das sich mit ihm zwangsläufig von dem bereits feudalen Neustrien nach dem wenig feudalisierten Austrasien verlagerte, auf eine andersgeartete gesellschaftliche Basis gestellt. Ebendiese Basis aber erwies sich nicht nur als tragfähig genug, den Bestand des Reiches für weitere anderthalb Jahrhunderte zu sichern, sondern sie gab ihm auch jene sozialökonomische Aktivität zurück, deren Wirkungen dann sehr bald in einer erneuten, den frühfeudalen Großreichen wesenseigenen hohen Expansivität zutage traten.

In Neustrien, Burgund und Aquitanien bestimmten um die Mitte des 7. Jahrhunderts feudal genutztes Grundeigentum und feudale Herrschaftsformen den Charakter der gesellschaftlichen Verhältnisse. Große weltliche und kirchliche Grundherren verfügten über den entscheidenden Anteil am Hauptproduktionsmittel der Gesellschaft, die Masse der bäuerlichen Produzenten war in die ökonomische Abhängigkeit gezwungen, und die beiden Grundklassen der Feudalgesellschaft hatten sich formiert. Mit dem fortgeschrittenen Feudalisierungsprozeß waren die Voraussetzungen für ein Anwachsen der wirtschaftlichen Leistungsfähigkeit gegeben, deren Wirkungen im ehemaligen Gallien seit der Mitte des 7. Jahrhunderts deutlich zutage traten. Die zeitweilige innere Befriedung der Verhältnisse, wie sie während der Herrschaft Chlothars II. und Dagoberts I. erreicht worden war, begünstigte diese Entwicklung zusätzlich. Die Bevölkerung nahm zu, und das Anwachsen ihrer Zahlen leitete eine erste Phase mittelalterlichen Landesausbaus ein. Den ausgedehnten Waldungen vor allem Neustriens und Burgunds wurden neue Anbauflächen abgewonnen. An der hierdurch erzielten Ausweitung der landwirtschaftlichen Nutzflächen hatten die Klöster einen erheblichen Anteil. Die Zahl dieser Einrichtungen vermehrte sich im Verlaufe des 7. Jahrhunderts vor allem in den zentralen und nördlichen Teilen Neustriens, in Burgund und im nördlichen Aquitanien beträchtlich. Solche Neugründungen gingen damals häufig von der weltlichen Hocharistokratie aus. Viele dieser Neugründungen wurden auf grundherrlichem Land errichtet, sie galten deshalb als grundherrliche Eigenklöster. Ihre Leitung wurde zumeist Angehörigen der Gründerfamilie übertragen, und ihre wirtschaftlichen Leistungen kamen nicht zuletzt diesen Grundherren zugute.

Die Klöster, sowohl die Neugründungen als auch die bereits mehr oder weniger lange Zeit bestehenden Einrichtungen, besaßen jedoch keineswegs nur wegen ihrer ökonomischen Leistungen Bedeutung, sondern sie trugen im erheblichen Maße auch zur religiösen Erschließung der ländlichen Gebiete bei, die in Neustrien und seinen nördlichen Randgebieten während des 7. Jahrhunderts zum Abschluß kam. Die Tätigkeit iro-schottischer Mönche, die seit dem späten 6. Jahrhundert im Frankenreich wirkten, hat dieser Erschließung wesentliche Impulse vermittelt.

Der bedeutendste Vertreter des iro-schottischen Mönchtums auf dem europäischen Festland war Columban. Er kam aus dem im Nordosten Irlands gelegenen Kloster Bangor, das er um 590 mit zwölf Gefährten verließ, um auf dem Festland zu wirken. Columban ging zunächst nach Burgund, wo ihm König Guntchramn das in den südwestlichen Vogesen gelegene ehemalige Kastell Annegray als Platz für seine Mönchsgemeinschaft überließ. Von Annegray aus gründete Columban das nur wenig entfernt gelegene Kloster Luxeuil, und beim Aufbau dieses Klosters schuf er jene Ordensregel, die dann in viele der während der ersten Hälfte des 7. Jahrhunderts gegründeten grundherrlichen Eigenklöster Neustriens Eingang fand. Forderung nach unbedingtem, willenlosem Gehorsam gegenüber dem Abt des Klosters, Geringschätzung der weltlichen Güter und freiwilliges Sündenbekenntnis waren Kernsätze dieser Regel. Nach der Regel Columbans lebte die Mönchsgemeinschaft des an der Marne gelegenen Klosters Jouarre, das von Ado, einem dort begüterten Grundherrn, erbaut worden war. Ado war ein Bruder Audoins, des späteren Bischofs von Rouen, der zu Columban noch in persönlichem Kontakt gestanden hatte. Von Audoin wurde das Kloster Rebais bei Meaux gegründet, das später von Dagobert I. eine Immunitätsurkunde erhielt.

Vor allem in Neustrien begannen die Grundherren im Verlaufe des 7. Jahrhunderts dazu überzugehen, die agrarische Produktion und die Aneignung und Konzentration des bäuerlichen Mehrproduktes durch die Organisation von Villikationen zu intensivieren. Für jenen Typ der feudalen Grundherrschaft, der sich des Villikationssystems bediente, war das Nebeneinander von ausgedehnter grundherrlicher Eigenwirtschaft und feudalabhängigen Bauernhöfen, vor allem aber die Einbeziehung der Arbeitsleistungen der abhängigen bäuerlichen Höfe in die Bewirtschaftung des in grundherrlicher Eigenregie stehenden Landes charakteristisch. Die feudalabhängigen Bauern hatten das Land der grundherrlichen Fronhöfe durch aufwendige Frondienste zu bearbeiten. Bei der Tatsache, daß sich das Villikationssystem seit dem 7. Jahrhundert gerade in Neustrien zu verbreiten begann, dürfte die hier besonders stark ausgeprägte räumliche Aufsplitterung des großen feudalen Grundeigentums von erheblicher Bedeutung gewesen sein. Denn anders als etwa in Aquitanien, wo ausgedehnte, geschlossen liegende Landkomplexe vielfach seit der Spätantike erhalten geblieben waren, war das Eigentum der einzelnen feudalen Grundherren in Neustrien, bedingt durch seine andersgeartete Entstehung, in zahllose mehr oder weniger umfangreiche und über mehr oder weniger große Entfernungen verstreute Landanteile aufgesplittert. Es bedurfte also besonderer arbeitsorganisatorischer Maßnahmen, um so angeordnete Ländereien effektiv nutzen zu können. Vor allem die kirchlichen Grundherrschaften gingen deshalb zum Villikationssystem über, das mit seiner Vielzahl von Fronhöfen und seinem Nebeneinander von grundherrlichem Sal- und bäuerlichem Leiheland diesen strukturellen Eigenheiten des feudalen Grundeigentums am ehesten angepaßt war. Die mit den Klostergründungen verbundene intensive Rodungstätigkeit, in deren Verlauf immer neue Höfe feudalabhängiger Bauern geschaffen wurden, trugen zur Ausbreitung des Villikationssystems das ihrige bei.

Die wachsende ökonomische Leistungsfähigkeit ließ sowohl in Neustrien als auch in Aquitanien und Burgund die Voraussetzungen für eine Intensivierung der Ware-Geld-Beziehungen entstehen. Deutliches Zeichen einer solchen Intensivierung waren erste Jahrmärkte sowie der im ehemaligen Gallien während des 7. Jahrhunderts erfolgte Übergang von der Gold- zur Silberwährung. Seit der ersten Hälfte des 7. Jahrhunderts fand beim Kloster Saint-Denis, also im Zentrum Neustriens, ein regelmäßiger Jahrmarkt statt. Er wurde auch von Händlern aus weit entfernten Gebieten, von Friesen, Sachsen und Angelsachsen, besucht. In jener Zeit verband zudem eine Handelsstraße das Byzantinische Reich mit Friesland und dem angelsächsischen England. Sie erreichte bei Marseille das Frankenreich und folgte von diesem wichtigen Hafenort aus, Fos-sur-Mer passierend, der Küste bis zur Rhônemündung. Von hier führte sie über Rhône und Saône zum Rhein und zur Maas. Über den Verlauf dieser Handelsstraße geben vor allem Münzen Auskunft, die damals in vielen der an den vier genannten Flüssen gelegenen Siedlungen geprägt worden sind, denn diese Münzen fanden sich gemeinsam mit Münzen aus Konstantinopel und Marseille in Schatzfunden, die aus den Niederlanden und England stammen. Einer dieser Schatzfunde, der im Jahre 1866 bei Wieuwerd in der niederländischen Provinz Friesland gefunden worden ist, enthielt neben sieben Münzen aus Konstantinopel auch elf in Marseille ge-

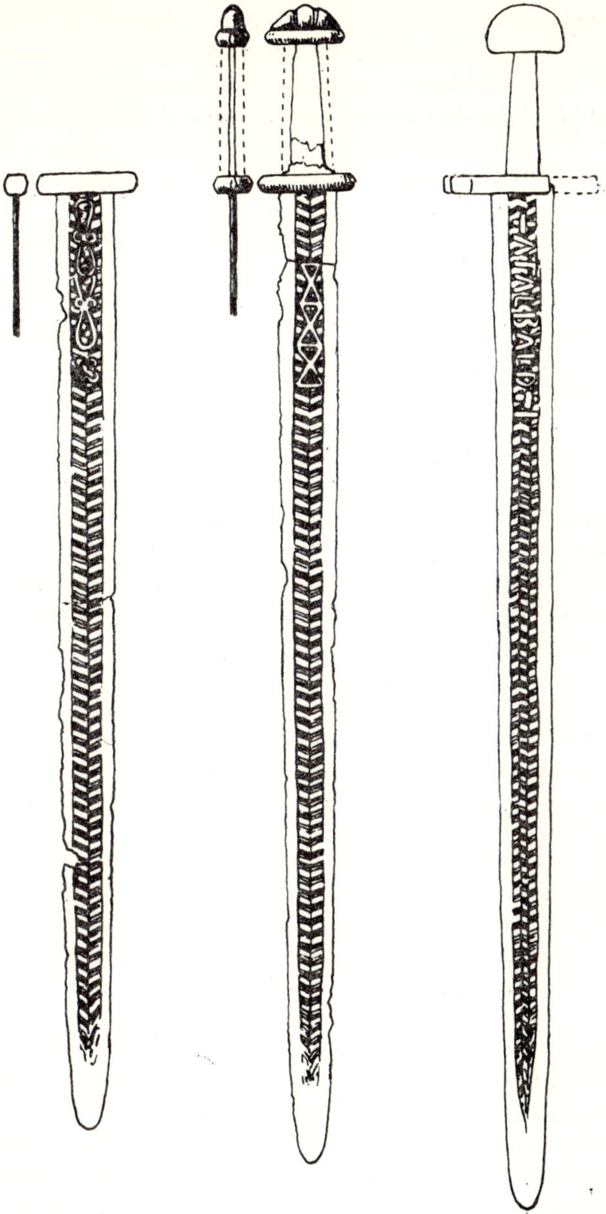

Abb. 18 Damaszierte Schwerter aus Dorestad, Niederlande

prägte Münzen mit dem Namen Chlothars II. Vor einigen Jahren haben französische Archäologen bei Fos-sur-Mer Teile eines Schiffes geborgen, das hier mit seiner gesamten Ladung am Ende des 6. oder im frühen 7. Jahrhundert gesunken war. Zu dieser Ladung gehörten neben Amphoren, Schmuck und Münzen byzantinischer Herkunft auch frühchristliche Keramiken, die aus Ägypten und anderen Gegenden Nordafrikas stammten.

Die Bedeutung, die die Civitates als politisch-administrative und kirchlich-religiöse Zentren besaßen, hatte zur Folge, daß sie dem Handel und dem Handwerk während des 7. Jahrhunderts besonders günstige Entwicklungsbedingungen boten, und sie waren denn auch in jener Zeit ausnahmslos Markt- und Münzort.

Mit der Gesamtheit jener Veränderungen, die die sozialökonomischen, die arbeitsorganisatorischen, die politischen und die kirchlich-religiösen Verhältnisse von der Errichtung der fränkischen Herrschaft bis zur Mitte des 7. Jahrhunderts im römischen Gallien durchlaufen hatten, waren – in Neustrien radikaler noch als in Burgund und Aquitanien – jene grundlegenden Widersprüche beseitigt, in denen sich die gesellschaftliche Entwicklung seit der Spätantike hier wie dort bewegt hatte. Die Periode der sozialen Umwälzungen, in deren Verlauf feudale Verhältnisse an die Stelle von Zuständen der Sklavenhalterordnung, und, da im späten 5. und im frühen 6. Jahrhundert Teile des späteren Neustrien von der fränkisch-bäuerlichen Landnahme erfaßt worden waren, auch an die Stelle von Verhältnissen spätgentilgesellschaftlichen Charakters traten, war abgeschlossen. Damit aber hatte zugleich das gesellschaftliche Milieu zu existieren aufgehört, aus dem jene Kräfte erwachsen waren, denen explosive Expansivität und die Fähigkeit zu weitausgreifender politischer Herrschaft gleichermaßen wesenseigen waren.

Die gesellschaftlichen Verhältnisse Austrasiens dagegen befanden sich um die Mitte des 7. Jahrhunderts noch in der Phase dieser sozialen Umwälzungen. Die soziale Differenzierung hatte noch nicht zur eindeutigen Polarisierung der beiden antagonistischen Grundklassen der Feudalgesellschaft geführt. Aus dieser Tatsache aber folgte zwangsläufig eine relative soziale, aber auch eine relative politische Schwäche der Klasse der feudalen Grundherren wie der feudalisierenden Kräfte insgesamt, da die ökonomisch unabhängigen, persönlich freien bäuerlichen Produzenten mit ihren genossenschaftlichen Produktions- und Lebensformen in Austrasien wie in den östlichen Reichsteilen ganz allgemein, also vor allem in Thüringen und Bayern sowie im alamannischen Stammesgebiet, noch erhebliches soziales und politisches Gewicht besaßen. Zu den bäuerlichen Produzenten dieses sozialen Typs gehörten jedoch nicht mehr nur Besitzer von Höfen, deren Bewirtschaftung allein an die Arbeitsleistung der jeweiligen Bauernfamilie gebunden war, sondern er wies bereits Erscheinungen einer Differenzierung auf, die zur Abschichtung großbäuerlicher Höfe geführt hatte, deren Besitzer regelmäßig auch die Arbeitskraft von Hofsklaven sowie von Knechten und Mägden nutzten.

Neben den insgesamt noch zahlreichen freien bäuerlichen Produzenten standen bedeutende Schichten und Gruppen kleiner und mittlerer Grundherren teils vorfeudaler, teils bereits feudaler Prägung, deren Bestreben es sein mußte, zu großen Feudalherren aufzusteigen. Diese mannigfaltigen sozialen Schichten und Gruppen aber wurden überdacht von einigen wenigen Grundherrengeschlechtern mit räumlich übergreifender Bedeutung, die, gestützt auf die materiellen Ressourcen ihres zu einem Teil bereits in feudaler Weise, zu einem anderen aber noch durch die Arbeitskraft unbehauster Knechte und Mägde genutzten umfangreichen Grundbesitzes und begünstigt durch die erst wenig ausgeprägte sozialökonomische Polarisierung, eine politische Führungsspitze zu formieren vermochten. Seit der Zeit Pippins des Mittleren gehörten neben den Karolingern die Etichonen zu diesen Geschlechtern. Der namengebende Stammvater dieses Geschlechts, Eticho, war zunächst in Burgund begütert und hatte in den Machtkämpfen, die auf den Sturz Balthildes folgten, zeitweilig an der Seite Ebroins gestanden. Später ging er zu Pippin über, und um 673 stieg er im Elsaß zum Herzog auf. Eticho gründete hier mehrere Klöster und nutzte die mit dem Amt des Herzogs verbundenen militärischen Befugnisse, um seinen Einfluß nach Süden bis in das Gebiet des Schweizer Jura auszudehnen. Nach seinem Tod – Eticho starb nach 682 – folgte ihm sein Sohn Adalbert im Amt des Herzogs nach.

In Austrasien stand die feudale Grundherrschaft um die Mitte des 7. Jahrhunderts noch am Beginn ihrer Entwicklung, vor allem aber setzte die umfassende kirchlich-religiöse Erschließung der eigentlich austrasischen Gebiete mit ihren für die Durchsetzung feudaler Verhältnisse unabdingbaren wirtschaftlichen, sozialökonomischen und geistig-ideologischen Leistungen erst während der zweiten Hälfte des 7. Jahrhunderts voll ein. Die Intensivierung der kirchlich-religiösen Tätigkeit begann mit der Begründung mehrerer in den Kernräumen Austrasiens gelegener Klöster, die dann in der weiteren missionarischen Tätigkeit sehr bald einen hervorragenden Platz einnehmen sollten. Zu ihnen gehörte neben Nivelles und Stablo und Malmedy sowie dem im frühen 8. Jahrhundert in der Eifel gegründeten Kloster Prüm auch das Kloster Echternach, dessen Einrichtung in direkter räumlicher Beziehung zur Anlage der hier einst existierenden römischen Villa erfolgte. Seit 699 stand der angelsächsische Missionar Willibrord im engen Kontakt zu diesem Kloster. Willibrord war im Jahre 690 auf das Festland gekommen, um unter den Friesen das Christentum zu verbreiten. Der Widerstand, auf den er bei seinen Missionierungsversuchen in Friesland stieß, veranlaßte ihn sehr bald dazu, Beziehungen zu Pippin dem Mittleren zu knüpfen. Mit Unterstützung Pippins und seiner Gattin Plektrudis baute Willibrord das Kloster im frühen 8. Jahrhundert zum wichtigsten Stützpunkt seiner missionarischen Tätigkeit aus.

Es war die Unentschiedenheit der Austrasien um die Mitte des 7. Jahrhunderts eigenen sozialökonomischen und politischen Verhältnisse, die es der Hocharistokratie dieses Teilreiches ermöglichte, in den wechselvollen Kämpfen der spätmerowingischen Zeit schließlich die Führung des Gesamtreiches an sich zu reißen. Denn eben diese Unentschiedenheit begünstigte, da die aus ihr resultierende Schwäche der Klasse der Feudalherren sowie der anderen feudalisierenden Schichten und Gruppen diese gesellschaftlichen Kräfte mit existentieller Gewalt auf ein Machtzentrum verwies, das sowohl formierend als auch integrierend zu wirken vermochte, das Emporkommen einer schlagkräftigen gesamtaustrasischen Führungsspitze. Nach dem Wechsel in der politischen Führung des Reiches aber setzte diese Unentschiedenheit die Hocharistokratie Austrasiens in den Stand, jene Kräfte zu aktivieren und zu formieren, die dann im Verlaufe des 8. Jahrhunderts zu den Trägern einer neuen, der karolingischen Etappe der Expansion des fränkisch-frühfeudalen Großreiches wurden.

Das Ende der Merowinger (687–751)

Im November des Jahres 751 fand in der neustrischen Pfalz Soissons eine feierliche Zeremonie statt, die von den *Annales regni Francorum*, den »Annalen des fränkischen Reiches«, mit den folgenden Worten beschrieben wird: »Pippin wurde nach der Sitte der Franken zum König gewählt und gesalbt von der Hand des Erzbischofs Bonifatius heiligen Angedenkens und von den Franken . . . zum König erhoben. Hilderich aber, der fälschlich König hieß, wurde geschoren und ins Kloster geschickt.«[9]

Der Pippin, von dessen Königserhebung hier berichtet wird, war Pippin der Jüngere und ein Enkel jenes mittleren Pippin, unter dessen Führung die Austrasier 687 den Sieg über die Neustrier erkämpft hatten. Hilderich aber war Childerich III., der letzte Merowinger, der auf dem Thron gesessen hat.

Nachdem die politische Führung des Reiches von den Merowingern auf die Karolinger übergegangen war, verging also noch eine beträchtliche Zeit, ehe die königlich-dynastische Repräsentanz im Frankenreich diesem Führungswechsel angepaßt wurde. Pippin der Mittlere hatte nach seinem Sieg von Tertry König Theuderich III. in Amt und Würden belassen, und er machte weder Paris noch eine andere der neustrischen Königspfalzen zum bevorzugten Sitz seiner Herrschaft. Er kehrte in das austrasische Teilreich zurück und suchte seinen Einfluß in Neustrien durch Männer seines Vertrauens zu sichern, die er dem König an die Seite stellte. Anfangs war dies der von den Quellen in dieser Eigenschaft ausdrücklich genannte Nordebert, später, wohl 697 oder doch nicht lange danach, erreichte es Pippin, daß sein jüngerer Sohn Grimoald zum Hausmeier von Neustrien bestellt wurde. Theuderich III. aber hielt, obwohl er im Reich keine Macht mehr besaß, weiterhin in Compiègne oder in einer der anderen neustrischen Pfalzen hof, er führte den Vorsitz im königlichen Gericht und stellte Urkunden aus. Mit diesen Urkunden verfügte er über die Reste des in Neustrien zu seiner Zeit noch vorhandenen Königsgutes, er befreite Urkundenempfänger von Zöllen und sonstigen öffentlichen Leistungen oder verlieh ihnen andere Privilegien. Eine der Urkunden bezeugt, daß der König dem Kloster Saint-Denis, das seit Dagobert I. bevorzugter Begräbnisplatz der Merowinger war, die bei Senlis gelegene Villa Lagny-le-Sec, die einst der Hausmeier Ebroin und nach dessen Tod sein Nachfolger Waratto besessen hatte, mit allen zu ihr gehörenden Feldern, Wäldern, Wiesen, Weiden, Weingärten, Mühlen, stehenden und fließenden Gewässern sowie sämtlichen abhängigen Leuten beiderlei Geschlechts überließ.

Als Theuderich III. 691 starb, wurde zunächst sein noch unmündiger Sohn Chlodwig III. zum König erhoben, und nach dessen frühem Tod – Chlodwig III. lebte nur bis 695 – folgte ihm sein Bruder Childebert III., ohne daß die so praktizierte Erbfolge Widerspruch hervorgerufen hätte. Der Sieger von Tertry und seine Parteigänger respektierten sie also.

Es war eine Folge der während des späten 7. Jahrhunderts existierenden Kräftekonstellationen, daß die Karolinger, gestützt auf ihre austrasische Machtbasis, wohl in der Lage waren, die politische Führung an sich zu reißen, daß diese Machtbasis aber zunächst keineswegs ausreichte, um nun Herrschaft mit Erfolg auch im gesamten Reich praktizieren zu können. Dieser Unfähigkeit zur gesamtfränkischen Herrschaft aber vor allem war es zuzuschreiben, daß die Dynastie der Merowinger die Entscheidung von Tertry um mehr als ein halbes Jahrhundert zu überleben vermochte.

Pippin dem Mittleren und seinen direkten Nachfolgern standen, obwohl die politische Führung der beiden zentrierenden fränkischen Teilreiche nun beim Geschlecht der Karolinger konzentriert war, im bereits feudalisierten Westen noch immer jene sozialen Kräfte gegenüber, die sich bereits den Versuchen der Königin Balthilde und etwas später des Hausmeiers Ebroin mit allen Mitteln widersetzt hatten, ihre Eigenständigkeit zurückzudrängen. Uneingeschränkte, das gesamte Reich erfassende Herrschaft zu üben wurde den Karolingern aber auch durch die Tatsache erschwert, daß seine Randzonen auf dem besten Wege waren, gänzlich aus dem Reichsverband auszuscheiden. Die von den Basken eroberte Gascogne war nahezu verloren, und die Herzöge von Aquitanien schickten sich an, ihre Gewalt nach Norden bis zur Loire vorzuschieben. In den östlich des Rheins gelegenen Reichsteilen aber war es den Herzögen Thüringens, Alamanniens und Bayerns gelungen, sich einer fränkischen Kontrolle fast völlig zu entziehen. In dieser Situation konnte es gar nicht ausbleiben, daß sich, und zwar trotz der verschiedenartigen sozialökonomischen Verhältnisse sowohl im Westen als auch im Osten des Reiches, immer wieder gesellschaftliche Kräfte formierten, die sich der Könige eines zwar machtlosen, aber durch seine Taten und Untaten mit den Geschicken des Reiches über lange Zeit und überaus eng verwobenen und zudem vom Nimbus des Besitzes magischer Kräfte – die Merowinger standen in dem Ruf, die Skrofeln heilen zu können – umgebenen Geschlechts bedienten, sobald sie sich dem Emporkommen einer neuen Führungsspitze in den Weg zu stellen suchten.

Als Pippin der Mittlere im Dezember 714 in der bei Lüttich gelegenen Villa Jupille gestorben war, zeigte sich, daß diese Widerstände dem karolingisch-austrasischen Führungsanspruch noch immer überaus gefährlich zu werden vermochten. Damals suchte Plektrudis, da ihr ältester Sohn Drogo, Herzog der Champagne, seinem Vater bereits 708 in den Tod vorangegangen und der jüngere, Grimoald, wenige Tage vor Pippins Tod einem Mordanschlag zum Opfer gefallen war, als Regentin des Merowingerkönigs Dagobert III. die Herrschaft in Neustrien und in Austrasien für ihren noch unmündigen Enkel Theudoald zu behaupten. Einen bereits volljährigen außerehelichen Sohn Pippins, Karl, hatte Plektrudis inhaftieren lassen. 715 schlugen neustrische Truppen im bei der Pfalz Compiègne gelegenen Wald von Cuise ein austrasisches Heer, und nach diesem Sieg erhoben die Neustrier einen der ihren, nämlich Raganfred, zum Hausmeier. Als noch im gleichen Jahr Dagobert III. starb, setzten sie zudem »einen gewissen Kleriker Daniel, noch während sein Haupthaar wuchs, zum König ein und nannten ihn Chilperich«.[10] Im folgenden Jahr war Plektrudis, nachdem ein von diesem Chilperich II. und dem neustrischen Hausmeier Raganfred geführtes Heer bis nach Köln vorgestoßen war, gezwungen, den neuen König förmlich anzuerkennen, indem sie ihm den Königsschatz aushändigte.

Um einer gesamtfränkisch-karolingischen Herrschaft die erforderliche Machtbasis zu schaffen, bedurfte es einer durchgreifenden Umschichtung in der Besetzung der hohen weltlichen und kirchlichen Ämter, vor allem aber war ein Ausbau des frühfeudalen Staates, die Anpassung seiner Institutionen an die fortgeschrittene Feudalisierung unerläßlich. Dieser Wandlungsprozeß durchlief zwischen 714, dem Todesjahr Pippins des Mittleren, und 751, dem Jahr der Königserhebung des jüngeren Pippin, seine erste bedeutsame Phase. Es waren die Jahre des Hausmeiers Karl, dem spätere Generationen den Beinamen Martellus, der Hammer, gaben, und seiner Söhne Karlmann und Pippin.

Karl war es 715 gelungen, der Haft zu entkommen, in die ihn Plektrudis hatte setzen lassen. Er sammelte ein Heer, stellte dem neustrischen König Chilperich II. einen eigenen, Chlothar IV., entgegen und suchte die Entscheidung mit den Waffen sowohl im Kampf gegen die neustrische Hocharistokratie als auch gegen seine Widersacherin Plektrudis. Um sich sowohl in Austrasien als auch in Neustrien eindeutig durchzusetzen, benötigte Karl Martell mehr als zwei Jahre. Erst 718 war seine Stellung soweit gefestigt, daß er imstande war, einschneidendere Eingriffe in die inneren Machtverhältnisse des Reiches einzuleiten. Er besetzte, zunächst in Neustrien und Burgund, später auch in Aquitanien, Bistümer, Abteien, Grafschaften und Dukate, also Herzogtümer, mit Angehörigen austrasischer Grundherrengeschlechter und nutzte vor allem sehr bald das im Entstehen begriffene Lehnswesen, um ein schlagkräftiges Heer berittener Panzerreiter aufzustellen. Das für die Ausstattung der Vasallen benötigte Land beschaffte Karl vielfach durch Rückgriffe auf kirchliche Ländereien, die dem neuen, formell immer noch dem König zum Kriegsdienst verpflichteten Besitzer mitsamt den bäuerlichen Produzenten, von denen sie bearbeitet wurden, für die Dauer der Lehnsbeziehung zur Nutzung überlassen blieben. Diese neue Institution basierte also auf dem feudalen Eigentum an Grund und Boden, und die Vasallen gehörten der Klasse der Feudalherren an.

Die Stabilisierung der gesamtfränkisch-karolingischen Herrschaft sowie der deutliche Fortschritt bei der Ausbildung klassengesellschaftlich-feudaler Machtorgane kamen den Erfordernissen kriegerisch-expansiver Unternehmungen entgegen, die dann auch während der Herrschaft Karl Martells deutlich an Intensität gewannen. Thüringen wurde damals wieder unter fränkische Kontrolle gebracht, das westliche Friesland unterworfen und Teile der Sachsen in eine tributäre Abhängigkeit gezwungen. Während des letzten Jahrzehnts seiner Herrschaft griff Karl verstärkt in die Verhältnisse Aquitaniens ein. Anlaß gab hierzu neben der großen Selbständigkeit Herzog Eudos das Vordringen der Araber, die 720 nördlich der Pyrenäen Fuß gefaßt hatten. Im Jahre 732 kam es in der Nähe von Poitiers zur Schlacht, in der die Araber von den fränkischen Truppen trotz ihrer überlegenen Reiterei geschlagen wurden.

Nach dem Sieg von Poitiers war die Macht Karl Martells im gesamten Reich so gefestigt, daß er, als der seit 721 auf dem Thron sitzende Merowinger Theuderich IV. 737 starb, die Herrschaft bis zu seinem eigenen Tod führen konnte, ohne einen neuen König zu benennen, und gleich einem König teilte er auch das Frankenreich vor seinem Tod im Jahre 741.

Karls Söhne Karlmann und Pippin herrschten zunächst in ihren Reichsteilen, bis sich der ältere Karlmann im Jahre 747 in ein Kloster zurückzog und Pippin die Gesamtherrschaft antrat. Widerständen, die der Herrschaft der beiden Hausmeier sowohl im Westen als auch im Osten des Reiches anfangs entgegengesetzt wurden, suchten sie weitgehend gemeinsam entgegenzutreten, und um den Herzögen von Aquitanien, Alamannien und Bayern, von denen diese Widerstände vor allem ausgingen, die Möglichkeit zu nehmen, sich auf ihre Treue zur merowingischen Dynastie zu berufen, wurde der Thron schon 743 wieder besetzt: Childerich III., von dem wohl die Zugehörigkeit zum königlichen Geschlecht, nicht aber die eigentliche Herkunft bekannt ist, trat seine kurze und der Beteiligung an der tatsächlichen Herrschaft ganz und gar entbehrende Regierungszeit an.

Karlmann und Pippin der Jüngere trugen sowohl zur Stabilisierung der Herrschaft der Karolinger als auch zum Ausbau der frühfeudalen Staatsorganisation durch die tatkräftige Förderung der Reorganisation der fränkischen Kirche Erhebliches bei. Kernstück der Reorganisation war der Aufbau einer das gesamte Territorium des Reiches erfassenden und ordnungsgemäß funktionierenden kirchlichen Organisation, in der die Bischöfe die zentrale Stellung einnahmen. Die im Verlaufe dieser kirchlichen Reorganisation zwischen der hohen Geistlichkeit des Reiches und dem Papsttum einerseits, den karolingischen Hausmeiern andererseits gewachsenen engen Beziehungen waren über ihre staatstragende Bedeutung hinaus von entscheidender Bedeutung auch für die Vorbereitung des endgültigen Sturzes der Dynastie der Merowinger und das Erlangen der Königswürde durch die Karolinger: Bevor der Hausmeier Pippin in Soissons zum König erhoben wurde, war vom Papst Zacharias die Befürwortung dieses Aktes eingeholt worden.

Die Karolinger benötigten, um ihre Machtbasis so auszubauen, daß sie eine stabile, das Reich in allen seinen Teilen erfassende Herrschaft zu üben vermochten, ein halbes Jahrhundert, und erst dann war es ihnen möglich, sich der Dynastie der Merowinger endgültig zu entledigen. Mit der Königserhebung von 751 schließlich wurde demonstriert, daß die Herrschaft nunmehr allein und mit voller Legitimation dem Geschlecht der Karolinger zustand. Aus dem Frankenreich der Merowinger war das Frankenreich der Karolinger geworden.

Schlußbemerkung

Anfang August 843 kamen in Verdun die drei Söhne Ludwigs des Frommen, Lothar I., Ludwig der Deutsche und Karl der Kahle zusammen, um hier die Teilung des fränkischen Großreiches zu beschließen. Der älteste der drei Brüder, Lothar I., erhielt Italien und den langgezogenen mittleren Teil des Reiches, der sich bis nach Friesland erstreckte. Ludwig dem Deutschen wurden die östlichen und Karl dem Kahlen die westlichen Reichsteile zugesprochen.

In den Vorstellungen ihrer Zeitgenossen bedeutete die Teilung von 843 keineswegs das Ende des Frankenreiches, sondern die neu entstandenen drei Teilreiche wurden, ähnlich den Teilherrschaften, die im Jahre 511 an die Söhne Chlodwigs I. gefallen waren, als politische Gebilde betrachtet, in denen die Söhne Ludwigs des Frommen bei gemeinsamer Verantwortung für das gesamte Reich selbständig herrschen sollten. Aber die Teilung von 843 erwies sich als dauerhaft. Spätere Versuche, die Reichsteile wieder zusammenzufügen, blieben Zwischenspiele in einem mehr oder weniger kontinuierlich fortschreitenden Zerfallsprozeß. Der Vertrag von Verdun ist deshalb durchaus geeignet, für die Zäsur zu stehen, die das Ende des frühfeudalen fränkischen Großreiches bezeichnet.

Während der nahezu vier Jahrhunderte dauernden Existenz des fränkischen Großreiches vollzog sich in West- und Mitteleuropa der Übergang von vorfeudalen zu feudalen Verhältnissen, die feudale Umwälzung war das grundlegende progressive Ergebnis dieser Existenz, die mit der endgültigen Konstituierung der Feudalgesellschaft in diesem historischen Raum zu Ende ging.

Ebenso, wie sich die politische Geschichte des Frankenreiches insgesamt in zwei deutlich erkennbare Abschnitte gliederte, deren frühere mit der politischen Vorherrschaft einer neustrisch-merowingischen und deren spätere mit der Vorherrschaft einer austrasisch-karolingischen Führungsspitze zusammenfiel, durchlief auch der Gesamtprozeß der feudalen Umwälzung innerhalb dieses Reiches eine frühere und eine spätere Phase. Beide waren zwar eng miteinander verflochten, und die Entwicklung der jüngeren Phase baute auf die der älteren auf, jedoch war die eine nicht schlechthin die lineare Fortsetzung der anderen. Es gab eine deutliche räumliche Verlagerung in der Intensität dieser Umwälzung, die sich als eine Phasenverschiebung im zeitlichen Ablauf dieses Prozesses darstellt, und es gab gravierende Unterschiede in den jeweiligen historischen Erscheinungsformen dieser Umwälzung. Es ist diese relative Eigenständigkeit beider Phasen, die es als begründet und sinnvoll erscheinen läßt, sowohl von einem frühfeudalen Großreich der Merowinger als auch von einem solchen der Karolinger zu sprechen, jedoch waren beide dem Frankenreich gleichermaßen subsumiert. Dieses Reich erlangte zwar erst während der Herrschaft der Karolinger das Stadium seiner höchsten Blüte, jedoch baute die Gesellschaft der Karolingerzeit auf Grundlagen auf, die vorher gelegt worden waren.

Es trug erheblich zur Dynamik des Karolingerreiches bei, daß bereits in merowingischer Zeit jene großen Einbußen weitgehend wieder ausgeglichen worden waren, die die spätantik-römische Zeit mit ihren verheerenden Krisen und Kriegen den westlich des Rheins gelegenen Teilen des Frankenreiches an Menschen und an materiellen Ressourcen gebracht hatte. Hier erlebte die Klosterkultur bereits während des 7. Jahrhunderts eine erste Blüte, die dann in die karolingische Zeit hinein weiterwirkte und zur damals erreichten Reform des kirchlichen Lebens und des Bildungswesens erheblich beitrug. In den germanisch besiedelten Gebieten östlich des Rheins aber vermochten sich die Karolinger, obwohl sich die fränkische Herrschaft sowohl in Thüringen als auch in Alamannien und Bayern seit dem Tode Dagoberts I. sehr gelockert hatte, bei ihrer eigenen expansiven Politik auf die Vorleistungen aus merowingischer Zeit zu stützen: Sie fanden punktuell eine fränkische Bevölkerung und befestigte Stützpunkte vor, und es gab Ansätze einer kirchlichen Organisation, die ihren Ausgang vorzugsweise von westlich des Rheins gelegenen Kircheninstitutionen genommen hatte. Zu den geschichtsträchtigsten Leistungen der Merowingerzeit aber gehört, daß mit der Bildung des ersten frühfeudalen Großreiches eine staatliche Organisationsform entstand, die das großräumige Zusammenführen von germanisch-frühklassengesellschaftlichen und spätantik-feudalen Verhältnissen bewirkte und damit jene sozialen Kräfte freisetzte, die dann im Verlaufe der weiteren Geschichte des Frankenreiches zu den entscheidenden Initiatoren und Trägern der umfassenden Feudalisierung West- und Mitteleuropas wurden.

Anhang

Anmerkungen

[1] Über die von Mediävisten, Althistorikern und Archäologen der DDR um die Entstehung und die wesentlichen Charakteristika der feudalen Gesellschaftsformation sowie um die Periodisierung ihrer Geschichte seit den frühen fünfziger Jahren geführten Diskussionen gibt der vierte Band der vom Zentralinstitut für Geschichte der Akademie der Wissenschaften der DDR herausgegebenen »Studienbibliothek DDR-Geschichtswissenschaft« Auskunft: »Feudalismus. Entstehung und Wesen«, hg. von Eckhard Müller-Mertens, Berlin 1985. Die Beiträge einer vom Zentralinstitut für Alte Geschichte und Archäologie der Akademie der Wissenschaften der DDR 1978 zum Thema »Die Entwicklung der Produktivkräfte und die gesetzmäßige Abfolge der Gesellschaftsformationen« veranstalteten Konferenz liegen inzwischen in dem Band: »Produktivkräfte und Gesellschaftsformationen in vorkapitalistischer Zeit«, hg. von Joachim Herrmann und Irmgard Sellnow, Berlin 1982, gedruckt vor.

[2] Quellen zur Geschichte des deutschen Bauernstandes im Mittelalter, hg. von Günther Franz, Berlin 1967, Nr. 8 (Ausgewählte Quellen zur deutschen Geschichte des Mittelalters. Freiherr vom Stein-Gedächtnisausgabe, Bd. 31).

[3] Über diese Kontroverse informiert Joachim Herrmann, Zu den Anfängen der Geschichte des deutschen Volkes. Einige Ergebnisse und Probleme der Arbeiten am ersten Band der »Deutschen Geschichte«, in: ZfG, 1980, H. 9, S. 828–830. Vgl. ders., Allod und Feudum als Grundlagen des west- und mitteleuropäischen Feudalismus und der feudalen Staatsbildung, in: Beiträge zur Entstehung des Staates, hg. von Joachim Herrmann und Irmgard Sellnow, Berlin 1973, S. 164–201.

[4] Friedrich Engels, Fränkische Zeit, in: Karl Marx/Friedrich Engels, Werke, Bd. 19, Berlin 1976, S. 476.

[5] Herwig Wolfram, Ethnogenesen im frühmittelalterlichen Donau- und Ostalpenraum, in: Frühmittelalterliche Ethnogenese im Alpenraum, hg. von Helmut Beumann und Werner Schröder, Sigmaringen 1985, S. 130 f. (Nationes, Bd. 5).

[6] Die vier Bücher der Chroniken des sogenannten Fredegar, unter der Leitung von Herwig Wolfram neu übertragen von Andreas Kusternig, Darmstadt 1982, S. 269 (Ausgewählte Quellen zur deutschen Geschichte des Mittelalters. Freiherr vom Stein-Gedächtnisausgabe, Bd. 4a).

[7] Ebenda, S. 261.

8 Das Buch von der Geschichte der Franken, unter der Leitung von Herwig Wolfram neu übertragen von Herbert Haupt, Darmstadt 1982, S. 373 (Ausgewählte Quellen zur deutschen Geschichte des Mittelalters. Freiherr vom Stein-Gedächtnisausgabe, Bd. 4a).

9 Die Reichsannalen, unter Benutzung der Übersetzungen von O. Abel und J. von Jasmund neubearbeitet von Reinhold Rau, Berlin o. J., S. 15 (Ausgewählte Quellen zur deutschen Geschichte des Mittelalters. Freiherr vom Stein-Gedächtnisausgabe, Bd. 5).

10 Das Buch von der Geschichte der Franken, a. a. O., S. 377.

Literaturverzeichnis

Abel, Wilhelm: Landwirtschaft und ländliche Gesellschaft in Deutschland, in: Settimane di studio del Centro Italiano di studi sull'alto medioevo, 13/1966

Algemene Geschiedenis der Nederlanden, Bd. 1, Haarlem 1981

Ammianus Marcellinus: Römische Geschichte, lateinisch und deutsch und mit einem Kommentar versehen von Wolfgang Seyfarth, Teil 1 und 2, Berlin 1968, Teil 3, Berlin 1970, Teil 4, Berlin 1971 (Schriften und Quellen der Alten Welt, Bd. 21)

Bentzien, Ulrich: Bauernarbeit im Feudalismus. Landwirtschaftliche Arbeitsgeräte und -verfahren in Deutschland von der Mitte des ersten Jahrtausends u. Z. bis um 1800, Berlin 1980

Bergengruen, Alexander: Adel und Grundherrschaft im Merowingerreich. Siedlungs- und standesgeschichtliche Studie zu den Anfängen des fränkischen Adels in Nordfrankreich und Belgien, Wiesbaden 1958 (Vierteljahrschrift für Sozial- und Wirtschaftsgeschichte, Beihefte, Bd. 41)

Beyerle, Franz: Das legislative Werk Chilperichs I., in: Zeitschrift der Savigny-Stiftung für Rechtsgeschichte, Germanist. Abtlg., 78/1961

Bleiber, Waltraut: Bemerkungen zum Anteil westfränkischer Kircheninstitutionen an der Feudalisierung des östlichen Frankenreiches, in: ZfG, 1965, H. 7

Bleiber, Waltraut: Naturalwirtschaft und Ware-Geld-Beziehungen zwischen Somme und Loire während des 7. Jahrhunderts, Berlin 1981 (Forschungen zur mittelalterlichen Geschichte, Bd. 27)

Bleiber, Waltraut: Politische Macht und sozialökonomische Grundlagen bei der Ausbildung feudaler Verhältnisse in West- und Mitteleuropa, in: ZfG, 1973, H. 7

Böhner, Kurt: Ausgrabungen von kaiserzeitlichen Siedlungen im freien Germanien, in: Ausgrabungen in Deutschland, Teil 2: Römische Kaiserzeit im freien Germanien, Frühmittelalter 1, Mainz 1975

Böhner, Kurt: Probleme der Kontinuität zwischen Römerzeit und Mittelalter in West- und Süddeutschland. Forschungen und Grabungen, in: Ausgrabungen in Deutschland, Teil 2: Römische Kaiserzeit im freien Germanien, Frühmittelalter 1, Mainz 1975

Brühl, Carlrichard: Palatium und Civitas. Studien zur Profantopographie spätantiker Civitates vom 3. bis zum 13. Jahrhundert, Bd. 1, Wien 1975

Christlein, Rainer: Besitzabstufungen zur Merowingerzeit im Spiegel reicher Grabfunde aus West- und Süddeutschland, in: Jahrbuch des römisch-germanischen Zentralmuseums Mainz, 20/1973

Deutsche Geschichte in zwölf Bänden, hg. vom Zentralinstitut für Geschichte der Akademie der Wissenschaften der DDR, Bd. 1: Von den Anfängen bis zur Ausbildung des Feudalismus Mitte des 11. Jahrhunderts, 2. Aufl., Berlin 1985

Doehaerd, Renée: Le haut moyen âge occidental: Économies et sociétés, 2. Aufl., Paris 1982

Donat, Peter: Haus, Hof und Dorf in Mitteleuropa vom 7. bis 12. Jahrhundert. Archäologische Beiträge zur Entwicklung und Struktur der bäuerlichen Siedlung, Berlin 1980 (Schriften zur Ur- und Frühgeschichte, Bd. 33)

Doppelfeld, Otto: Das fränkische Frauengrab unter dem Chor des Kölner Domes, in: Germania, 38/1960

Doppelfeld, Otto: Das fränkische Knabengrab unter dem Chor des Kölner Domes, in: Germania, 42/1964

Engels, Friedrich: Der Ursprung der Familie, des Privateigentums und des Staats, in: Karl Marx/Friedrich Engels, Werke, Bd. 21, Berlin 1973

Ewig, Eugen: Die Civitas Ubiorum, die Francia Rinensis und das Land Ribuarien, in: Rheinische Vierteljahrsblätter, 19/1954

Ewig, Eugen: Die fränkischen Teilreiche im 7. Jahrhundert (613–714), in: Trierer Zeitschrift, 22/1953

Ewig, Eugen: Die fränkischen Teilungen und Teilreiche (511–613), Wiesbaden 1952 (Abhandlungen der Geistes- und sozialwissenschaftlichen Klasse der Akademie der Wissenschaften Mainz 1952, Bd. 9)

Ewig, Eugen: Der Mittelrhein im Merowingerreich, in: Nassauer Annalen, 82/1971

Faider-Feytmans, Germaine: La Belgique à l'époque mérovingienne, Brüssel 1964

Ganshof, François L.: Quelques aspects principaux de la vie économique dans la monarchie Franque au VIIe siècle, in: Settimane di studio del Centro Italiano di studi sull'alto medioevo, 5/1958

Die Germanen. Geschichte und Kultur der germanischen Stämme in Mitteleuropa. Ein Handbuch in zwei Bänden, hg. von Bruno Krüger, Bd. 1, Berlin 1976; Bd. 2, Berlin 1983

Geschichte Thüringens, hg. von Hans Patze und Walter Schlesinger, Bd. 1, Köln/Graz 1968 (Mitteldeutsche Forschungen, Bd. 48/1)

Grahn-Hoek, Heike: Die fränkische Oberschicht im 6. Jahrhundert. Studien zu ihrer rechtlichen und politischen Stellung, Sigmaringen 1976 (Vorträge und Forschungen, Sonderbd. 21)

Le grand domaine aux époques mérovingienne et carolingienne. Actes du colloque international, Gand 8–10 septembre 1983, hg. von Adriaan Verhulst, Gent 1985

Graus, František: Volk, Herrscher und Heiliger im Reich der Merowinger, Prag 1965

Gregor von Tours: Zehn Bücher Geschichten. Auf Grund der Übersetzung W. Giesebrechts neubearb. von Rudolf Buchner. Bd. 1 und 2, Berlin o. J. (Ausgewählte Quellen zur deutschen Geschichte des Mittelalters. Freiherr vom Stein-Gedächtnisausgabe, Bd. 1 und 3)

Gringmuth-Dallmer, Eike: Der frühgeschichtliche Landesausbau als Element der Produktivkraftentwicklung, in: Produktivkräfte und Produktionsverhältnisse in ur- und frühgeschichtlicher Zeit, hg. von Fritz Horst, Berlin 1985

Gringmuth-Dallmer, Eike: Zur regionalen Siedlungsstruktur der Merowinger- und Karolingerzeit, in: Zeitschrift für Archäologie, 19/1985

Günther, Rigobert: Vom Untergang Westroms zum Reich der Merowinger. Zur Entstehung des Feudalismus in Europa, Berlin 1984

Händler, Gert: Die abendländische Kirche im Zeitalter der Völkerwanderung, Berlin 1980 (Kirchengeschichten in Einzeldarstellungen, Bd. I/5)

Hageneder, Othmar: Die kirchliche Organisation im Zentralalpenraum im 6. bis 10. Jahrhundert, in: Frühmittelalterliche Ethnogenese im Alpenraum, hg. von Helmut Beumann und Werner Schröder, Sigmaringen 1985 (Nationes, Bd. 5)

Handbuch der bayerischen Geschichte, hg. von Max Spindler, Bd. 1, München 1971

Hauptprobleme der Siedlung, Sprache und Kultur des Frankenreiches. Protokoll des Kolloquiums, durchgeführt vom 2.–5. 10. 1969 im Institut für geschichtliche Landeskunde der Rheinlande in Bonn, in: Rheinische Vierteljahrsblätter, 35/1971

Heinemeyer, Karl: Das Erzbistum Mainz in römischer und fränkischer Zeit, Bd. 1, Marburg 1979 (Veröffentlichungen der Histor. Komm. für Hessen, Bd. 39)

Heinzelmann, Martin: Bischofsherrschaft in Gallien. Zur Kontinuität römischer Führungsschichten vom 4. bis zum 7. Jahrhundert, München 1976 (Francia, Beihefte, Bd. 5)

Heitz, Gerhard: Zum außerökonomischen Zwang, in: Jürgen Kuczynski, Geschichte des Alltags des deutschen Volkes 1600 bis 1945, Bd. 1, Berlin 1982, S. 210–213

Herrmann, Joachim: Frühe klassengesellschaftliche Differenzierung in Deutschland, in: ZfG, 1966, H. 3

Herrmann, Joachim: Ökonomie und Gesellschaft an der Wende von der Antike zum Mittelalter, Berlin 1979 (Sitzungsberichte der Akademie der Wissenschaften der DDR, Gesellschaftswissenschaften, Nr. 13/G)

Histoire de l'Aquitaine, hg. von Charles Higounet, Toulouse 1971

Irsigler, Franz: Untersuchungen zur Geschichte des frühfränkischen Adels, 2. Aufl., Bonn 1981 (Rheinisches Archiv, Bd. 70)

Istorija krest'janstva v Evrope. Epocha feodalizma, Bd. 1: Formirovanie feodal'no-zavisimogo krest'janstva, Moskau 1985

Kienast, Walther: Studien über die französischen Volksstämme des Frühmittelalters, Stuttgart 1968 (Pariser Historische Studien, Bd. 7)

Kolesnickij, N. F.: Etniceskie obscnosti i politiceskie obrazovanija v Germancev 1–5 vv., in: Srednie veka, 48/1985

A. R. Korsunskij/R. Gjunter: Upadok i gibel' zapadnoj rimskoj Imperii i vozniknovenie germanskich Korolevstv do serediny VI v., Moskau 1984

Kuczynski, Jürgen: Geschichte des Alltags des deutschen Volkes 1600 bis 1945, Bd. 1, Berlin 1982

Kunstmann, Heinrich: Vorläufige Untersuchungen über den bairischen Bulgarenmord von 631/32. Der Tatbestand – Nachklänge im Nibelungenlied, München 1982

Lafaurie, Jean: Les routes commerciales indiquées par les trésors et trouvailles monétaires mérovingiennes, in: Settimane di studio del Centro Italiano di studi sull'alto medioevo, 8/1961

Lange, Elsbeth: Botanische Beiträge zur mitteleuropäischen Siedlungsgeschichte. Ergebnisse zur Wirtschaft und Kulturlandschaft in frühgeschichtlicher Zeit, Berlin 1971

Lehmann, Hannelore: Bemerkungen zur Sklaverei im frühmittelalterlichen Bayern und zu den Forschungsmethoden auf dem Gebiet der germanischen Sozialgeschichte, in: ZfG, 1965, H. 8

Marx, Karl: Entwürfe einer Antwort auf den Brief von V. I. Sassulitsch, Dritter Entwurf, in: Karl Marx/Friedrich Engels, Werke, Bd. 19, Berlin 1976

Müller-Mertens, Eckhard: Servus/Sklave – Klasse oder Stand? Reflexion auf terminologische Probleme der Feudalismusanalyse, in: Feudalismus. Entstehung und Wesen, hg. von Eckhard Müller-Mertens, Berlin 1985 (Studienbibliothek DDR-Geschichtswissenschaft, Bd. 4)

Müller-Mertens, Eckhard: Skizze zur weiteren Verständigung über das feudale Produktionsverhältnis, in: Ethnogr.-Archäolog. Zeitschrift, 13/1972

Müller-Mertens, Eckhard: Zum Verhältnis von Struktur und Dynamik in der mittelalterlichen Feudalentwicklung, in: Jahrbuch für Geschichte des Feudalismus, 8/1984

Njeussychin, A. I.: Die Entstehung der abhängigen Bauernschaft als Klasse der frühfeudalen Gesellschaft in Westeuropa vom 6. bis 8. Jahrhundert, Berlin 1961

Nonn, Ulrich: Merowingische Testamente. Studien zum Fortleben einer römischen Urkundenform im Frankenreich, in: Archiv für Diplomatik, 18/1972

Pactus legis Salicae: Recensiones Merovingicae, in: Die Gesetze des Merowingerreiches 481–741, hg. von Karl August Eckhardt, Bd. 1, Göttingen/Berlin(West)/Frankfurt a. M., 1955

Périn, Patrick: A propos de publications étrangères récentes concernant le peuplement en Gaule à l'époque mérovingienne: La »Question franque«, in: Francia, 8/1980

Pirling, Renate: Die Gräberfelder von Krefeld-Gellep, in: Ausgrabungen in Deutschland, Teil 2: Römische Kaiserzeit im freien Germanien, Frühmittelalter I, Mainz 1975

Pirling, Renate: Ein fränkisches Fürstengrab aus Krefeld-Gellep, in: Germania, 42/1964

Prinz, Friedrich: Frühes Mönchtum im Frankenreich. Kultur und Gesellschaft in Gallien, den Rheinlanden und Bayern am Beispiel der monastischen Entwicklung (4. bis 8. Jahrhundert), München/Wien 1965

Quellen zur Geschichte des 7. und 8. Jahrhunderts: Die vier Bücher der Chroniken des sogenannten Fredegar; Die Fortsetzungen der Chroniken des sogenannten Fredegar; Das Buch der Geschichte der Franken; Das alte Leben Lebuins; Jonas erstes Buch vom Leben Columbans, unter der Leitung von Herwig Wolfram neu übertragen von Andreas Kusternig und Herbert Haupt, Darmstadt 1982 (Ausgewählte Quellen zur deutschen Geschichte des Mittelalters. Freiherr vom Stein-Gedächtnisausgabe, Bd. 4a)

Riché, Pierre: Éducation et culture dans l'Occident barbare, VIe–VIIIe siècles, 3. Aufl., Paris 1973

Die Römer an Rhein und Donau. Zur politischen, wirtschaftlichen und sozialen Entwicklung in den römischen Provinzen an Rhein, Mosel und oberer Donau im 3. und 4. Jahrhundert, hg. von Rigobert Günther und Helga Köpstein, 3. Aufl., Berlin 1985 (Veröffentlichungen des Zentralinstituts für Alte Geschichte und Archäologie der Akademie der Wissenschaften der DDR, Bd. 3)

Rouche, Michel: L'Aquitaine des Wisigoths aux Arabes (418–781), Paris 1979

Salin, Édouard: La civilisation mérovingienne d'après les sepultures, les lettres et le laboratoire, Bd. 1–4, Paris 1950–1959

Scheibelreiter, Georg: Der Bischof in merowingischer Zeit, Wien/Köln/Graz 1983 (Veröffentlichungen des Instituts für Österreichische Geschichte, Bd. 27)

Schmidt-Wiegand, Ruth: Der »Bauer« in der Lex Salica, in: Abhandlungen der Akademie der Wissenschaften Göttingen, philolog.-hist. Klasse, Folge 3, Bd. 89, Göttingen 1975

Schneider, Johannes: Bemerkungen zur Differenzierung der galloromischen Unterschichten im sechsten Jahrhundert, in: Klio 48/1967

Schneider, Johannes: Die Darstellung der Pauperes in den Historiae Gregors von Tours. Ein Beitrag zur sozialökonomischen Struktur Galliens im 6. Jahrhundert, in: Jahrbuch für Wirtschaftsgeschichte, 1966, Teil 4

Sprandel, Rudolf: Grundbesitz und Verfassungsverhältnisse einer merowingischen Landschaft: die Civitas Cenomannorum, in: Adel und Kirche, Festschrift für Gerd Tellenbach, hg. von Josef Fleckenstein und Karl Schmid, Freiburg/Basel/Wien 1968

Staab, Franz: Untersuchungen zur Gesellschaft am Mittelrhein in der Karolingerzeit, Wiesbaden 1975 (Geschichtliche Landeskunde, Bd. 11)

Steuer, Heiko: Zur Bewaffnung und Sozialstruktur der Merowingerzeit, in: Nachrichten aus Niedersachsens Urgeschichte, 37/1968

Töpfer, Bernhard: Zu einigen Grundfragen des Feudalismus. Ein Diskussionsbeitrag, in: ZfG, 1965, H. 5

Verhulst, Adriaan: La genèse du régime domanial classique en France au haut moyen âge, in: Settimane di studio del Centro Italiano di studi sull'alto medioevo, 13/1966

Verhulst, Adriaan: Der Handel im Merowingerreich: Gesamtdarstellung nach schriftlichen Quellen, in: Early mediaval studies, 2/1970

Vieillard-Troiekouroff, May: La topographie religieuse des cités épiscopales d'après les œuvres de Gregoire de Tours, in: Actes du 100e Congrès national des sociétés savantes 1978

Villa – curtis – Grangia. Landwirtschaft zwischen Loire und Rhein von der Römerzeit bis zum Hochmittelalter, hg. von Walter Janssen und Dietrich Lohmann, München 1983 (Beihefte der Francia, Bd. 11)

Weidemann, Konrad: Forschungen zur Eingliederung Süddeutschlands in das Frankenreich, in: Ausgrabungen in Deutschland, Teil 2: Römische Kaiserzeit im freien Germanien, Frühmittelalter 1, Mainz 1975

Wenskus, Reinhard: Stammesbildung und Verfassung. Das Werden der frühmittelalterlichen gentes, Köln/Graz 1961

Wenskus, Reinhard/Jankuhn, Herbert/Grinda, Klaus: Wort und Begriff Bauer. Zusammenfassender Bericht über die Kolloquien der Kommission für die Altertumskunde Mittel- und Nordeuropas, Göttingen 1975 (Abhandlungen der Akademie der Wissenschaften in Göttingen, philol.-hist. Klasse, III/89)

Werner, Joachim: Fernhandel und Naturalwirtschaft im östlichen Merowingerreich nach archäologischen und numismatischen Zeugnissen, in: Settimane di studio del Centro Italiano di studi sull'alto medioevo, 8/1961

Werner, Karl Ferdinand: Les origines (avant l'an mil), Paris 1984 (Histoire de France, hg. von Jean Favier, Bd. 1)

Wolfram, Herwig: Geschichte der Goten. Von den Anfängen bis zur Mitte des VI. Jahrhunderts. Entwurf einer historischen Ethnographie, 2. Aufl., München 1980

Zöllner, Erich: Geschichte der Franken bis zur Mitte des sechsten Jahrhunderts, München 1970

Personenregister

Ortsregister

Die fränkischen Teilherrschaften um 540
1:7 500 000
0 50 100 150 200 km
OST-
ANGLIEN
ANGELSACHSEN
ESSEX
Londinium [London]
KENT
Cantwaraburh [Canterbury]
SUSSEX
FRIES
Trajectum [Utrecht]
Colonia Trajan [Xanten]
K A N A L
Gandavum [Gent]
Bononia [Boulogne]
Trajectum [Maastricht]
Tornacum [Tournai]
Tungri [Tongern]
Taroanna [Thérouanne]
Schelde
Maas
Atrabatum [Arras]
Somme
Ambianum [Amiens]
Rotomagus [Rouen]
Noviomagus [Noyon]
Laudunum [Laon]
Seine
Bellovacum [Beauvais]
Baiocasses [Bayeux]
Constantia [Coutances]
Suessiones [Soissons]
Remi [Reims]
S. Dionysii [Saint-Denis]
Viridunum [Verdun]
Abrincates [Avranches]
Meldis [Meaux]
Paris
Cata-launum [Châlons]
Bretagne
Redones [Rennes]
Carnutes [Chartres]
Trecae [Troyes]
Tullum [Toul]
Cenomannum [Le Mans]
Venetus [Vannes]
Senones [Sens]
Andelaus [Andelot]
Aurelianum [Orléans]
Lingonae [Langres]
Namnetae [Nantes]
Andecavi [Angers]
Loire
Autissiodorum [Auxerre]
Turones [Tours]
Bituriga [Bourges]
Divio [Dijon]
FRANKENREICH
Nevernus [Nevers]
Augustodunum [Autun]
Vocladis [Vouillé]
Pictavus [Poitiers]
Allier
Cabillonum [Chalon]
Burgund 534
Vienne
Lemovicus [Limoges]
Matisco [Mâcon]
Santonae [Saintes]
Arvernus [Clermont-Ferrand]
Ecolisma [Angoulême]
Lugdunum [Lyon]
Aquitanien 507
Vienna [Vienne]
Petrocorica [Périgueux]
Burdegala [Bordeaux]
Dordogne
GOLF VON BISCAYA
Caduri [Cahors]
Lot
Valentia [Valence]
Aveyron
Rutena [Rodez]
Vivarium [Viviers]
Aginum [Agen]
Rhône
Aquae [Dax]
Adour
Helosa [Eauze]
Albiga [Albi]
Tarn
vor 589 wieder west-gotisch
Ucetium [Uzès]
Arausio [Orange]
Lapurdum [Bayonne]
Avenio [Avignon]
Gascogne (Novempopulana)
Tolosia [Toulouse]
Luteva [Lodève]
Nemausus [Nîmes]
Arelatum [Arles]
Provence 537
BASKEN
Septimanien
Agathae [Agde]
Massilia [Marseille]
Pamplona
Ebro
Carcasona [Carcassonne]
Narbona [Narbonne]
REICH DER WESTGOTEN